轨道交通工程勘察设计风险控制指南

顾 问 裴 晓
主 编 朱建纲
副主编 曹文宏 孙 莉 黄忠辉 潘延平

U0330301

中国建筑工业出版社

图书在版编目（CIP）数据

轨道交通工程勘察设计风险控制指南/朱建纲主编.
北京：中国建筑工业出版社，2014.6
ISBN 978-7-112-16741-8

Ⅰ.①轨…　Ⅱ.①朱…　Ⅲ.①城市铁路-铁路工程-
工程地质勘察-风险管理-指南　Ⅳ.①U239.5-62

中国版本图书馆 CIP 数据核字（2014）第 074308 号

责任编辑：邓　卫
责任设计：董建平
责任校对：李美娜　刘梦然

轨道交通工程勘察设计风险控制指南
顾　问　裴　晓
主　编　朱建纲
副主编　曹文宏　孙　莉　黄忠辉　潘延平

*

中国建筑工业出版社出版、发行（北京西郊百万庄）
各地新华书店、建筑书店经销
北京科地亚盟排版公司制版
北京市密东印刷有限公司印刷

*

开本：787×1092毫米　1/16　印张：17¾　字数：442千字
2014年9月第一版　　2014年9月第一次印刷
定价：**46.00** 元
ISBN 978 - 7 - 112 - 16741 - 8
（25555）

《轨道交通工程勘察设计风险控制指南》

编委会名单

顾　问：裴　晓

主　编：朱建纲

副主编：曹文宏　孙　莉　黄忠辉　潘延平

编　委：许丽萍　辛达帆　钱　洁　利　敏　郭劲松　杨　玲
　　　　万　均　郭　建　胡春晖　李　尧　梁　伟　李美玲
　　　　叶　蓉　杨志豪　管攀峰　朱祖熹　陆　明　陈文艳
　　　　金　峰　金　崎　郑晋丽　阎正才　奚　峰　黄仁勇
　　　　冯　爽　李　英　宋贤林　汪时中　饶晓明　王　晨
　　　　许大光　傅　铭　陈　勇　张秉佶　张伟国　张　国
　　　　宋优才　王　炜　倪　尉　顾霞萍　周晓玲　周跃峰
　　　　杜　斌　石慧麟　宋振华　祝　平　陈　波　陈桂英
　　　　兰守奇

统　稿：蔡岳峰　柴继承　吴　瑶

前　言

　　随着我国经济社会的快速发展，人民群众对城市公共交通需求的日益增加，全国城市轨道交通开始进入快速发展期。城市轨道交通质量安全关系到人民群众生命财产安全和城市轨道交通的正常运行，关系到经济发展和社会和谐稳定的大局，关注度高，影响面广。

　　勘察设计是城市轨道交通工程建设中极其重要的环节，是城市轨道交通工程建设的基础，工程质量安全的关键。近几年来，全国城市轨道交通工程建设中的勘察设计质量问题比较突出，违反工程建设强制性标准的情况时有发生，为进一步提高城市轨道交通工程的勘察设计质量，降低由勘察设计质量引发的工程风险，最大限度地减少勘察设计质量常见病的发生，我们组织编写了《轨道交通工程勘察设计风险控制指南》。

　　《轨道交通工程勘察设计风险控制指南》以城市轨道交通工程建设相关法律、法规、规章为依据，以相关技术标准规范为基础，对轨道交通工程勘察设计内容进行全面论述。本书分为勘察篇和设计篇，勘察篇包括轨道交通工程的特点、勘察要求、工程地质和水文地质条件、岩土工程风险分析和轨道交通工程勘察质量常见病及控制措施；设计篇包括建筑设计、地下车站结构设计、地下区间隧道结构设计、地下结构防水设计、高架结构设计、通风空调设计、给水排水消防设计、线路车辆基地设计、供电系统设计、弱电系统设计和车站设备设计等内容。

　　《轨道交通工程勘察设计风险控制指南》由上海市城乡建设和管理委员会质量安全监督管理处组织上海市建设工程安全质量监督总站、上海市隧道工程轨道交通设计研究院、上海岩土工程勘察设计研究院有限公司相关技术人员共同编写。编写中力求做到内容全面，重点突出，具有较强的针对性和实用性，是城市轨道交通工程勘察、设计单位专业技术人员工作应用指南及建设、监理、监督、高等院校等单位相关人员的参考手册。

　　由于城市轨道交通工程勘察设计涉及的学科门类多，再加上时间有限，作者水平有限，本指南难免存在缺陷和疏漏，恳请广大读者批评指正！

编　者

2014 年 3 月

目 录

第1篇 轨道交通工程勘察

0 引 言 ……………………………………………………… 2
  0.1 轨道交通的发展 …………………………………………… 2
  0.2 水土条件对轨道交通工程的影响 ………………………… 3
  0.3 轨道交通工程的特点 ……………………………………… 4
  0.4 本书编写思路 ……………………………………………… 4
1 轨道交通工程的特点及勘察要求 ………………………… 6
  1.1 地下段的特点及勘察要求 ………………………………… 6
    1.1.1 地下车站的特点及勘察要求 ……………………… 6
    1.1.2 区间隧道的特点及勘察要求 ……………………… 10
    1.1.3 隧道进出洞的特点及勘察要求 …………………… 13
    1.1.4 联络通道的特点及勘察要求 ……………………… 15
  1.2 高架段的特点及勘察要求 ………………………………… 16
    1.2.1 高架车站的结构特点 ……………………………… 16
    1.2.2 高架区间的结构特点 ……………………………… 17
    1.2.3 高架段的变形控制要求 …………………………… 17
    1.2.4 高架段的勘察要点 ………………………………… 18
  1.3 过渡段的特点及勘察要求 ………………………………… 18
    1.3.1 过渡段的特点 ……………………………………… 18
    1.3.2 过渡段的勘察要点 ………………………………… 20
2 工程地质和水文地质条件 ………………………………… 21
  2.1 工程地质条件 ……………………………………………… 21
    2.1.1 工程地质结构与分布特征 ………………………… 21
    2.1.2 工程地质结构类型的划分 ………………………… 25
  2.2 水文地质条件 ……………………………………………… 26
    2.2.1 含水层分布特征 …………………………………… 26
    2.2.2 水文地质结构类型的划分 ………………………… 28
  2.3 不同地质结构类型区应注意的岩土工程问题 …………… 29
3 轨道交通工程岩土工程风险分析 ………………………… 62
  3.1 地下段岩土工程风险分析 ………………………………… 62
    3.1.1 地下车站可能涉及的岩土工程风险 ……………… 62
    3.1.2 区间隧道可能涉及的岩土工程风险 ……………… 67

　　　3.1.3 隧道进出洞可能涉及的岩土工程风险 ·············· 71
　　　3.1.4 联络通道可能涉及的岩土工程风险 ·············· 72
　　3.2 高架段岩土工程风险分析 ·············· 74
　　3.3 过渡段岩土工程风险分析 ·············· 74
4 轨道交通工程勘察质量常见病及控制措施 ·············· 76
　　4.1 地下段勘察质量常见病及控制措施 ·············· 76
　　　4.1.1 地下段勘察工作量不足的工程危害及控制措施 ·············· 76
　　　4.1.2 土层划分、定名不准确对地下段的工程危害及控制措施 ·············· 80
　　　4.1.3 不良地质条件未查明对地下段的工程危害及控制措施 ·············· 82
　　　4.1.4 提供的岩土参数不准确对地下段的工程危害及控制措施 ·············· 83
　　　4.1.5 提供的水文地质参数不准确对地下段的工程危害及控制措施 ·············· 84
　　　4.1.6 地下段岩土工程分析评价不恰当的控制措施 ·············· 86
　　4.2 高架段勘察质量常见病及控制措施 ·············· 87
　　　4.2.1 高架段勘察工作量不足的工程危害及控制措施 ·············· 87
　　　4.2.2 土层划分不准确或标准不统一对高架段的工程危害及控制措施 ·············· 88
　　　4.2.3 不良地质条件未查明对高架段的工程危害及控制措施 ·············· 88
　　　4.2.4 提供的岩土参数不准确对高架段的工程危害及控制措施 ·············· 89
　　　4.2.5 高架段岩土工程分析评价不恰当的控制措施 ·············· 89
　　4.3 过渡段勘察质量常见病及控制措施 ·············· 90

第2篇　轨道交通工程设计

1 建筑设计 ·············· 92
　　1.1 车站建筑设计要点 ·············· 92
　　　1.1.1 站位的确定 ·············· 92
　　　1.1.2 站台形式的选择 ·············· 92
　　　1.1.3 车站规模的合理确定 ·············· 93
　　　1.1.4 车站公共区功能设计 ·············· 94
　　　1.1.5 车站建筑防火设计要点 ·············· 96
　　　1.1.6 车站地面附属设施安全设计要点 ·············· 97
　　　1.1.7 车站防排烟设计要点 ·············· 98
　　　1.1.8 高架车站抗台风暴雪、防雷设计要点 ·············· 98
　　　1.1.9 车站空间综合利用 ·············· 99
　　　1.1.10 换乘车站设计要点 ·············· 99
　　1.2 车辆基地建筑设计要点 ·············· 101
　　　1.2.1 车辆基地规模与形式 ·············· 101
　　　1.2.2 车辆基地功能与安全 ·············· 102
　　1.3 现有建筑设计局限性分析 ·············· 104
　　　1.3.1 客流影响因素分析 ·············· 104
　　　1.3.2 规划的前瞻性影响因素分析 ·············· 104

　　　1.3.3　处方式规范与实际设计的影响因素分析 ……………… 105
　　　1.3.4　设计标准值与实际服务能力值差别分析 ………………… 105
　　　1.3.5　设计周期的不匹配性 …………………………………… 106
　　　1.3.6　城市轨道交通接口设计的复杂性 ……………………… 107
　　　1.3.7　设计与施工 ……………………………………………… 107
　　1.4　设计源头安全质量风险因素分析 ……………………………… 107
　　　1.4.1　车站规模问题 …………………………………………… 107
　　　1.4.2　完善车站功能性问题 …………………………………… 108
　　　1.4.3　设置安全防范措施问题 ………………………………… 108
　　　1.4.4　执行设计规范问题 ……………………………………… 109
　　1.5　与设计相关的安全质量事故案例及分析 …………………… 109
　　　1.5.1　与设计相关的安全质量事故分析 ……………………… 109
　　　1.5.2　案例 ……………………………………………………… 111
　　1.6　强化车站设计中安全质量风险防治的对策及建议 ………… 113
　　　1.6.1　强化设计专业的技术发展 ……………………………… 113
　　　1.6.2　设计管理技术强化 ……………………………………… 115
　　　1.6.3　安全质量风险防治的对策及建议 ……………………… 115
2　地下车站结构设计 ……………………………………………………… 117
　　2.1　车站结构设计特点 ……………………………………………… 117
　　　2.1.1　与地层的相互作用 ……………………………………… 117
　　　2.1.2　考虑结构受力的连续性 ………………………………… 117
　　　2.1.3　安全预评估及变形控制设计 …………………………… 117
　　　2.1.4　地下水的影响 …………………………………………… 117
　　　2.1.5　设计和施工的配合 ……………………………………… 118
　　　2.1.6　动态设计 ………………………………………………… 118
　　2.2　现有设计技术局限性分析 ……………………………………… 118
　　　2.2.1　专业技术方面 …………………………………………… 118
　　　2.2.2　设计管理 ………………………………………………… 120
　　2.3　设计源头安全质量风险因素分析 ……………………………… 121
　　　2.3.1　围护结构 ………………………………………………… 121
　　　2.3.2　内部结构 ………………………………………………… 122
　　2.4　与设计相关的安全质量事故案例及分析 …………………… 123
　　2.5　强化车站结构设计中安全质量风险防治的对策及建议 …… 125
　　　2.5.1　设计专业技术发展 ……………………………………… 125
　　　2.5.2　设计管理技术强化 ……………………………………… 125
3　地下区间隧道结构设计 ………………………………………………… 127
　　3.1　区间隧道设计的主要要点 ……………………………………… 127
　　　3.1.1　衬砌结构设计要点 ……………………………………… 127
　　　3.1.2　衬砌结构计算 …………………………………………… 132

3.1.3 衬砌与工作井的连接要求 ······················· 134
3.1.4 盾构进出洞加固设计 ·························· 135
3.1.5 联络通道、泵站设计与施工 ····················· 135
3.2 规范中有关设计质量、安全的条文要求 ·················· 136
3.2.1 《城市轨道交通设计规范》(DGJ 08-109—2004) ·········· 136
3.2.2 《地铁设计规范》(GB 50157—2013) ················ 136
3.3 区间隧道安全质量风险因素分析 ····················· 137
3.3.1 区间隧道自身风险 ·························· 137
3.3.2 盾构进出洞风险 ··························· 137
3.3.3 联络通道、泵站结构 ························· 138
3.3.4 隧道穿越建(构)筑物环境影响风险 ················· 139
3.3.5 隧道立体交叉区段 ·························· 140
3.3.6 隧道施工风险控制设计要求 ····················· 141
3.4 与设计相关的安全质量事故案例及分析 ·················· 142
3.4.1 台北地铁某通风竖井发生涌水、涌砂事故 ··············· 142
3.4.2 广州地铁泥水盾构越江施工塌方处理 ················· 142
3.4.3 上海地铁某区间隧道盾构磕头事故 ·················· 142
3.4.4 上海地铁某区间隧道盾构始发引起污水管破裂、地面塌陷 ······· 143
3.4.5 上海地铁某线过江区间中间风井盾构进出洞风险事故 ········· 143
3.5 强化区间隧道结构设计中安全质量风险防治的对策及建议 ········· 146
3.5.1 设计专业技术发展 ·························· 146
3.5.2 设计管理技术强化 ·························· 146

4 地下结构防水设计 ······························· 148
4.1 对防水等级标准的片面理解及其对安全的不良影响 ············ 148
4.1.1 国内外的地下工程防水等级分级标准 ················· 148
4.1.2 防水等级分级检测及计算方法 ···················· 150
4.2 地下车站结构防水设计中影响安全的关键点 ··············· 151
4.2.1 车站防水混凝土结构设计中的"常见病" ··············· 151
4.2.2 车站结构防水构造设计及其"常见病" ················ 156
4.3 地下区间隧道结构防水设计中影响安全的关键点 ············· 158
4.3.1 盾构隧道衬砌及其设防易误解的问题 ················· 158
4.3.2 盾构隧道管片接缝防水上容易误解的问题 ··············· 159
4.3.3 盾构隧道联络通道、隧道洞口防水的关键技术 ············· 162

5 高架结构设计 ······························· 164
5.1 高架车站结构 ···························· 164
5.1.1 车站结构设计特点 ·························· 164
5.1.2 现有设计技术标准局限性分析 ···················· 165
5.1.3 设计源头安全质量风险因素分析 ··················· 168
5.1.4 强化车站结构设计中安全质量风险防治的对策及建议 ········· 171

5.2 高架区间桥梁结构 ·· 172

  5.2.1 高架区间桥梁结构设计特点 ·························· 172

  5.2.2 现有设计技术标准局限性分析 ······················ 173

  5.2.3 设计源头安全质量风险因素分析 ···················· 174

  5.2.4 与设计相关的安全质量事故案例及分析 ·············· 176

  5.2.5 强化高架区间桥梁结构设计中安全质量风险防治的对策及建议 ··· 179

6 通风空调设计 ·· 180

 6.1 概述 ·· 180

  6.1.1 通风空调设计特点 ································ 180

  6.1.2 通风空调设计原则及标准 ·························· 180

  6.1.3 通风空调系统功能与组成 ·························· 181

  6.1.4 通风空调系统的安全要素 ·························· 182

 6.2 地下区间隧道烟气控制 ···································· 183

  6.2.1 主要标准 ·· 183

  6.2.2 区间火灾及阻塞设计要素 ·························· 184

  6.2.3 影响区间通风控烟效果因素 ························ 184

  6.2.4 隧道通风设备及其他影响因素 ······················ 184

 6.3 车站防排烟 ·· 185

  6.3.1 主要标准 ·· 185

  6.3.2 防排烟系统设计 ·································· 186

 6.4 空调通风系统的降温和除尘 ································ 186

  6.4.1 重要机电用房的降温 ······························ 186

  6.4.2 重要机电用房的除尘 ······························ 187

7 给水排水消防设计 ·· 188

 7.1 给水排水消防系统在轨道交通工程中的设计要点 ·········· 188

  7.1.1 给水系统 ·· 188

  7.1.2 排水系统 ·· 188

  7.1.3 消防系统 ·· 189

  7.1.4 自动喷水系统配置 ································ 191

  7.1.5 灭火器 ·· 191

  7.1.6 气体灭火系统 ···································· 191

 7.2 轨道交通工程中给水排水系统设计质量通病分析 ·········· 192

  7.2.1 给水系统 ·· 192

  7.2.2 排水系统 ·· 192

  7.2.3 消防系统 ·· 192

 7.3 给水排水消防系统设计质量通病的危害性分析 ············ 193

 7.4 给水排水消防系统设计质量通病的防治措施 ·············· 193

 7.5 典型案例分析 ·· 193

8 线路、车辆基地设计 ·· 196

8.1　线路 ·· 196
　8.1.1　线路设计的主要要点 ·· 196
　8.1.2　线路主要技术标准及线路设计 ·· 198
　8.1.3　与线路设计相关的工程质量安全案例及分析 ··················· 201
8.2　车辆基地 ·· 207
　8.2.1　轨道交通工程车辆基地设计的主要要点 ························· 207
　8.2.2　车辆基地设计易发生的质量安全问题分析 ······················ 209
　8.2.3　与质量安全相关的车辆基地设计案例 ···························· 211
　8.2.4　车辆基地设计中安全质量风险防治的对策及建议 ············ 215

9　供电系统设计 ·· 217
9.1　供电系统特点 ··· 217
　9.1.1　供电系统构成 ·· 217
　9.1.2　设计流程及接口 ··· 223
　9.1.3　设计参与的阶段 ··· 225
　9.1.4　主要规范及标准 ··· 226
9.2　工程可行性研究阶段 ·· 227
　9.2.1　主要设计内容及深度 ··· 227
　9.2.2　主要设计流程 ·· 228
　9.2.3　质量安全控制的要点 ··· 229
9.3　初步设计阶段 ··· 230
　9.3.1　主要设计内容及深度 ··· 230
　9.3.2　主要设计流程 ·· 231
　9.3.3　质量安全控制方面要点 ·· 232
9.4　施工设计阶段 ··· 235
　9.4.1　主要设计内容及深度 ··· 235
　9.4.2　主要设计流程 ·· 235
　9.4.3　质量安全控制方面要点 ·· 236

10　弱电系统设计 ·· 238
10.1　概述 ·· 238
　10.1.1　弱电系统组成 ·· 238
　10.1.2　弱电系统作用 ·· 242
10.2　设计阶段划分与设计要点 ·· 244
　10.2.1　设计阶段划分 ·· 244
　10.2.2　设计要点 ·· 244
10.3　影响设计质量安全因素分析 ··· 255
　10.3.1　系统设备选型与配置 ·· 255
　10.3.2　与相关专业的接口 ··· 256
　10.3.3　换乘站机电设备系统设计界面划分 ································· 256
　10.3.4　信号系统安全评估和认证 ·· 256

　10.3.5　信号后备系统运营模式和标准 ·· 256

10.4　与设计相关的质量安全案例分析 ·· 257

　10.4.1　深圳地铁 Wi-Fi 干扰逼停列车事故问题 ······························ 257

　10.4.2　换乘站弱电系统设计方案 ·· 258

10.5　提高设计质量安全对策 ·· 261

　10.5.1　提高系统的安全性和可靠性 ·· 261

　10.5.2　制定各专业的设计界面划分规定 ··· 261

　10.5.3　换乘站资源共享设计 ··· 262

　10.5.4　针对信号系统受 Wi-Fi 干扰问题 ··· 262

　10.5.5　加强信号系统安全评估和认证 ·· 263

　10.5.6　统一后备系统运营模式和标准 ·· 263

11　车站设备设计 ··· 265

11.1　自动扶梯/电梯 ··· 265

　11.1.1　系统简介 ·· 265

　11.1.2　设计风险与控制 ·· 266

　11.1.3　案例 ··· 267

11.2　屏蔽门/安全门 ··· 269

　11.2.1　系统简介 ·· 269

　11.2.2　设计风险与控制 ·· 270

　11.2.3　设计案例分析 ··· 271

参考文献 ··· 272

第1篇 轨道交通工程勘察

0 引 言

0.1 轨道交通的发展

上海从 1985 年开始建设第一条地铁，1 号线于 1993 年 5 月 28 日开始试运营。上海轨道交通已运行 20 年，运营里程达 440km，12 条线，近 290 座车站，工作日客流达到 740 万～810 万人次，最高日客流达 848 万人次，承担了上海公共交通 35% 以上的运量，轨道交通日益成为重要的公共交通出行方式。上海轨道交通网络示意图如图 0-1 所示。

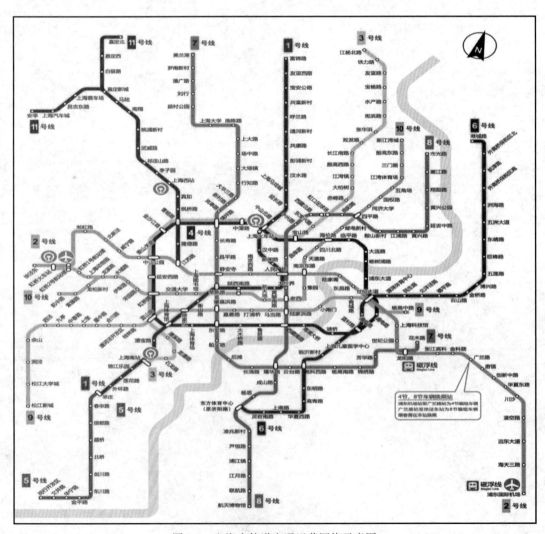

图 0-1 上海市轨道交通运营网络示意图

规划中，上海轨道交通共有 22 条线路，2010 年上海世博会前先建成 1～11 号线和 13 号线世博专用段；2015 年底，上海轨道交通基本网络将建成，通车里程将达 600km；至 2020 年，上海将形成 22 条轨道交通线路 877km 的网络规模，设有 524 座车站，其中 3 线换乘站 16 个，2 线换乘站 95 个。上海轨道交通远景规划图见图 0-2。

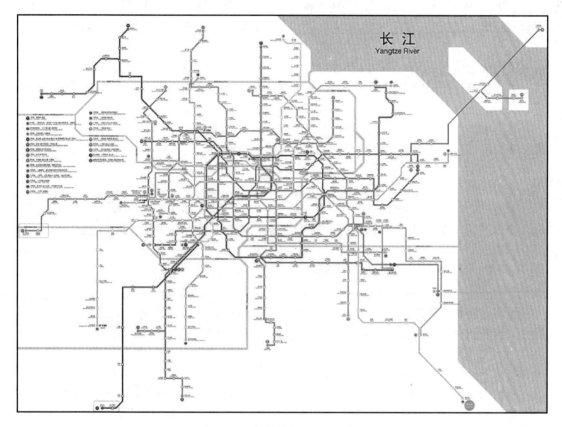

图 0-2　上海轨道交通远景网络图

0.2　水土条件对轨道交通工程的影响

上海属软土地区，地下隧道在淤泥质土中施工好比"在豆腐中打洞"，且施工期和运营期隧道沉降量均较大；松散、饱水的粉土或砂土分布区是地下工程施工时风险事故高发地带；上海地下水位高，且中深部分布有丰富的承压水，是地下工程建设中不得不面临的水文地质条件。上海地区的水土条件对轨道交通地下结构工程的建设带来了很大的难度和挑战。

软土：上海是典型的软土地区，地表下 30m 范围内以饱和的软弱黏性土为主，根据轨道交通运营线路的沉降观测资料，对地下结构影响最大的主要是第一、第二软土层。由于软土层的高压缩性及流变性，地铁建成通车后软土层仍会在相当长时期内产生固结变形和次固结变形，一般地铁运行后 6～10 年沉降量才能趋于稳定。根据实测资料，分布深厚软土的古河道区，区间隧道的沉降量较正常地层区大数倍；地下车站深基坑开挖会引起较大的坑底回弹、侧壁位移，以致坑外地表变形大，周边建（构）物不均匀沉降、倾斜、开裂等，对周边环境的影响较正常地层区大。另外，运营期间受周边附加荷载或施工活动影响，如地表堆土、基坑开挖、桩基施工等，导致轨道交通结构的不均匀沉降较其他地区（如硬土或基岩地区）要严重得多。

粉土和砂土：上海全新统地层中局部分布着粉土层或砂土层，晚更新统地层的上部普遍分布着第⑦层粉土、粉砂，富含地下水，在地下工程施工中易突发涌水、涌砂等风险事故；粉土、砂土土质不均，盾构机掘进时，施工参数不易调准，土层损失偏大，易导致区间隧道沉降量偏大；另外盾构隧道是由管片连接而成的，渗漏水是区间隧道较为常见的病害，当隧道结构位于粉土或砂土层时，水土易流失，掏空结构体附近的土颗粒，将加剧隧道沉降。

地下水：上海地区地下水位高，潜水年平均高水位埋深约为 $0.5 \sim 0.7m$，第⑤$_2$层为微承压含水层，第⑦层和第⑨层分别为第Ⅰ、Ⅱ承压含水层，（微）承压含水层的水头埋深约 $3 \sim 12m$，水头压力大，水量丰富。地下工程建设时，如对地下水控制不力，极易发生水土突涌的突发事件；抽降潜水、承压水会引起土体固结变形，造成周边地面沉降。

总之，轨道交通工程的建设、运营与周围的水土条件密切相关。上海水土条件的复杂性，导致了轨道交通工程建设难度大，对周边环境的影响大，运营维护成本高。

0.3　轨道交通工程的特点

上海已基本形成轨道交通线路网络，在这一网络中地下线路占到一半以上，高架线路次之，但基本位于城市外围（除轨道交通 3 号线外）仅局部涉及地面线路。

地下段包括地下区间和地下车站，地下区间通常采用盾构法施工，地下车站涉及深基坑施工。上海轨道交通的地下区间隧道大多采用单层装配式钢筋混凝土衬砌，抗变形和差异变形能力较差，当隧道变形大时，易发生结构渗漏水、管片损坏、隧道与道床脱开等病害。地下车站绝大部分属于一级安全等级的深基坑工程，特别是换乘站开挖深度普遍在 20m 以上，多条线路换乘的枢纽站开挖深度甚至超过 30m，软土地区深基坑开挖对周边环境影响是难以避免的。

随着城市环境越来越复杂、轨道交通网络的逐渐形成，新建线路近距离穿越既有轨道交通线路的情况越来越多，对盾构掘进施工技术，尤其是近距离穿越的要求越来越严格。中心城区有些换乘枢纽车站开挖深度深、周边环境极为复杂，给深基坑设计和施工带来了极大的难度和挑战。

轨道交通高架段一般采用无缝线路无砟轨道结构，对高架墩台的差异沉降控制较为严格，要求相邻墩台差异沉降量控制在 20mm 以内。

轨道交通线路里程长，沿线水文地质和工程地质条件复杂，不同地层组合类型以及含水层分布特征对各类轨道交通结构工程的建设和运行带来的岩土工程风险不同，勘察应解决的主要技术问题的侧重点也不一样。

0.4　本书编写思路

轨道交通结构工程主要包括地下段、高架段、过渡段和地面段等，其中地下段、高架段建设规模最大，尤以地下段建设难度高、风险大；过渡段在各条线路中均有所涉及，虽距离不长，但由于底板埋深是渐变的，结构和基础形式亦有变化，涉及较多的岩土工程问题，对勘察要求较高；地面线范围小，工程建设和维护运行风险亦较少；轨道交通工程的停车场、车辆段主要是房屋建筑，工程建设难度和风险一般，设计对勘察的技术要求均属常规要求。因此本书主要针对轨道交通结构工程中的地下段、高架段和过渡段展开，其中地下段根据施工工法的不同，从地下车站、区间隧道、隧道进出洞和联络通道四个方面进行阐述。

希望本书能使勘察技术人员了解各类轨道交通构筑物的结构特点、施工工法以及设计要求，对轨道交通建设和运行期间发生的与岩土工程有关的风险事故有所认识，加强对可能导致风险事故的水土条件的查明，并在成果报告中对相关的岩土工程风险进行提示。希望本书能引起同行对上海轨道交通工程勘察中影响质量的"常见病"与"多发病"的重视，提高勘察成果的质量。

1 轨道交通工程的特点及勘察要求

1.1 地下段的特点及勘察要求

1.1.1 地下车站的特点及勘察要求

1.1.1.1 地下车站的特点

(1) 地下车站的结构形式

地下车站通常包含站台区、设备区和客流集散区，建筑空间比较大。车站的主体结构一般为长条形的多层、多跨框架结构，上海轨道交通地下车站一般为地下两层，换乘站有地下三层，甚至地下四层及以上，一般车站采用单柱或双柱的框架结构形式，主体结构主要形式见图 1-1。当建筑使用功能上有特殊要求时，车站有时需要局部加宽，采用三柱四跨，甚至四柱五跨结构形式。

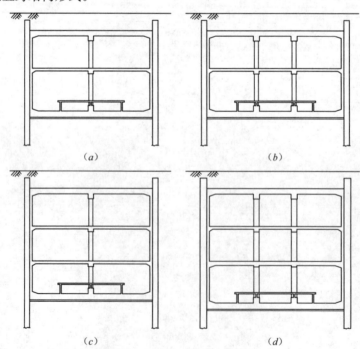

图 1-1 地下车站结构形式

(*a*) 二层单柱双跨岛式车站；(*b*) 二层双柱三跨岛式车站；(*c*) 三层单柱双跨岛式车站；(*d*) 三层双柱三跨岛式车站

地下车站的长度一般在200m左右，折返车站长度较长，可达300～400m或以上。地下二层车站底板埋深一般为15～20m，地下三层车站底板埋深一般为20～25m；涉及多条线路交会的换乘站车站埋深大，如9号线宜山路站为地下四层车站，13号线汉中路站为地下五层车站，13号线淮海中路站为地下六层车站，车站底板埋深均大于30m。

地下车站附属结构主要有出入口、风亭和地下通道等。通常地下车站不少于4个出入口，一般从站厅层起始，地下二层车站的出入口的最大深度一般约10m，逐渐向地面过渡。风亭底板深度一般与站厅层齐平，地下二层车站的风亭底板深度一般为10～12m。

(2) 地下车站的施工工法

上海是软土地区，且地下水位埋藏浅，根据环境条件地下车站一般采用明挖顺作法、逆作法、盖挖法等施工工法。

1) 明挖顺作法施工步骤：

(a) 施作车站围护结构；

(b) 由上而下开挖基坑，同时设置各道内支撑；

(c) 基坑开挖至坑底标高后，再自下而上浇筑垫层、主体结构底板、侧墙、中板、顶板；

(d) 施作顶板防水层，覆土，恢复管线和路面交通。

该方法是一种技术简单、快速、经济，且较易保证质量的施工方法，但对地面道路和环境影响较大。由于明挖法具有技术成熟、施工简便、安全、工期短、质量好、造价低等优势，在各方条件具备时优先采用。

2) 逆作法施工步骤：

(a) 施作车站围护结构及内部结构的支承柱；

(b) 开挖基坑及设置内支撑过程中先施工内部结构顶板（全逆作法）；

(c) 在先施工的顶板上施作防水层，覆土，恢复管线和路面交通；

(d) 在顶板下向下开挖，随挖随筑内部结构，先中板，后底板；

(e) 或先施工中板（半逆作法）；

(f) 或先施工平面框架的顶中板部分（框架逆作法）。

该方法的优点是基坑变形小，对邻近建筑物影响小，占路时间短，顶板施工完成后即可恢复道路交通。

3) 盖挖顺作法施工步骤：

(a) 先施作车站围护结构及盖板结构的支承柱；

(b) 浇筑或架设临时路面板，以保证地面交通的正常通行；

(c) 在临时路面板下，按明挖顺作法施工流程挖土、支撑及回筑内部结构；

(d) 拆除临时路面，覆土，构筑永久路面，恢复交通。

该方法可以在最短时间内修建临时路面系统，因此具有占用场地时间短，对道路交通干扰较小等优点。

车站的施工方法需统筹考虑经济效益和社会效益，一般可按下列原则选择：

1) 如果交通条件允许，周边环境较好，尽可能采用明挖顺作法施工；

2) 对于交通繁忙、道路宽度狭窄的场地，如果明挖顺作会造成不利的社会影响，考虑采用盖挖顺作法施工；

3）如果周边建（构）筑物密集或保护等级要求高，考虑采取逆作法施工；

4）车站出入口因受地面交通、管线搬迁及周围环境等条件制约时，可采用顶管技术或管幕法施工。

（3）地下车站的深基坑围护结构

上海轨道交通地下车站绝大部分为一级安全等级的深基坑工程，车站主体一般采用地下连续墙围护，附属结构可采用钻孔灌注桩、型钢水泥土墙（SMW工法）等围护方式。

1）地下连续墙

地下连续墙整体刚度大、抵抗变形能力强，能够较好地控制和减少对邻近建（构）筑物和地下管线的影响。因此上海绝大部分地下车站主体围护结构采用地下连续墙。

如轨道交通10号线马当路站，地下2层，车站长303m，宽26.6m，车站主体埋深17.8m，端头井埋深19.2m。采用地下连续墙围护，墙厚800mm。标准段墙底深度30m，设4道支撑；端头井段墙底深度32.5m，插入比0.69，设5道支撑。

如轨道交通10号线动物园站，地下2层，车站长157m，宽19.6m，车站主体埋深15.4m，端头井埋深17.3m。采用地下连续墙围护，标准段墙厚600mm，端头井墙厚800mm，墙下预留压浆管。标准段墙底深度28.6m，插入比0.84；端头井墙底深31.7m，插入比0.83。

2）钻孔灌注桩

钻孔灌注桩作为围护结构时，需要在桩外侧设置水泥土搅拌桩或高压旋喷桩作为止水帷幕，封堵地下水。钻孔灌注桩刚度较大，结构变形易于控制，且施工工艺灵活成熟，通常用于埋深7～12m的车站附属结构。

3）型钢水泥土搅拌墙（SMW工法桩）

SMW工法桩为水泥土搅拌桩内插H型钢形成围护结构，同时具有挡土、防渗作用。待内部结构施工完成后，可回收H型钢，故工程造价较低。一般用于开挖深度较小的车站附属结构。

（4）地下车站的抗浮设计

上海地区地下水位高，地下车站埋深大，需考虑抗浮问题。上海轨道交通地下车站采用的抗浮措施一般有自重平衡法、设置倒滤层法和设置抗拔桩法。

自重平衡法：当车站顶部的覆土重量、车站结构自重与外墙侧壁阻力之和大于地下水浮力时，可不采用其他专门的抗浮措施。有时车站外墙侧壁阻力不考虑，仅作为安全储备。

设置倒滤层法：在底板下设置倒滤层以解决抗浮问题，但底板下应有一定厚度不透水层（渗透系数一般为 $10^{-7}\sim10^{-6}$ cm/s），如轨道交通1号线徐家汇站、人民广场站均采用倒滤层解决抗浮问题。倒滤层排水抗浮措施较为经济，但倒滤层可能会因水质问题堵塞管道，致使抗浮效果不佳，引起车站上浮；采用倒滤层抗浮的车站由于持续抽水，车站的沉降会持续增加。因此目前上海轨道交通地下车站一般不采用倒滤层法抗浮。

设置抗拔桩法：除了车站结构自重、覆土重量以及车站外墙侧壁阻力外，抵抗地下水浮力不足部分可由车站底板下设置的抗拔桩来解决。桩一般布置在柱下或柱列线下，不仅可满足抗浮需要、减少立柱变形，并可兼作地下车站深基坑支护体系中格构柱下的支撑桩。目前上海轨道交通大部分地下车站设置桩基。

轨道交通1号线一期工程11个地下车站中5个车站采用自重平衡法，5个车站采用倒滤层抗浮，1个车站（有上部建筑）采用桩基。后期建设的轨道交通地下车站大部分设置桩基（兼作抗拔桩），仅少部分车站采用自重平衡法，如轨道交通10号线大部分地下车站设置桩基。10号线曲阳路站车站底板埋深16.3m，明挖顺筑法施工，每个结构柱及基坑格构柱下设1根 $\phi800$ 钻孔灌注桩作为车站的抗拔桩及格构柱下立柱桩，以第⑦₂层作为桩端置入层，桩长25m，入土深度41.3m。10号线动物园站底板埋深17.7m，格构柱下设 $\phi800$ 钻孔灌注桩，施工阶段为承压桩，使用阶段为抗拔桩，以⑤₃作为桩端置入层，桩长25m，入土深度42.7m。

(5) 逆筑法施工的地下车站设计要求

逆筑法施工车站中竖向支撑立柱所受荷载很高，地基承载力一般由桩基提供。逆筑法施工对桩基的要求，除了满足较高的单桩承载力外，还须严格控制沉降，以减少桩和地下墙间的沉降差，确保基坑围护体系平衡。如轨道交通1号线常熟路站、陕西南路站、黄陂南路站均采用逆筑法施工，采用 $\phi900$ 开口钢管桩。陕西南路站单桩设计承载力为5600kN，桩端入土深度56m，以第⑦₂层灰色粉细砂为持力层，要求桩沉降量小于等于20mm。黄陂南路站单桩设计承载力6000kN，以第⑦₂层灰色粉细砂为持力层，要求桩沉降量小于等于15mm，据大应变动力测试，单桩极限承载力达10000~12000kN。

逆筑法施工由于立柱所受荷载很大，且大多为一柱一桩，需要的单桩承载力高，目前一般在立柱下设置大直径钻孔灌注桩，以第⑧₂层或⑨层（当第⑦层厚度大时，亦可为⑦层）作为桩基持力层。如轨道交通10号线南京东路站，采用框架逆筑法施工，格构柱下设桩，桩长32~40m，桩端标高－61.64~－53.49m，入土深度56.09~64.24m，桩端置于第⑧₂层中。

1.1.1.2 地下车站的勘察要点

(1) 地下车站勘察的主要技术要求

地下车站勘察的重点是为深基坑工程和地下车站的桩基提供设计、施工所需的各类岩土参数。因此地下车站的主要勘察技术要求如下：

1) 查明勘探深度范围内各土层的分布规律，尤其是软土、粉土、砂土层的分布特征。

2) 查明对工程有影响的地表水体的分布、水位、水深、淤积物以及地表水与地下水的水力联系，分析地表水对工程的影响。

3) 查明地下水分布特征，如工程影响范围内的各含水层（潜水、承压水）的埋藏深度、水位（或水头埋深）、水质、渗透性、水量、补排关系。

4) 查明明（暗）浜、厚填土等不良地质条件及地下障碍物的分布。

5) 提供地下车站基坑开挖设计和施工所需要的有关参数，如直剪固快 c、ϕ 峰值、渗透系数、静止侧压力系数、三轴 CU/UU 试验强度指标、无侧限抗压强度、十字板抗剪强度、回弹模量、基床系数或比例系数等。

6) 对深基坑围护方案、降水方案提出合理建议；提出基坑围护设计和施工应注意的事项，如明（暗）浜、厚填土、软土、流砂、承压水突涌、坑底回弹等，并提出相应的防治措施。

7) 提供地下车站所需的桩基设计参数，对桩基持力层（或桩端入土深度）进行比选，估算单桩承载力，提出成桩施工中应注意的事项；对逆作法或盖挖法施工车站，尚需提供桩基沉降计算所需的相关土层的压缩模量。

8）提供车站底下一定深度范围内各土层的视电阻率。

9）调查周边环境条件。

（2）地下车站的勘察工作量布置原则

1）勘探孔平面布置原则

（a）沿主体车站两侧布置勘探孔，孔间距 20～35m；

（b）两端端头井须布置横剖面；

（c）出入口、风井等附属工程应布置勘探孔；

（d）布置十字板剪切试验、注水试验、扁铲侧胀试验、旁压试验等原位测试；

（e）对深基坑工程有影响的（微）承压含水层观测其承压水水头埋深；

（f）根据设计需要布置视电阻率测试；

（g）在有条件的地段布置小螺纹钻孔，如无条件可调查历史河流。

2）勘探孔深度确定原则

（a）勘擦孔的孔深应满足 2.5 倍开挖深度和桩基设计需要；

（b）逆作法、盖挖法施工车站，需要的单桩承载力高，变形控制严格，勘探孔深度应能满足此需要；

（c）十字板剪切试验一般至硬土层或砂土层；

（d）扁铲侧胀试验一般至中密的粉土层、砂土层；

（e）注水试验、旁压试验一般试验至 2.5 倍开挖深度或根据地层实际情况结合施工可行性确定；

（f）承压水观测孔孔深一般需进入对工程有影响的（微）承压含水层 2～3m；

（g）视电阻率测试深度一般至车站底板下 5m 或根据设计需要。

讨论：

（1）地下车站除两端布置 2 个勘探孔外，内部按"之"字形布孔能否满足现行规范要求？

（2）在勘察方案布置时，如何预估地下车站的桩长？

1.1.2 区间隧道的特点及勘察要求

上海轨道交通地下区间隧道除局部浅埋段采用明挖法施工外，绝大部分地下区间隧道采用盾构法施工。盾构法是在盾构机钢壳体保护下，依靠其前部的刀盘或挖掘机开挖地层，并在盾构机壳体内完成出渣、管片拼装、推进等工作。

1.1.2.1 区间隧道的特点

（1）区间隧道的结构形式

采用盾构法修建的隧道一般为单圆或双圆隧道。上海已建和在建的轨道交通地下区间大部分采用单圆盾构隧道，仅部分线路部分区间曾采用过双圆隧道。上海大部分轨道交通线路区间隧道直径为 6.5m 左右，仅轨道交通 16 号线地下区间采用大直径隧道，隧道外径为 11.4m。

上海地下区间隧道大多采用单层装配式钢筋混凝土衬砌。标准衬砌圆环宽度约 1000～1500mm，全环分成 6 大块，1 块大封底，2 块标准块，2 块邻接块，1 块小封顶块（见图 1-2）。管片衬砌环间采用通缝或错缝拼装（见图 1-3），环、纵缝布置凹凸榫槽。拼装式隧道显著的特点就是存在大量的接缝，因此，结构渗水是拼装式隧道的主要病害之一。

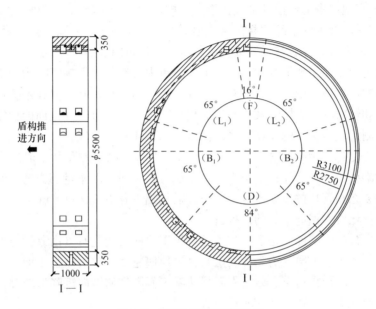

图 1-2 标准衬砌圆环构造图

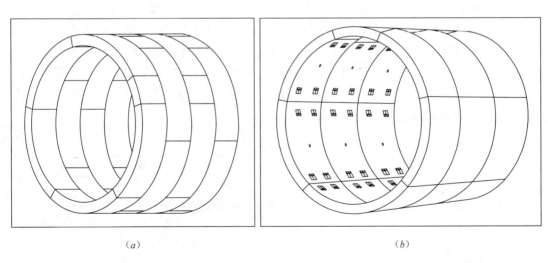

(a)	(b)

图 1-3 隧道拼装形式

(a) 错缝拼装；(b) 通缝拼装

(2) 区间隧道的施工工法

盾构法隧道施工主要由开挖面的平衡、挖掘及出渣、衬砌及其壁后注浆三大环节组成。其主要施工步骤为：

1）在隧道的起始端和到达端各建一个工作井，起始端为盾构始发井，达到端为盾构接收井；

2）盾构机在始发井内安装就位；

3）依靠盾构机上安装的千斤顶将盾构从始发井的开孔处推出，千斤顶的反力施加在已拼装好的衬砌和始发井后壁上；

4）盾构机在地层中沿着设计轴线推进，在推进的同时不断出土和拼装衬砌管片；

5）及时向衬砌背后的空隙注浆，防止地层发生过大的变形并固定衬砌管片；

6）盾构机进入接收井后被拆卸或调头，也可过站再向前推进。

上海为软土地区，且地下区间隧道一般在城市中心地带地下施工，为减少盾构施工对周围环境的影响，在施工中应尽可能减少对周围土体的扰动，其主要技术关键是保持盾构开挖面的稳定和管片脱出盾尾后及时充填盾尾后建筑空隙。盾构开挖面的稳定可以通过优化掘进参数控制，建筑空隙的充填则采用同步与二次注浆来实现。

掘进参数优化：盾构的掘进主要由 10 个参数控制，包括刀盘和土舱压力、排土量和推进速度、螺旋机转速、千斤顶总顶力、注浆压力与时间、注浆量与方式、浆体性能、盾构坡度、盾构姿态和管片拼装偏差等。一般在盾构出工作井 50～100m 范围内，通过地表沉降观测进行优化盾构掘进参数的试推进。

盾构掘进参数与土层性质是密切相关的，当正面地层变化时（由黏性土变为粉土、砂土层时，或由粉土、砂土层变为黏性土层）推进纠偏速度宜放缓，且正面土压要适时适量调整。根据工程实践，在粉土、砂土中盾构法施工所产生的地面沉降远较黏性土中盾构推进所产生的地面沉降变形范围大、变化也大。

盾构同步注浆：盾构机掘进时，盾尾与拼装好的管片之间存在开挖空隙，如图 1-4（a）所示。当盾尾脱出后，土体瞬时失去支撑，将发生向管片方向的位移，形成地层松动、超孔隙水压力降低和近管片区域土体强度下降等现象。若不及时充填该空隙，势必会造成地层变形，进而对邻近的建（构）筑物产生破坏性的影响。因此盾构施工时采用同步注浆，即盾构一边向前推进，一边不停地向盾尾空隙加压注浆材料，如图 1-4（b）所示。不间断地加压，使注浆材料在充入空隙后，在没有达到土体相同强度前，能保持一定的压力与土体相当，从而使地面沉降控制在最小的范围。

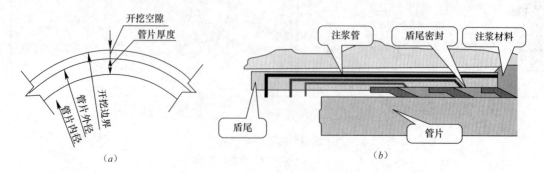

图 1-4　盾尾同步注浆示意图
（a）盾尾间隙示意图　（b）同步注浆示意图

二次注浆是弥补同步注浆不足、减少地表沉降的有效辅助手段，轨道交通 1 号线施工时，当隧道下卧层为粉土、砂土层时，就采取了二次压注水泥浆液或化学浆液措施。

1.1.2.2　区间隧道的勘察要点

(1) 区间隧道的主要勘察技术要求

1) 查明隧道掘进及影响范围内的土层分布特征，尤其是掘进范围内土层的变化，如粉土、砂土层的均匀性、密实度的变化，黏性土中粉土、砂土夹层（或透镜体）的分布等；

2) 查明对工程有影响的地表水体的分布、水位、水深、淤积物以及地表水与地下水的水力联系，分析地表水对工程的影响；

3) 查明地下水分布特征，如隧道掘进及影响范围内的各含水层（潜水、承压水）的埋藏深度、水位（或水头埋深）、水质、渗透性等；

4) 查明不良地质条件（如明浜、天然气等）、地下障碍物等分布；

5) 根据工程地质剖面和隧道结构纵断面，有针对性地对盾构施工可能涉及的岩土工程问题进行预测和分析评述，如高灵敏度的软土、透水性强的粉土、砂土、高塑性的黏性土、古河道中黏砂夹层或互层土、地下水（潜水或承压水）等，并对隧道设计和盾构施工提出合理建议或注意事项；

6) 提供区间隧道设计和施工所需的岩土参数（如渗透系数、静止侧压力系数、无侧限抗压强度、三轴 UU 试验强度指标、地层抗力系数、不均匀系数 d_{60}/d_{10} 及 d_{70}）。

(2) 区间隧道的勘察工作量布置原则

1) 勘探孔的平面布置原则

(a) 勘探孔交叉布置在距隧道外 3～5m（水域为 6～10m）范围内；

(b) 勘探孔间距≤50m（投影距），水域段勘探孔距≤40m（投影距）；

(c) 当上行、下行隧道内净距离大于等于 15m 时或当上行、下行隧道外边线总宽度大于等于 40m 时，宜按单线分别布置勘探孔；

(d) 各区间段宜布置十字板试验、扁铲侧胀等原位测试；

(e) 对各区间段沿线涉及的主要河道进行河床断面测量，以确定隧道顶板的覆土厚度。

2) 勘探孔的孔深确定原则

(a) 一般性勘探孔深度不宜小于隧道底以下 1.5～2.0 倍隧道直径；

(b) 控制性勘探孔深度不宜小于隧道底以下 2.5～3.0 倍隧道直径；

(c) 当上、下行隧道埋深不一致时，孔深以较深隧道确定。

讨论：

(1) 已有勘探成果利用的原则［含初勘孔和收集的沿线邻近建（构）筑物勘察成果］。

(2) 在区间隧道掘进及影响范围内土层变化大时，是否需要加密勘探孔？

1.1.3　隧道进出洞的特点及勘察要求

1.1.3.1　隧道进出洞的特点

(1) 隧道进出洞采用的技术措施

盾构进出洞是盾构施工中技术难度大、工序较复杂的施工阶段。一旦处理不当，洞门外土体易塌方或流失，甚至使盾构失去控制，因此进出洞时一般应采取以下技术措施：

1）对进出洞洞口前土体进行加固，加固长度一般为6～8m，加固宽度为盾构外径加两侧各2～3m；

2）考虑到隧道后期沉降因素，出洞时盾构中心可比设计轴线略高30～50mm，然后对基座加支撑，防止盾构基座移动；

3）进洞前50m地段加强盾构测量工作，进洞定位的复测精度小于等于50mm，并及时纠正盾构进洞偏差；

4）加强对进出洞段的地表沉降观测及控制。

(2) 隧道进出洞常用的地基加固措施

上海为软土地区，盾构始发井（接收井）周围地层一般为自稳能力差的软弱黏性土或透水性强的粉土、砂土，均需对洞门外一定范围土体进行加固处理（图1-5），加固的主要目的是提高土体强度和降低渗透系数。常用的加固方法有：注浆、旋喷、深层搅拌、井点降水、冻结法。加固后的土体须有良好的均匀性、自立性和隔水性。

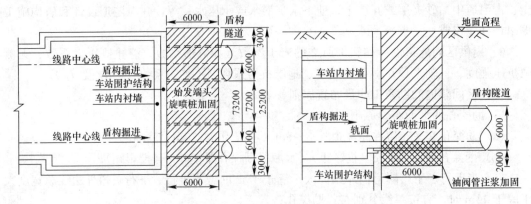

图1-5 盾构井及端头加固平、纵剖面图

由于井点降水会导致土体产生固结沉降，而使洞门外地面建（构）筑物和地下管线保护困难，故市中心区一般不采用井点降水法加固地层，而是采用水泥系加固地层。位于黏土层或淤泥质黏土层中的进出洞加固，一般采用搅拌桩、旋喷桩等水泥系加固。在粉土、砂土中采用搅拌桩、旋喷桩等水泥系加固常会发生由于土质不均、搅拌质量不佳而导致水土突涌、引发地表坍塌事故，对环境和工程建设影响特别大；采用冷冻法加固，虽能很好地解决渗水、流砂等风险事故，但冻结法施工难以避免冻胀和融沉所带来的不利情况，尤其是由于融沉出洞段隧道沉降量偏大所带来的车站与隧道间差异沉降大，因此目前进出洞涉及粉土、砂土层时，通常首推搅拌桩、旋喷桩加固土体，辅以垂直或水平冰冻法，并辅以深井降水的风险预防措施，在盾构推进过程中如发现有渗水现象应利用降水井及时进行降水。

1.1.3.2 隧道进出洞的勘察要求

进出洞勘察一般结合地下车站端头井（车站端头部位必须布置2个勘探孔）进行，区间隧道进出洞主要的勘察技术要求如下：

（1）详细查明区间隧道进出洞及影响范围内土层的分布特征，重点查明软土、黏砂夹层、粉土、砂土层的分布规律及颗粒组成等；

（2）对于含水层应查明其水位（或水头埋深）、水质、补给、渗透性；

（3）对进出洞影响区域连续取土、拍彩色照片；

（4）建议合理的进出洞地基加固方案，并提供有关参数。

1.1.4 联络通道的特点及勘察要求

1.1.4.1 联络通道的特点

（1）联络通道的结构形式

上海轨道交通规范规定，当两条单圆盾构区间隧道长度大于 600m 时，上、下行隧道间应设有联络通道（也称作"旁通道"），当区间长度较长时，可设多个联络通道，以便区间隧道内列车发生火灾等意外事故时，乘客能就地下车，并通过通道安全疏散至另一条平行隧道内，同时亦可供消防人员使用。联络通道一般位于各段区间隧道的中部，当线路纵坡采用"V"形坡时，一般在线路最低点设区间泵站。地下区间盾构隧道工程中常将其与地下泵站的建设结合起来，常见的联络通道及泵站示意图见图 1-6。

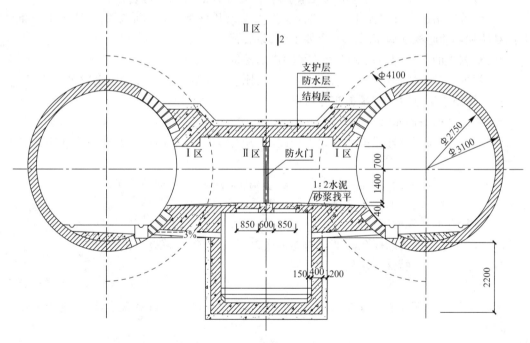

图 1-6　常见的联络通道及泵站示意图

（2）联络通道的施工工法

在软土地层中两条平行隧道间构筑联络通道、泵站，因受地基加固条件、工程地质、水文地质条件的影响，施工中将遇到并克服不少复杂的技术问题，如临时支护结构的选择、区间隧道开口环管片收敛变形的控制、通道开挖中隧道侧压不平衡而导致的位移、隧道空间受力性能的调节等，其中尤以地基加固的盲区、涌水冒砂土层的处理更值得注意。

　　轨道交通 1 号线旁通道施工时，原设计均采用水泥土加固，如三重管旋喷、深层搅拌桩，从地面向下加固，其中有 3 处旁通道由于涉及粉土、砂土层，施工中发生流砂险情，最后辅以注浆、局部冷冻法解决。目前上海轨道交通联络通道普遍采用冷冻法施工。

　　冷冻法是利用人工制冷技术加固含水地层的一种特殊工法，具有适应性强、隔水性好、环境影响小等特点，已在城市轨道交通的区间隧道联络通道、盾构进出洞等建设中广泛使用。对于上海这样的水土条件，区间联络通道及泵站目前绝大部分采用冻结法加固地层暗挖法施工，且要求冻结壁厚度不小于 2m。

　　冻结法施工的关键是冻结温度的保持和冻胀、冻融的控制。冻结法的主要控制指标有：

　　1）冻结法变形要求：允许地面变形≤10mm，沉降量≤20mm，差异沉降≤1/1000；

　　2）冻结强度要求：抗压 3.5MPa，抗拉 1.8MPa，抗剪 1.5MPa，加固土体渗透系数 $<10^{-9}$ cm/s，冻结壁平均温度不高于 -10 ℃。

1.1.4.2　联络通道的勘察要点

（1）联络通道的主要勘察技术要求

　　1）查明联络通道施工影响范围内土层的分布特征，重点查明软土、黏砂夹层、粉土、砂土层分布规律和颗粒组成；

　　2）对于含水层应查明其水位（或水头埋深）、水质、补给、渗透性；

　　3）评价联络通道开挖段土层均匀性、渗透性以及是否有承压水影响，评价水土条件对冻结法加固、暗挖法施工可能产生的不利影响；

　　4）对软土的冻胀和融陷对隧道的影响作出评价；

　　5）根据设计需要提供热物理试验指标，如比热容、导热系数和导温系数等。

（2）联络通道勘察工作量的布置原则

　　1）勘探孔的平面布置原则

　　（a）在联络通道位置须单独布置横剖面，一般在联络通道两侧分别布置 1 个取土孔和 1 个静探孔；

　　（b）结合区间隧道布置十字板剪切试验、扁铲侧胀试验等原位测试工作；

　　（c）如涉及（微）承压水含水层，应布置承压水观测孔。

　　2）勘探孔的孔深确定原则

　　（a）联络通道位置勘探孔深度宜为隧道底以下 2～3 倍隧道直径；

　　（b）施工工法有特殊要求时，可适当加深。

讨论：

　　上海地区是否有必要设置热物性指标（导热系数、比热容和导温系数）？是否需要布置地温测试孔？

1.2　高架段的特点及勘察要求

1.2.1　高架车站的结构特点

　　高架车站结构形式一般有两种：车站建筑与桥梁分离式结构（建桥分离式）和车站建

筑与桥梁联合式结构（建桥联合式）。车站建筑与桥梁联合结构又分为空间框架式结构和车站建筑与桥梁整体式结构。

车站建筑与桥梁分离式结构：是指区间高架桥在车站范围内连续贯通，但与桥台和站厅的梁、板、柱及基础分离，各自形成独立的结构受力体系。两者在结构上完全分开，受力明确，传力简洁。

空间框架式结构：轨道区和站台区同时设置在空间框架结构之上，而桥墩作为站房框架的一部分。这种结构受力合理，结构整体性和稳定性好。但框架结构受载不均匀，易造成基础的不均匀沉降，特别是在地质条件不好的地段。一旦发生基础不均匀沉降，将损坏结构，而修复又非常困难。

车站建筑与桥梁整体式结构：结构体系的传力途径比较明确，结构的整体性能好。但是，轨道梁与区间的接口不好处理，同时结构的施工难度大，桥道板与其下的结构板不易施工。

对"建桥联合"型车站，其沉降控制值与高架区间相同，可减少车站与区间之间的差异沉降，满足无缝线路整体道床的铺设要求。对"建桥分离"型车站，由于站房与轨道梁结构分开，站房沉降控制值可适当放宽，而桥梁部分的沉降控制要求与高架区间相同。

1.2.2 高架区间的结构特点

轨道交通高架区间的结构形式一般有预应力混凝土箱梁、后张法预应力混凝土 T 梁、下承式槽形梁、钢-混凝土叠合梁等形式。跨度大的节点也有采用变截面箱 U 连续梁、连续 U 梁、连续箱梁、连续刚构等。

轨道交通高架区间的跨径一般在 25～35m 之间。跨越道路、河流时跨径较大，如轨道交通 16 号线跨越泃马河跨径达 120m，采用连续刚构；跨越大治河时跨径达 140m，采用矮塔斜拉桥。

1.2.3 高架段的变形控制要求

预应力混凝土梁徐变上拱度会影响轨道的平整度，城市轨道交通一般采用无缝线路无砟轨道结构，扣件的调高量仅为 3～4cm，因此梁的后期徐变变形必须严格限制。对于 25～35m 跨径的梁，线路铺设后的结构徐变上拱值不应大于 2cm。

因此，墩台基础总沉降量及相邻墩台沉降量之差，不应超过下列容许值：

（1）墩台总沉降量为 50mm；

（2）相邻墩台差异沉降量为 20mm；

（3）对于外部超静定结构，还应考虑相邻墩台沉降量差对结构产生的附加影响；

（4）沉降计算时应按恒载计算。

由于高架轨道结构采用无砟形式，其轨面高程可调量较少，因此，控制基础沉降对线路的安全、正常运行至关重要。国内首条高架轨道交通明珠线（轨道交通 3 号线高架段），对总沉降量和差异沉降控制十分严格，控制墩台的工后沉降小于 3cm，差异沉降小于 1cm。

1.2.4　高架段的勘察要点

1.2.4.1　高架段的主要勘察技术要求

（1）查明高架墩台基础影响范围内各土层的分布特征；

（2）对可能采用的桩基持力层进行比选；

（3）提供桩基设计参数，对可能采用的桩型、规格、桩端入土深度估算单桩承载力；

（4）提供桩基沉降计算所需参数，评价影响桩基沉降的因素；

（5）评价沉（成）桩可能性及桩基施工对周围环境的影响；

（6）对桩基持力层、桩端入土深度经综合分析评价后，提出具体的建议和意见。

1.2.4.2　高架段的勘察工作量布置

（1）勘探孔平面布置原则

高架车站：勘探点应结合墩位、柱列线布置，亦可按整个车站范围网格状布置。勘探孔间距宜控制在 35m 以内。

高架区间：跨径大于或等于 25m 的简支梁桥、跨径大于或等于 18m 的连续梁桥，宜每墩布置勘探孔；对单孔跨径为 40～150m 的大桥，每一主要墩台勘探孔不宜少于 2 个（桥宽小于 15m 时，勘探孔可适当减少）；对于单孔跨径大于 150m 的特大桥，每一主要墩台勘探孔不宜少于 4 个（桥宽小于 15m 时，勘探孔可适当减少）。

结构复杂和单孔跨径大于等于 100m 的大桥、特大桥宜进行波速试验或共振柱试验。

（2）勘探孔孔深确定原则

上海轨道交通高架车站及高架区间的墩台基础均采用桩基，勘探孔应满足桩基设计的需要。一般性孔应满足桩端下不少于 3m（大直径桩不少于 5m），控制性孔深度满足沉降变形计算的需要（压缩层厚度一般按 2～3 倍墩台基础宽度确定）。

控制性孔至少应占总勘探孔数量的 1/3；对于大桥和特大桥，控制性孔不少于总勘探孔数量的 1/2。

讨论：

（1）已有勘探成果利用的原则［含初勘孔和收集的沿线邻近建（构）筑物勘察成果］。

（2）勘察方案布置时，如何确定高架段不同跨径墩台的桩端入土深度？

1.3　过渡段的特点及勘察要求

1.3.1　过渡段的特点

1.3.1.1　过渡段的结构形式

本书指的过渡段是地下与地面间的过渡段，一般分为暗埋段、敞开段和地面段。暗埋段主体结构为矩形框架，敞开段主体结构为 U 形槽，其断面形态分别见图 1-7、图 1-8。

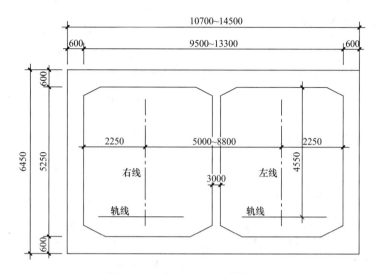

图 1-7 过渡段（暗埋）横断面图

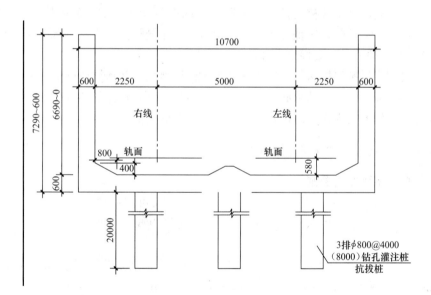

图 1-8 过渡段（敞开）横断面图

1.3.1.2 过渡段的基坑围护方案

过渡段通常采用明挖法施工，自暗埋段向敞开段开挖深度逐渐变浅。根据开挖深度、周边环境可选用地下连续墙、钻孔灌注桩、SMW 工法和水泥土搅拌桩等围护方式。

1.3.1.3 过渡段的抗浮措施

根据上海轨道交通规范，对暗埋段及敞开段应按最不利情况进行抗浮验算，敞开段埋深较大的区域及暗埋段覆土厚度较薄的区段，底板所受的浮力大于结构荷载及上部覆土，一般须设置抗拔桩，抗拔桩长度一般在 10～25m 之间。对于覆土厚度大的暗埋段，覆土重量加结构荷重与地下水浮力可平衡，可不考虑永久抗浮措施（仅考虑施工开挖时抗浮）。

1.3.1.4　过渡段的地基处理

目前轨道交通建设对过渡段的沉降控制较为严格，沉降控制标准为：路基工后沉降量不应大于 0.15m，整体道床区路基工后沉降量不应大于 0.02m。因此对股道区一般采用水泥搅拌桩加固，对整体道床区如沉降控制严格，可直接采用桩基（结合抗拔桩）。

1.3.2　过渡段的勘察要点

1.3.2.1　过渡段的主要勘察技术要求

（1）查明勘探深度范围内各土层的分布规律，尤其是软土、粉土、砂土层的分布；

（2）查明地下水分布特征，如工程影响范围内的各含水层（潜水、承压水）的埋藏深度、水位（或水头埋深）、水质、渗透性、水量、补排关系；

（3）查明明（暗）浜、厚层填土等不良地质条件；

（4）提供过渡段基坑开挖设计和施工所需要的有关参数（如直剪固快 c、ϕ 峰值、渗透系数、静止侧压力系数、三轴 CU 试验强度指标、无侧限抗压强度指标、十字板抗剪强度指标等），对围护设计方案提出合理建议；

（5）提出相应的抗浮措施，如抗拔桩的桩基设计参数，并估算单桩抗拔承载力；

（6）提供浅部土层的地基承载力及沉降计算参数，针对具体的路基形式，为地基处理或选择合适的基础形式提供地质依据和相关的岩土参数。

1.3.2.2　过渡段的勘探工作量布置原则

（1）勘探点平面布置原则

1）暗埋段、敞开段：总宽度小于 20m 时，勘探孔可在两侧交叉布置，孔距（投影距）宜为 20~35m；当宽度大于 20m 时，宜沿其两侧边线分别布置勘探孔，孔距小于等于 35m。

2）地面段：孔距一般控制在 ≤50m，考虑地基处理的需要孔距可适当减小。

3）沿过渡段两侧布置小螺纹钻孔，间距为 10~15m，明、暗浜边界小螺纹孔间距应加密至 2~3m。

4）考虑基坑开挖的需要宜布置十字板剪切试验孔、注水试验孔和承压水观测孔。

（2）勘探孔孔深确定原则

1）对覆土厚度大的暗埋段（不设抗拔桩），孔深应按 2.5 倍开挖深度考虑；

2）对覆土厚度小的暗埋段和敞开段，孔深应同时满足 2.5 倍开挖深度和抗浮设计需要；

3）对地面段应钻穿软弱层进入稳定地层 2~3m，同时应考虑路基沉降计算以及地基处理的需要。

2 工程地质和水文地质条件

2.1 工程地质条件

上海地区主要涉及湖沼平原、滨海平原、河口砂嘴砂岛、潮坪以及剥蚀残丘五大地貌类型。除剥蚀残丘外，其余四大地貌类型区除浅部土层分布有差异外，深部土层的分布特征基本类似。滨海平原区在上海所占的范围最大，上海市区位于其中，轨道交通线路大多位于滨海平原区。上海地区第四系厚度一般为 200～350m（市区西南局部区域厚度小于 100m，崇明凹陷区厚度大于 400m），人类工程活动主要集中在 100m 以浅的土层内。因此本书所阐述的上海地区工程地质条件主要指的滨海平原区地表下 100m 深度范围内土层的构成与特征。

2.1.1 工程地质结构与分布特征

2.1.1.1 地层层序组合

上海滨海平原区地表下 100m 深度范围内土层主要分为 9 大工程地质层，地质时代为晚更新世～全新世。

全新世土层（Q_4）共分为五个大层，土层序号为①～⑤层，一般厚度为 20～30m，在古河道切割区，厚度深达 60m 左右。

晚更新世土层（Q_3）共分为四大层，土层序号为⑥～⑨层（注：局部区域 100m 深度范围涉及第⑩层，属 Q_2 地层）。

上海地区地表下 100m 深度范围内涉及的地层沉积年代、地层层序、土层名称及分布状况见表 2-1。

上海地区 100m 深度范围土层层序表　　　　　　　　　　表 2-1

年　代	工程地质层组		地层序号	土层名称	分布状况
$Q_4{}^3$	填土层	①	①₁	人工填土	遍布
			①₂	浜填土、浜底淤泥	仅分布于明浜、暗浜（塘）区
			①₃	灰黄～灰色粉土	仅分布于黄浦江沿岸，俗称"江滩土"
	硬壳层	②	②₁、②₂	褐黄～灰黄色黏性土	广泛分布，明、暗浜区缺失
	第一粉土、砂土层		②₃	灰色粉土	分布于吴淞江故道及其他零星地区

续表

年　代	工程地质层组	地层序号	土层名称	分布状况
Q_4^2	第一软土层	③	③	淤泥质粉质黏土	广泛分布，吴淞江故道及黄浦江沿岸缺失。局部夹粉土或粉砂多，可分出③₂或③夹层
		④	④	淤泥质黏土	遍布，局部缺失。局部底部分布粉土或粉砂层，可分为④₂层
Q_4^1	第二软土层	⑤	⑤₁	灰色黏性土	遍布，局部缺失
	第二粉土、砂土层		⑤₂	灰色粉土、粉砂、粉质黏土与粉砂互层	主要分布于古河道地区
	第二软土层		⑤₃	灰色粉质黏土	古河道区分布
			⑤₄	灰绿色粉质黏土	古河道内零星分布
Q_3^2	第一硬土层	⑥	⑥	暗绿～草黄色黏性土	分布较广，古河道区缺失
	第三粉土、砂土层	⑦	⑦₁	草黄～灰色粉土、粉砂	分布较广，古河道区缺失或较薄
			⑦₂	灰色粉细砂	遍布，仅局部缺失
	第三软土层	⑧	⑧₁	灰色黏性土	分布较广，市区南部呈条带状缺失
			⑧₂	灰色粉质黏土、粉砂互层	
Q_3^1	第四砂土层	⑨	⑨₁	青灰色粉细砂夹黏性土	分布较稳定
			⑨₂	青灰色粉、细砂夹中、粗砂	

2.1.1.2 各土层的分布特征

(1) 第①层填土

第①₁层填土，杂色，一般上部含较多碎砖石等建筑垃圾，下部以黏性土为主，含少量杂质；土质松散、杂乱。该层在表部遍布，一般在市中心区、大型工厂和原有建筑区填土厚度大，一般厚约 2～4m；周边地区填土厚度较小，一般厚度在 1.0m 左右。

第①₂层浜填土、浜底淤泥，灰色或灰黑色，夹较多黑色有机质，具臭味；土质软塑～流塑，高压缩性；层底深度一般约 3.0～5.0m，厚度一般约 2～3m；分布于明、暗浜（塘）区。

填土层土质不均，状态差，对轨道交通建设中基坑工程不利。

(2) ①₃灰色粉土（俗称"江滩土"）

含螺壳、碎贝壳屑、棕丝等杂质，以黏质粉土为主，局部夹较多淤泥质土，局部土质较纯，为砂质粉土；土质松散～稍密，高～中等压缩性。为新近沉积土，分布于黄浦江两岸，符合一定的河床沉积规律，凸岸处呈堆积地形，凹岸处呈冲刷地形，一般浦西堆积宽度大于浦东，浦西最大堆积宽度约 150～250m。该层厚度变化大，上游和下游区域厚度一般为 4～6m，中游厚度较大，中华路—半淞园路区域以及浦东陆家嘴区域厚度最大，约 9～15m。

该层土质较为松散，在动水压力条件下，易发生流砂、塌陷，对轨道交通地下工程施工均为不良地质条件。

（3）第②$_1$、②$_2$层褐黄～灰黄色粉质黏土

含铁锰质结核及灰色条纹，一般自上而下土质渐软。第②$_1$层俗称"硬壳层"，直接位于人类活动频繁的填土层之下，其特点是分布广泛、稳定，但埋藏深度、厚度等分布特征与人类活动有关。周边地区受工程建设影响小，表层填土薄，第②$_1$层埋深在 1.0m 左右；市中心受工程建设影响大，填土厚度大，埋深一般约为 1.5～2.5m。该层分布广泛，但在黄浦江沿岸江滩土分布区、吴淞江故道区、明（暗）浜切割区以及填土厚度大的区域缺失。

（4）第②$_3$层灰色粉土、粉砂

含云母、贝壳屑等，夹薄层黏性土。一般上部夹黏性土多些，以黏质粉土或砂质粉土为主，下部砂性较重，以粉砂为主；该层状态松散～稍密，中等压缩性。第②$_3$层主要分布于吴淞江故道，呈条带状延伸于苏州河以北地区，由西向东经长宁、普陀、黄浦、虹口以及杨浦五角场地区，至浦东高桥一带，直入长江。吴淞江故道具有河流沉积特点，两侧第②$_3$层厚度相对较薄，中部厚度大，一般约为 10～15m，在共青森林公园附近最大厚度达 20m 以上。另外在彭浦、江湾、北蔡一带有零星分布，厚度一般约为 1～3m。

第②$_3$层状态一般好于①$_3$层，但在动水压力条件下，易发生流砂现象，对轨道交通地下工程施工属于不良地质条件。

（5）第③灰色淤泥质粉质黏土

含云母及少量有机质，夹薄层粉砂，局部地段夹砂较多，存在③$_夹$层或③$_2$层粉土层；该层土质不均匀，呈流塑状，高压缩性。第③层在上海地区分布较广，仅在吴淞江故道及黄浦江江滩土分布区缺失。

该层土质软弱，具高压缩性、高灵敏度、低强度特性；局部夹粉土或粉砂，在动水压力作用下易发生流砂。对轨道交通地下工程施工具有不利影响。

（6）第④灰色淤泥质黏土

含云母，夹少量极薄层粉砂，底部一般含较多贝壳碎屑；土质均匀，状态流塑，高压缩性。在上海地区分布较广，仅在黄浦江江滩土、吴淞江故道等粉土、砂土层厚度大的区域局部缺失。

该层与第③层构成上海地区第一软土层，且比第③层更软弱，且厚度大，具有高压缩性、流变性、触变性等特点，对轨道交通地下工程施工带来不利影响。

（7）第⑤$_1$灰色黏性土

含云母、泥钙质结核及半腐植物根茎；状态软塑～可塑，高压缩性。第⑤$_1$层在上海市区遍布，仅在市区西北部地区厚度较薄或缺失。

该层属第二软土层，状态较第③、④层淤泥质黏性土略好。

（8）第⑤$_2$灰色粉性土或粉砂，粉砂、粉质黏土互层或夹层

含云母，土质不均，砂性较重时，为粉砂或砂质粉土夹薄层粉质黏土；夹黏性土较多时，为粉砂（或砂质粉土）与粉质黏土互层或黏质粉土等。土质均匀性差，状态稍密～中密（黏性土为软塑～可塑状），中等压缩性。该层主要分布于古河道区或古河道区与正常区的交界地带，在市区南部分布范围较大，且有一定连续性，层顶标高一般为 －20～－15m，闵行梅陇地区层顶埋深较浅，约为 －15～－10m；在市中心及北部地区呈零星状分布，层顶标高一般为 －20～－15m。第⑤$_2$层厚薄不一，一般厚度为 4～10m，局部区域厚度可达 15m 以上。

该层在动水压力条件下，易发生流砂现象，对轨道交通地下工程施工属于不良地质条件。另外该层属微承压含水层，基坑开挖深度大或隧道施工涉及该层时有发生涌水、流砂的可能，且抽降承压水将引起较大范围的土体固结沉降。

（9）第⑤₃层灰色粉质黏土

含云母、夹薄层粉砂；土质均匀性差，状态软塑～可塑，高～中等压缩性。该层一般分布于古河道地区，受第⑤₂层分布和古河道切割深度影响，层位起伏大，厚度变化亦大。该层在空间分布上具有不均匀性，易造成区间隧道的不均匀沉降。

（10）第⑤₄层灰绿色粉质黏土

为次生硬土层，含少量氧化铁斑点及有机质条纹；状态可塑～硬塑状，中等压缩性。第⑤₄层主要分布于古河道的底部，呈局部零星分布，厚度一般为1～3m。

（11）第⑥层暗绿色粉质黏土

含氧化铁斑点及少量铁锰质结核，状态可塑～硬塑，中等压缩性。该层为上海地区上更新统标志层，第⑥层分布区一般称为"正常区"，缺失区一般称为"古河道区"。根据上海地区已有的研究成果，上海市区南部自西向东有古河道穿过，宽度约6～8km，并在瑞金路及河南路一带有支流向北延伸；另外还有许多零星的小规模古河道。第⑥层层顶标高一般为−24～−20m，在市区西北部埋藏较浅，层顶标高约−16～−12m。

（12）第⑦砂质粉土～粉砂

第⑦₁层草黄色砂质粉土，含氧化铁斑点，夹少量薄层黏性土，局部地区夹黏性土较多，以黏质粉土为主，状态中密～密实，中等压缩性；第⑦₂层灰黄～灰色粉砂含云母、石英、长石等，土质均匀，状态密实，中～低压缩性。第⑦层在上海市区广泛分布，但在市区北部有较多零星散布的缺失区，在市区西南部亦有少量缺失区。上海市区第⑦层在正常区分布较稳定，层顶标高一般为−30～−25m，市区西北部层顶标高约−20～−15m；古河道区域一般缺失第⑦₁层，第⑦₂层层顶起伏大，市区一般层顶标高约为−40～−30m，市区南部层顶标高约为−50～−40m。

该层为第Ⅰ承压含水层，基坑开挖深度大或隧道掘进、旁通道施工涉及第⑦层时，可能引发水土突涌。

（13）第⑧灰色粉质黏土～粉质黏土夹粉砂

第⑧₁粉质黏土，含云母及少量有机质，夹少量薄层粉砂，软塑～可塑状，高等～中等压缩性；第⑧₂灰色粉质黏土与粉砂互层，含云母，具交错层理，呈"千层饼"状，土质不均，状态可塑。第⑧层广泛分布，但在市区南部呈条带状缺失，缺失带自西南角的莘庄地区，经植物园、南浦大桥、世纪公园，直至金桥出口加工区，缺失带宽度约6～8km。缺失带以北地区，第⑧层层顶埋深自北向南逐渐加深，层顶标高为−45～−20m，缺失带附近层顶标高变化大，层顶标高为−60～−50m；在缺失带以南区域，层顶标高大于−55m。

该层属第三软土层，沉积年代属Q₃，状态较第一软土层及第二软土层明显好。

（14）第⑨粉砂、细砂～中粗砂

第⑨₁层灰色粉细砂（夹黏性土），含云母，夹薄层黏性土，砂粒自上而下变粗；状态密实。层顶埋深一般在65～80m。第⑨₂灰色粉细砂夹中、粗砂、砾石，状态密实，低压缩性，分布稳定，厚度大。

该层属第Ⅱ承压含水层，局部与第Ⅰ承压含水层连通。

2.1.2 工程地质结构类型的划分

根据相关科研成果，上海地区由于不同地质时代河道切割以及古地貌地势变化，造就了上海地区较为复杂的工程地质条件。对于延伸几十公里的线状场地，不同类型的地层组合在一起，形成了不同的工程地质结构类型。在不同工程地质结构类型区，轨道交通建设的难度、风险及投资差异大，轨道交通运营期的治理措施和成本亦差异很大，因此进行工程地质结构类型的划分对轨道交通工程十分重要。

2.1.2.1 工程地质结构类型划分的原则

上海地区正常区和古河道区的地层组合对工程建设的影响很大，故先按正常地层和古河道区地层分为Ⅰ类和Ⅱ类，再根据是否有②$_3$层或①$_3$层浅部粉土、砂土分布，划分A、B亚类，再根据是否有⑤$_2$层加后缀E类，考虑到轨道交通开发深度越来越深，第⑧层分布对轨道交通亦有较大影响，因此对缺失第⑧层的⑦、⑨相连的区域加-Q类。上海地区工程地质结构类型一共可分成16种类型，其中正常区8类，古河道区8类。

2.1.2.2 工程地质结构类型的划分

上海地区目前运行的轨道交通线路均按以上原则进行工程地质结构类型的划分，各种类型的地层组合如表2-2所示。其中，第一列是工程地质结构类型编号，第二列是与工程地质结构类型对应的地层组合，第三列是数据库系统中不同工程地质结构类型所属区域对应的颜色。

轨道交通工程地质结构类型表 表2-2

工程地质结构类型		地层组合	
Ⅰ（正常区）类	ⅠA	①、②$_1$、③、④、⑤$_1$、⑥、⑦、⑧、⑨	
	ⅠA-Q	①、②$_1$、③、④、⑤$_1$、⑥、⑦、⑨	
	ⅠAE	①、②$_1$、③、④、⑤$_1$、⑤$_2$、⑥、⑦、⑧、⑨	
	ⅠAE-Q	①、②$_1$、③、④、⑤$_1$、⑤$_2$、⑥、⑦、⑨	
	ⅠB	①、②$_3$（或①$_3$）、③、④、⑤$_1$、⑥、⑦、⑧、⑨	
	ⅠB-Q	①、②$_3$（或①$_3$）、③、④、⑤$_1$、⑥、⑦、⑨	
	ⅠBE	①、②$_3$（或①$_3$）、③、④、⑤$_1$、⑤$_2$、⑥、⑦、⑧、⑨	
	ⅠBE-Q	①、②$_3$（或①$_3$）、③、④、⑤$_1$、⑤$_2$、⑥、⑦、⑨	
Ⅱ（古河道区）类	ⅡA	①、②$_1$、③、④、⑤$_1$、⑤$_3$、⑦、⑧、⑨	
	ⅡA-Q	①、②$_1$、③、④、⑤$_1$、⑤$_3$、⑦、⑨	
	ⅡAE	①、②$_1$、③、④、⑤$_1$、⑤$_2$、⑤$_3$、⑦、⑨	
	ⅡAE-Q	①、②$_1$、③、④、⑤$_1$、⑤$_2$、⑤$_3$、⑦、⑨	
	ⅡB	①、②$_3$（或①$_3$）、③、④、⑤$_1$、⑤$_3$、⑦、⑧、⑨	
	ⅡB-Q	①、②$_3$（或①$_3$）、③、④、⑤$_1$、⑤$_3$、⑦、⑨	
	ⅡBE	①、②$_3$（或①$_3$）、③、④、⑤$_1$、⑤$_2$、⑤$_3$、⑦、⑧、⑨	
	ⅡBE-Q	①、②$_3$（或①$_3$）、③、④、⑤$_1$、⑤$_2$、⑤$_3$、⑦、⑨	

注：1. 以上工程地质结构类型划分原则适合于上海滨海平原区的各条轨道交通线路。
　　2. 对于④$_2$和⑤$_1$夹层分布的情况，其分类原则同有⑤$_2$层分布的情况。

上海已针对运行轨道交通线路建立了"上海轨道交通地质信息管理与分析系统",该系统通过对轨道交通线路工程勘察资料的地层整理和统一之后,按不同的工程地质结构类型对沿线进行工程地质分区,对各区可能出现的岩土工程风险问题进行梳理,便于管理部门根据不同地质类型的风险问题和预警等级采取针对性的预防措施。该系统中运行线路的工程地质分区如图 2-1 所示。

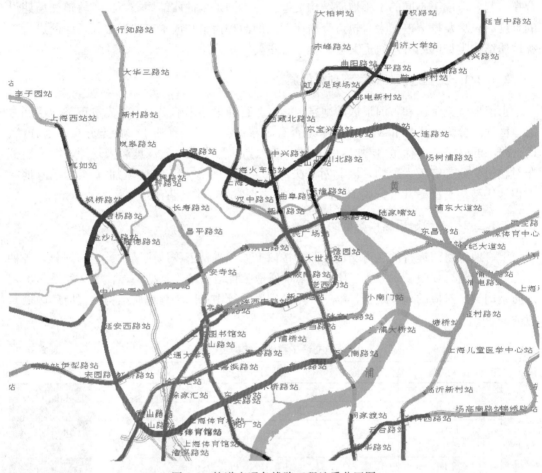

图 2-1　轨道交通各线路工程地质分区图

2.2　水文地质条件

2.2.1　含水层分布特征

上海地区与轨道交通建设密切相关的含水层主要有潜水含水层、微承压含水层和第 Ⅰ、Ⅱ 承压含水层。各含水层的分布特征如下:

2.2.1.1　潜水含水层

潜水含水层为全新世中晚期（Q_4^{2-3}）滨海相沉积,含水层岩性结构类型较为复杂,一般可概化成两种结构类型：一种以单一黏性土为介质，基本无成层的粉土、砂土层分布；另一种上部是黏性土、下部为粉土、砂土介质，有一定厚度的粉土或砂土层分布。

两种结构类型的分布区较为明显，由成层粉土、粉砂组成的潜水含水层，从浦东新区高桥地区—杨浦区—闸北区—普陀区以北东—南西向横穿中心城区中部，呈带状分布（"吴淞江"故道）及零星透镜体分布，含水层厚度在3～20m不等，"吴淞江"故道的中心线附近厚度最大，向两侧逐渐变小，零星分布地区粉土、砂土层厚度一般在1～3m。由黏性土或淤泥质黏性土为介质的潜水含水层，主要分布于西北部和东南部地区，分布面积相对较大。

潜水含水层渗透性能总体较差，但粉土、砂土层分布地区渗透性较黏性土分布地区稍好。潜水含水层富水性也较差，口径为500mm、降深为2m的单井出水量在1～10m³/d，粉土、砂土层发育地带富水性相对较大，口径为500mm、降深为2m的单井出水量大于10m³/d。

2.2.1.2　微承压含水层（⑤₂层）

微承压含水层（⑤₂层）土性为粉土或粉砂，夹黏性土程度不一，土性不均，渗透系数变化大。该含水层的水头埋深3～11m，呈周期性变化。该含水层呈不连续分布，局部与第Ⅰ承压含水层连通。当微承压含水层夹黏性土少且厚度大，或与第Ⅰ承压含水层连通时，水量丰富。需要特别指出的是，"微承压含水层"不是水文地质专业术语，考虑上海市五个承压含水层划分体系已形成，且⑤₂层具有承压性、分布呈不连续状、富水性较承压含水层相对差等因素，1999年上海市地基基础规范修订时，定义该层为"微承压含水层"。

因第⑤₂层一般埋藏较浅，水头压力高，水量也较丰富，上海地区承压水引发事故大多是由于不重视第⑤₂层微承压含水层而引起的，因此应对微承压含水层（⑤₂层）引起足够的重视。

2.2.1.3　第Ⅰ承压含水层（⑦层）

第Ⅰ承压含水层（⑦层）土性为粉土或砂土，上部⑦₁层颗粒较细，中下部⑦₂层略粗，局部区域与微承压含水层或第Ⅱ承压含水层连通。部分地区第⑦层的表部夹多量黏性土，渗透性相对差。受工程建设及其他因素的影响，水位在不同时期、不同区域有一定变化。根据上海市长期观测资料分析，上海市中部约地铁2号线以南的市区、浦东大道至金桥公园一线以南的浦东新区部分区域承压水水头埋深一般较深，约为吴淞标高－6～－4m（埋深约7～11m）；在上海市北部沪宁铁路、黄浦江、赵家沟河流以北和上海市南部沿杭州湾地区（约在金山区、奉贤区的南部和临港新城），承压水头埋深一般较浅，约在吴淞标高－2～0m（埋深约3～6m）；其余地区一般为吴淞标高－4～－2m（埋深约5～9m）。

2.2.1.4　第Ⅱ承压含水层（⑨层）

第Ⅱ承压含水层（⑨层）土性为粉细砂、中粗砂，其水位埋深约3～12m，年呈周期性变化。受工程建设、回灌量的差异以及部分区域与第Ⅰ承压含水层连通的影响，不同区域水位变化较大。根据上海市长期观测资料分析，第二承压水水位埋深在嘉定、市中心、浦东新区和南汇的大部分区域以及松江、金山的大部约在吴淞标高−8～−4m（埋深约7～12m），沿长江和松江、奉贤一带约−4～−3m（埋深约6～8m），青浦的北部地区约为−3～−2m（埋深约5～8m）；在崇明、长兴和横沙的三岛地区承压水水位较高，约在−1～1m（埋深约3～5m）；在上海西南部的青浦的金泽、练塘，松江区的湖荡、泖港、新浜、枫泾，金山区的张堰及以西区域的承压水水位较深，约在−10～−6m（埋深约8～12m）。

2.2.2 水文地质结构类型的划分

目前与上海轨道交通工程密切相关的含水层主要为微承压含水层（⑤₂层）及第Ⅰ承压含水层（第⑦层）。当基坑开挖深度为30～50m时，涉及第Ⅱ承压含水层（第⑨层）。针对目前轨道交通开发的特点（如开发深度越来越深）进行水文地质结构类型的划分。

2.2.2.1 水文地质结构类型划分的原则

根据研究成果，按照微承压含水层（⑤₂层）、第Ⅰ承压含水层（第⑦层）和第Ⅱ承压含水层（第⑨层）以及相对隔水层（⑧层）的分布特征，上海滨海平原区内可划分为7种类型，其中正常地层区域包括3种类型，古河道区域包括4种类型。

2.2.2.2 水文地质结构类型的划分

上海地区目前运行的轨道交通线路均按以上原则进行水文地质结构类型的划分，水文地质结构类型及其与工程地质结构类型的对应关系及其土层组合特征详见表2-3。

水文地质结构类型表 表2-3

水文地质结构类型	相应的工程地质结构类型		土层组合特征	
正常地层区域（有⑥层分布）	A	ⅠA、ⅠB	②～⑨层普遍存在，⑦层层顶埋约30m	
	B		⑦层顶板埋深浅，约20m	
	C	ⅠA-Q、ⅠB-Q	⑦层层顶埋深约30m，⑦、⑨层相连	
古河道区域（⑥层缺失）	D	ⅡA、ⅡB	无⑤₂层分布，⑤₃层局部夹粉土、砂土透镜体，⑦₂层顶板埋深约40m，有⑧层分布	
	E	ⅡAE、ⅡBE	有第⑤₂层分布，⑤₃层黏性土中局部有粉土、砂土透镜体，有⑧层分布	
	F	ⅡA-Q、ⅡB-Q	无⑤₂层分布，⑦层埋深约40m，⑦、⑨层相连	
	G	ⅡAE-Q、ⅡBE-Q	有第⑤₂层分布，⑦层与⑨层相连	

"上海轨道交通地质信息管理与分析系统"中各运营线路的水文地质分区如图 2-2 所示。

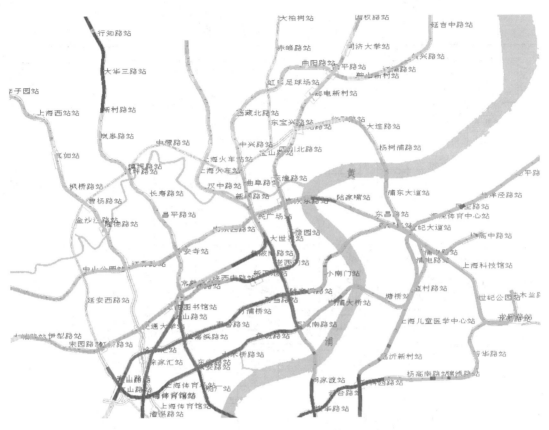

图 2-2 轨道交通各线路水文地质分区图

2.3 不同地质结构类型区应注意的岩土工程问题

不同工程地质结构类型（地层组合）、不同的水文地质结构类型（含水层组合）在轨道交通工程建设期和运行期应注意的岩土工程问题不同，不同轨道交通结构类型在相同地质类型区域所关注的岩土工程问题亦不相同，故本书分建设期和运行期，分别针对轨道交通建设中量大面广的地下车站、地下区间、高架车站和高架区间进行评述。

考虑到工程地质结构类型分为 16 种，水文地质结构类型分为 7 种，两种类型具有一定的对应性（见表 2-3），故本书按 16 种工程地质结构类型对不同轨道交通结构类型，按建设期和运行期提出应注意的岩土工程问题，以引起勘察技术人员的重视。对地下车站、地下区间和高架车站、高架区间运行期间应注意的岩土工程问题，是指在采取了现有轨道交通保护措施的前提下，尚需注意的问题。

工程地质结构类型——ⅠA类

ⅠA类地层组合	①、②₁、③、④、⑤₁、⑥、⑦、⑧、⑨

ⅠA类　典型静探曲线

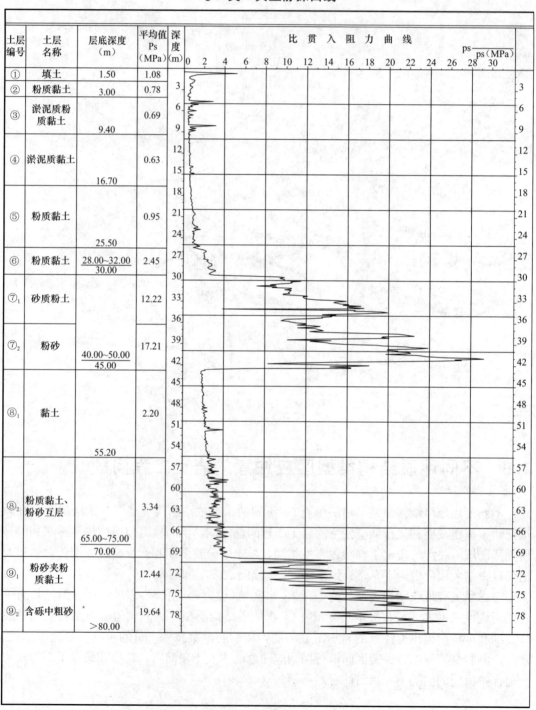

土层编号	土层名称	层底深度（m）	平均值Ps（MPa）
①	填土	1.50	1.08
②	粉质黏土	3.00	0.78
③	淤泥质粉质黏土	9.40	0.69
④	淤泥质黏土	16.70	0.63
⑤	粉质黏土	25.50	0.95
⑥	粉质黏土	28.00~32.00 / 30.00	2.45
⑦₁	砂质粉土		12.22
⑦₂	粉砂	40.00~50.00 / 45.00	17.21
⑧₁	黏土	55.20	2.20
⑧₂	粉质黏土、粉砂互层	65.00~75.00 / 70.00	3.34
⑨₁	粉砂夹粉质黏土		12.44
⑨₂	含砾中粗砂	>80.00	19.64

ⅠA类　工程地质结构类型应注意的岩土工程问题

构筑物类型	建设期应注意的岩土工程问题	运行期应注意的岩土工程问题
地下车站	基坑底板一般处于软黏性土中，应注意坑底回弹问题； 第⑦层中承压水对深基坑有突涌可能，当止水帷幕不能隔断含水层时应注意抽降承压水对周边环境的影响	
地下区间	隧道一般处于均质软黏性土层中，施工技术较为成熟，隧道沉降量一般较小，但应注意洞口与车站间易产生不均匀沉降； 旁通道位置应注意软黏性土融陷所造成的较大沉降； 当隧道埋藏深度大，涉及第⑥、⑦层时，应注意承压水的突涌问题	由于软黏性土的高压缩性以及次固结变形，隧道有一定沉降且稳定时间长； 当隧道置于第⑥、⑦层时，应注意抽降承压水对隧道的影响
高架车站和高架区间	第⑦层是较理想的桩基持力层，但由于下伏第⑧层软黏性土，单桩承载力和桩基沉降量能否满足设计要求是关键； 当第⑦层埋藏浅、厚度薄或土质不均时，宜选择第⑧$_2$层或⑨层作为桩基持力层	应注意降承压水对高架墩台的影响

工程地质结构类型——ⅠA-Q类

ⅠA-Q类地层组合	①、②₁、③、④、⑤₁、⑥、⑦、⑨

ⅠA-Q类　典型静探曲线

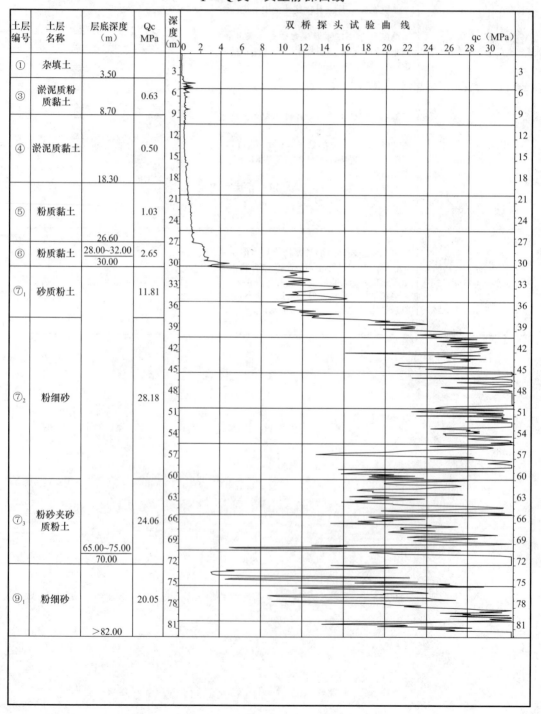

土层编号	土层名称	层底深度（m）	Qc MPa
①	杂填土	3.50	
③	淤泥质粉质黏土	8.70	0.63
④	淤泥质黏土	18.30	0.50
⑤	粉质黏土	26.60	1.03
⑥	粉质黏土	28.00~32.00 / 30.00	2.65
⑦₁	砂质粉土		11.81
⑦₂	粉细砂		28.18
⑦₃	粉砂夹砂质粉土	65.00~75.00 / 70.00	24.06
⑨₁	粉细砂	>82.00	20.05

ⅠA-Q类　工程地质结构类型应注意的岩土工程问题

构筑物类型	建设期应注意的岩土工程问题	运行期应注意的岩土工程问题
地下车站	基坑底板一般处于软黏性土中，应注意坑底回弹问题； 第⑦层中承压水对深基坑有突涌可能，应注意抽降承压水对周边环境的影响	
地下区间	隧道一般处于均质软黏性土层中，施工技术较成熟，隧道沉降量一般较小，但应注意洞口与车站间易产生不均匀沉降； 旁通道位置应注意软黏性土融陷所造成的较大沉降； 当隧道埋藏深度大，涉及第⑥、⑦层时，应注意承压水的突涌问题	由于软黏性土的高压缩性以及次固结变形，隧道有一定沉降且稳定时间长； 当隧道置于第⑥、⑦层时，应注意降承压水对隧道的影响
高架车站和高架区间	由于有深厚的第⑦、⑨层粉土、砂土层，对桩基持力层的选择和沉降控制极为有利	应注意降承压水对高架墩台的影响

工程地质结构类型——ⅠAE类

ⅠAE类地层组合	①、②₁、③、④、⑤₁、⑤₂、⑥、⑦、⑧、⑨

ⅠAE类　典型静探曲线

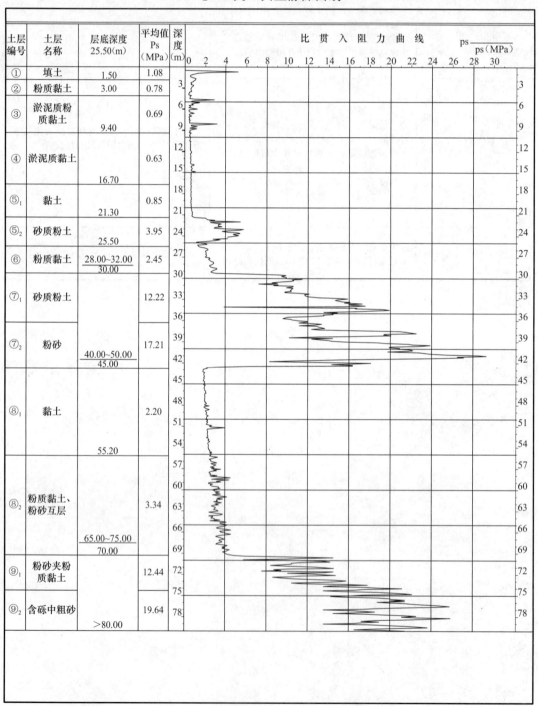

ⅠAE类　工程地质结构类型应注意的岩土工程问题

构筑物类型	建设期应注意的岩土工程问题	运行期应注意的岩土工程问题
地下车站	坑底一般接近或位于第⑤₂层粉土、砂土，应注意流砂以及承压水突涌问题； 第⑦层中承压水对深基坑有突涌可能，当止水帷幕不能隔断含水层时应注意降承压水对周边环境的影响	
地下区间	隧道范围一般涉及软黏性土和粉土、砂土，土质不均，盾构掘进易产生不均匀沉降； 进出洞和旁通道涉及粉土、砂土时，应注意流砂、水土突涌等问题； 当隧道置于第⑥、⑦层时，应注意承压水的突涌问题	隧道置于软黏性土或粉土、砂土中，由于土性不同、压缩性有差异，应注意隧道的不均匀沉降问题； 隧道位于粉土、砂土层中时，应注意渗水、流砂易加剧隧道变形； 当隧道位于第⑤₂、⑦层时，应注意抽降承压水对区间隧道的影响大
高架车站和高架区间	第⑦层是较理想的桩基持力层，但由于下伏第⑧层软黏性土，单桩承载力和桩基沉降量能否满足设计要求是关键； 当第⑦层埋藏浅、厚度薄或土质不均时，宜选择第⑧₂层或⑨层作为桩基持力层	应注意降承压水对高架墩台的影响

工程地质结构类型——ⅠAE-Q类

ⅠAE-Q类地层组合	①、②₁、③、④、⑤₁、⑤₂、⑥、⑦、⑨

ⅠAE-Q类 典型静探曲线

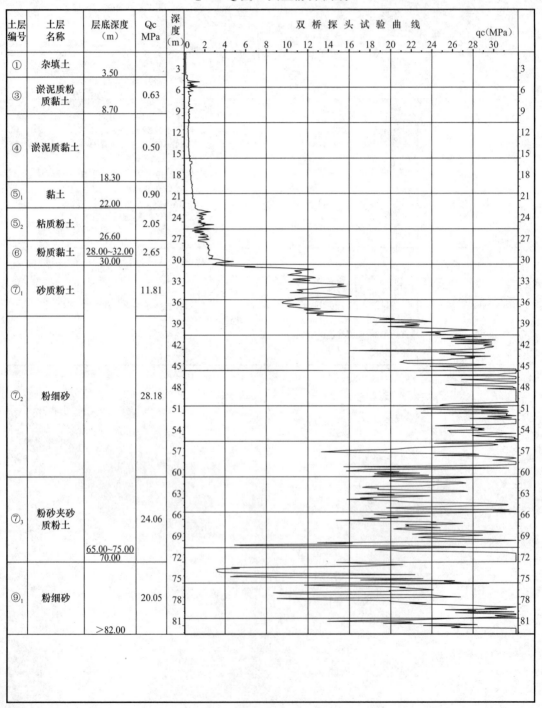

土层编号	土层名称	层底深度(m)	Qc MPa
①	杂填土	3.50	
③	淤泥质粉质黏土	8.70	0.63
④	淤泥质黏土	18.30	0.50
⑤₁	黏土	22.00	0.90
⑤₂	粘质粉土	26.60	2.05
⑥	粉质黏土	28.00~32.00 30.00	2.65
⑦₁	砂质粉土		11.81
⑦₂	粉细砂		28.18
⑦₃	粉砂夹砂质粉土	65.00~75.00 70.00	24.06
⑨₁	粉细砂	>82.00	20.05

ⅠAE-Q类　工程地质结构类型应注意的岩土工程问题

构筑物类型	建设期应注意的岩土工程问题	运行期应注意的岩土工程问题
地下车站	坑底一般接近或位于第⑤₂层粉土、砂土，应注意流砂以及承压水突涌问题；第⑦层中承压水对深基坑有突涌可能，应注意降承压水对周边环境的影响	
地下区间	隧道范围一般涉及软黏性土和粉土、砂土，土质不均，盾构掘进易产生不均匀沉降； 进出洞和旁通道涉及粉土、砂土时，应注意流砂、水土突涌等问题； 当隧道置于第⑥、⑦层时，应注意承压水的突涌问题	隧道置于软黏性土或粉土、砂土中，由于土性不同、压缩性有差异，应注意隧道的不均匀沉降问题； 隧道位于粉土、砂土层中时，应注意渗水、流砂易加剧隧道变形； 当隧道位于第⑤₂、⑦层时，应注意降承压水对区间隧道的影响
高架车站和高架区间	由于有深厚的第⑦、⑨层粉土、砂土层，对桩基持力层的选择和沉降控制极为有利	应注意降承压水对高架墩台的影响

工程地质结构类型——ⅠB类

ⅠB类地层组合	①、②₃（或①₃）、④、⑤₁、⑥、⑦、⑧、⑨

ⅠB类 典型静探曲线

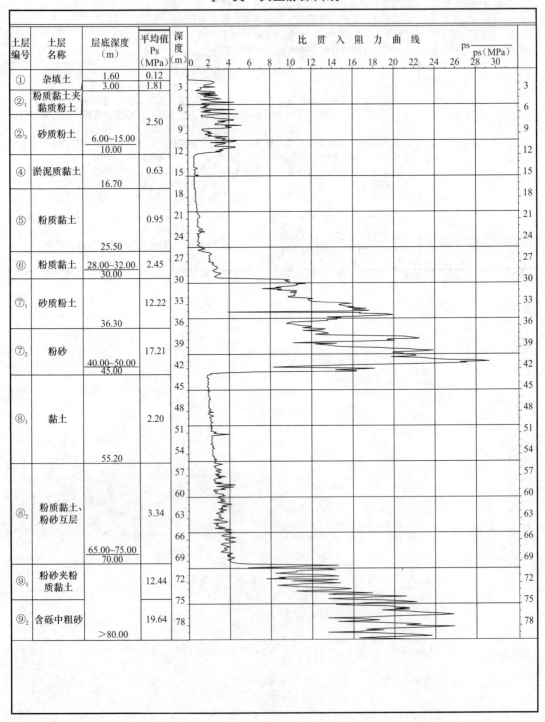

土层编号	土层名称	层底深度（m）	平均值 Ps（MPa）
①	杂填土	1.60	0.12
②₁	粉质黏土夹黏质粉土	3.00	1.81
②₃	砂质粉土	6.00~15.00 / 10.00	2.50
④	淤泥质黏土	16.70	0.63
⑤	粉质黏土	25.50	0.95
⑥	粉质黏土	28.00~32.00 / 30.00	2.45
⑦₁	砂质粉土	36.30	12.22
⑦₂	粉砂	40.00~50.00 / 45.00	17.21
⑧₁	黏土	55.20	2.20
⑧₂	粉质黏土、粉砂互层	65.00~75.00 / 70.00	3.34
⑨₁	粉砂夹粉质黏土		12.44
⑨₂	含砾中粗砂	>80.00	19.64

ⅠB类 工程地质结构类型应注意的岩土工程问题

构筑物类型	建设期应注意的岩土工程问题	运行期应注意的岩土工程问题
地下车站	浅部分布第②₃（或①₃）层粉土、砂土，应注意流砂、管涌问题； 坑底下分布软黏性土，应注意坑底回弹问题； 第⑦层中承压水对深基坑有突涌可能，当止水帷幕不能隔断含水层时应注意抽降承压水对周边环境的影响	
地下区间	应注意浅部粉土、砂土土质松散，掘进面易失稳、坍塌，盾构机在粉土、砂土中掘进地层损失较大，易产生较大的沉降量； 当进出洞、旁通道涉及粉土、砂土时，应注意水土突涌、流砂等问题； 当区间隧道置于第⑥、⑦层时，应注意承压水的突涌问题	隧道底板一般处于软黏性土中，由于软黏性土的高压缩性以及次固结变形，隧道有一定沉降且稳定时间长； 当区间隧道顶部涉及粉土、砂土时，应注意不均匀沉降导致的渗水、流砂等问题； 若周边潜水水位下降，将对区间隧道产生较大沉降，应引起重视； 当隧道置于第⑥、⑦层时，应注意抽降承压水对区间隧道的影响
高架车站和高架区间	第⑦层是较为理想的桩基持力层，但由于下伏第⑧层软黏性土，单桩承载力和墩台沉降量能否满足设计要求是关键； 当第⑦层埋藏浅、厚度薄或土质不均时，宜选择第⑧₂层或第⑨层作为桩基持力层	应注意周边潜水位下降对高架墩台的影响； 应注意降承压水对高架墩台的影响

工程地质结构类型——ⅠB-Q类

ⅠB-Q类地层组合	①、②₃（或①₃）、④、⑤₁、⑥、⑦、⑨

ⅠB-Q类 典型静探曲线

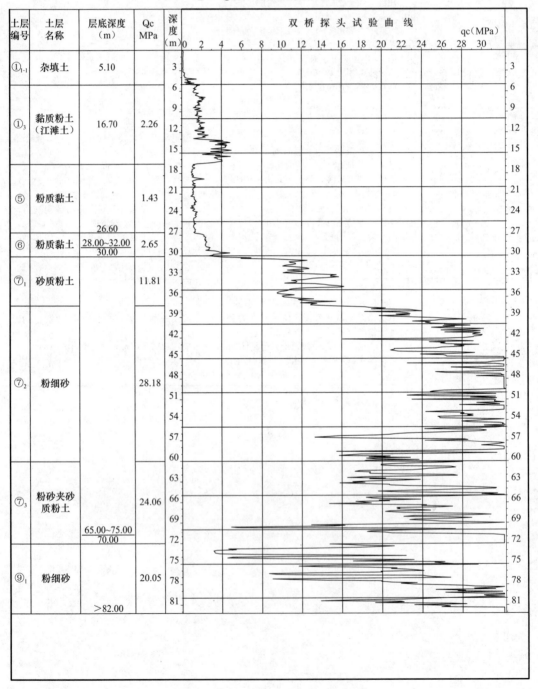

土层编号	土层名称	层底深度（m）	Qc MPa
①₁₋₁	杂填土	5.10	
①₃	黏质粉土（江滩土）	16.70	2.26
⑤	粉质黏土		1.43
		26.60	
⑥	粉质黏土	28.00~32.00 / 30.00	2.65
⑦₁	砂质粉土		11.81
⑦₂	粉细砂		28.18
⑦₃	粉砂夹砂质粉土		24.06
		65.00~75.00 / 70.00	
⑨₁	粉细砂	>82.00	20.05

ⅠB-Q类　工程地质结构类型应注意的岩土工程问题

构筑物类型	建设期应注意的岩土工程问题	运行期应注意的岩土工程问题
地下车站	浅部分布第②$_3$（或①$_3$）层粉土、砂土，应注意产生流砂、管涌问题； 基坑底板下分布软黏性土层，应注意坑底回弹问题； 第⑦层中承压水对深基坑有突涌可能，应注意抽降承压水对周边环境的影响	
地下区间	应注意浅部粉土、砂土土质松散，掘进面易失稳、坍塌，盾构机在粉土、砂土中掘进地层损失较大，易产生较大的沉降量； 当进出洞、旁通道涉及粉土时，应注意水土突涌、流砂等问题； 当区间隧道置于第⑥、⑦层时，应注意承压水的突涌问题	隧道底板一般处于软黏性土中，由于软土的高压缩性以及次固结变形，隧道有一定沉降且稳定时间长； 区间隧道顶部涉及粉土，应注意不均匀沉降导致的渗水、流砂等问题； 若周边潜水水位下降，将对区间隧道产生较大沉降，应引起重视； 当隧道置于第⑥、⑦层时，应注意降承压水对隧道的影响
高架车站和高架区间	由于有深厚的第⑦、⑨层粉土、砂土，对桩基持力层的选择和沉降控制极为有利	应注意周边潜水位下降对高架墩台的影响； 应注意降承压水对高架墩台的影响

工程地质结构类型——ⅠBE类

ⅠBE类地层组合	①、②₃（或①₃）、④、⑤₁、⑤₂、⑥、⑦、⑧、⑨

ⅠBE类 典型静探曲线

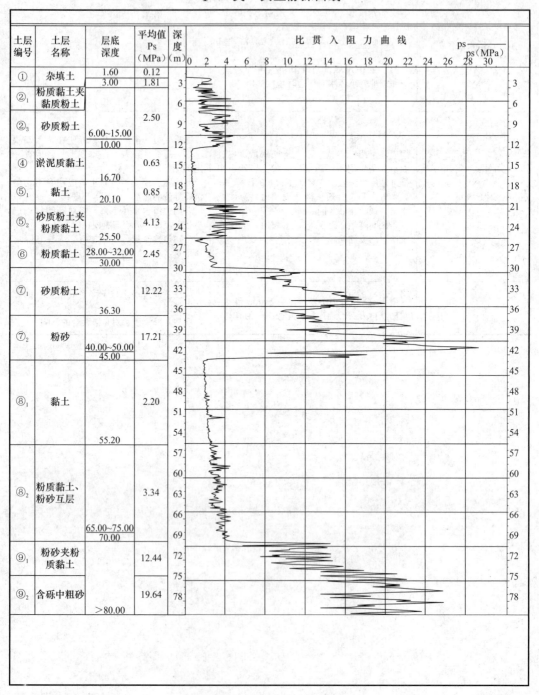

ⅠBE类　工程地质结构类型应注意的岩土工程问题

构筑物类型	建设期应注意的岩土工程问题	运行期应注意的岩土工程问题
地下车站	浅部分布第②$_3$（或①$_3$）、⑤$_2$层粉土、砂土层，应注意流砂、管涌问题以及第⑤$_2$层的承压水突涌问题； 第⑦层中承压水对地下车站深基坑有突涌可能，当止水帷幕不能隔断含水层时应注意降承压水对周边环境的影响	
地下区间	应注意浅部粉土、砂土土质松散，掘进面易失稳、坍塌，盾构机在粉土、砂土层中掘进地层损失较大，易产生较大的沉降量； 当进出洞、旁通道涉及粉土时，应注意水土突涌、流砂等问题； 当区间隧道置于第⑥、⑦层时，应注意承压水的突涌问题	隧道置于软黏性土和粉土、砂土中，由于土性不同，压缩性差异大，应注意隧道的不均匀沉降问题； 当区间隧道位于粉土、砂土层中时，应注意渗水、流砂易加剧隧道变形； 若周边潜水位下降，将对区间隧道产生较大沉降，应引起重视； 当隧道置于第⑤$_2$、⑦层时，应注意降承压水对隧道的影响
高架车站和高架区间	第⑦层是较为理想的桩基持力层，但由于下伏第⑧层软黏性土，单桩承载力和墩台沉降量能否满足设计要求是关键； 当第⑦层埋藏浅、厚度薄或土质不均时，宜选择第⑧$_2$层或第⑨层作为桩基持力层	应注意周边潜水位下降对高架墩台的影响； 应注意降承压水对高架墩台的影响

工程地质结构类型——ⅠBE-Q类

ⅠBE-Q类地层组合	①、②₃（或①₃）、④、⑤₁、⑤₂、⑥、⑦、⑨

ⅠBE-Q类　典型静探曲线

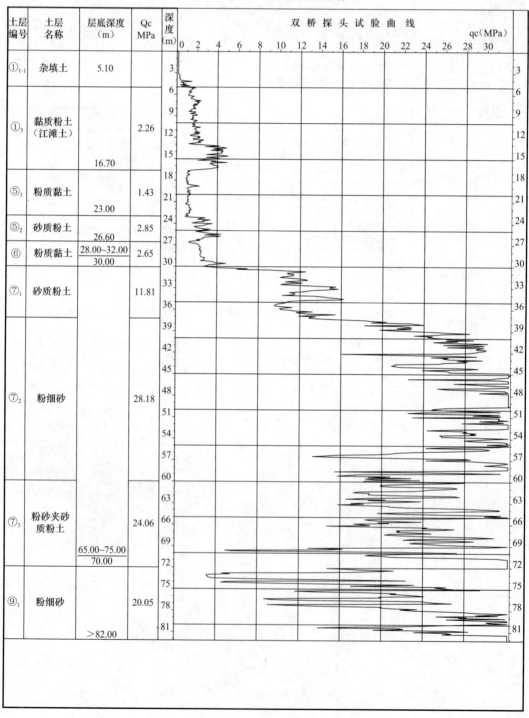

ⅠBE-Q 类　工程地质结构类型应注意的岩土工程问题

构筑物类型	建设期应注意的岩土工程问题	运行期应注意的岩土工程问题
地下车站	浅部分布第②$_3$（或①$_3$）、⑤$_2$ 层粉土、砂土层，应注意流砂、管涌问题以及第⑤$_2$ 层的承压水突涌问题； 第⑦层中承压水对深基坑有突涌可能，应注意降承压水对周边环境的影响	
地下区间	应注意浅部粉土、砂土土质松散，掘进面易失稳、坍塌，盾构机在粉土、砂土层中掘进地层损失较大，易产生较大的沉降量； 当进出洞、旁通道涉及粉土、砂土时，应注意水土突涌、流砂等问题； 当区间隧道置于第⑥、⑦层时，应注意承压水的突涌问题	隧道置于软黏性土和粉土、砂土中，由于土性不同，应注意隧道的不均匀沉降问题； 当区间隧道位于粉土、砂土层中时，应注意渗水、流砂易加剧隧道变形； 若周边潜水位下降，将对区间隧道产生较大沉降，应引起重视； 当隧道置于第⑤$_2$、⑦层时，应注意抽降承压水对隧道的影响
高架车站和高架区间	由于有深厚的第⑦、⑨层粉土、砂土层，对桩基持力层的选择和沉降控制极为有利	应注意周边潜水位下降对高架墩台的影响； 应注意降承压水对高架墩台的影响

工程地质结构类型——ⅡA类

ⅡA区地层组合	①、②₁、③、④、⑤₁、⑤₃、⑦、⑧、⑨

ⅡA类 典型静探曲线

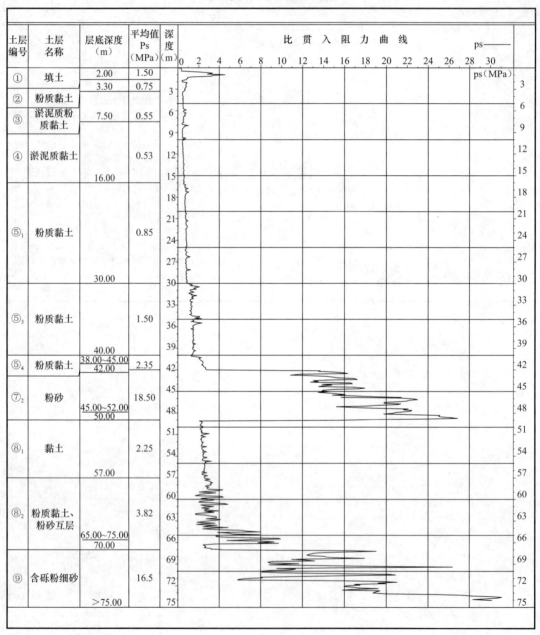

土层编号	土层名称	层底深度（m）	平均值 Ps（MPa）
①	填土	2.00	1.50
②	粉质黏土	3.30	0.75
③	淤泥质粉质黏土	7.50	0.55
④	淤泥质黏土	16.00	0.53
⑤₁	粉质黏土	30.00	0.85
⑤₃	粉质黏土	40.00	1.50
⑤₄	粉质黏土	38.00~45.00 / 42.00	2.35
⑦₂	粉砂	45.00~52.00 / 50.00	18.50
⑧₁	黏土	57.00	2.25
⑧₂	粉质黏土、粉砂互层	65.00~75.00 / 70.00	3.82
⑨	含砾粉细砂	>75.00	16.5

Ⅱ A 类　工程地质结构类型应注意的岩土工程问题

构筑物类型	建设期应注意的岩土工程问题	运行期应注意的岩土工程问题
地下车站	软黏性土厚度大，易产生较大的坑壁位移和坑底回弹，对周边环境影响大； 当基坑深度大时，第⑦层中承压水有突涌可能，当止水帷幕不能隔断含水层时应注意降承压水对周边环境的影响	
地下区间	古河道区的黏性土层一般夹砂较多、土质不均，施工参数不易调准，区间隧道易产生较大的沉降量	由于隧道底板下有深厚的软黏性土，易产生较大沉降量且稳定时间长，应注意不均匀沉降问题； 应注意抽降第⑦层承压水对区间隧道的影响
高架车站和高架区间	第⑦层受切割且下伏第⑧层软黏性土，单桩承载力和墩台沉降量能否满足设计要求是关键； 当第⑦层厚度薄或土质不均时，宜选择第⑧$_2$层或⑨层作为桩基持力层	应注意降承压水对高架墩台的影响

工程地质结构类型——ⅡA-Q类

ⅡA-Q类地层组合	①、②₁、③、④、⑤₁、⑤₃、⑦、⑨

ⅡA-Q类 典型静探曲线

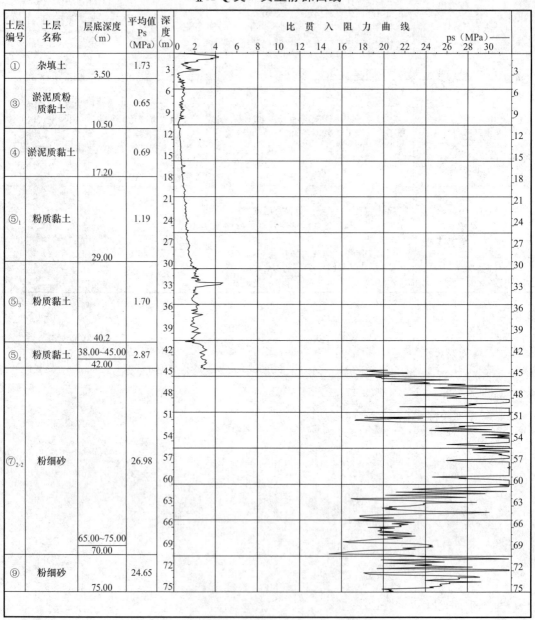

土层编号	土层名称	层底深度（m）	平均值Ps（MPa）
①	杂填土	3.50	1.73
③	淤泥质粉质黏土	10.50	0.65
④	淤泥质黏土	17.20	0.69
⑤₁	粉质黏土	29.00	1.19
⑤₃	粉质黏土	40.2	1.70
⑤₄	粉质黏土	38.00~45.00 / 42.00	2.87
⑦₂₋₂	粉细砂	65.00~75.00 / 70.00	26.98
⑨	粉细砂	75.00	24.65

ⅡA-Q 类　工程地质结构类型应注意的岩土工程问题

构筑物类型	建设期应注意的岩土工程问题	运行期应注意的岩土工程问题
地下车站	软黏性土厚度大，易产生较大的坑壁位移和坑底回弹，对周边环境影响大； 当基坑深度大时，第⑦层中承压水有突涌可能，应注意降承压水对周边环境的影响	
地下区间	古河道区的黏性土层一般夹砂较多、土质不均，施工参数不易调准，区间隧道易产生较大的沉降量	由于隧道底板下有深厚的软黏性土，易产生较大沉降量且稳定时间长，应注意不均匀沉降问题； 应注意降第⑦层承压水对区间隧道的影响
高架车站和高架区间	由于有厚层的第⑦、⑨层粉土、砂土层，对桩基持力层的选择和沉降控制极为有利	应注意降承压水对高架墩台有影响

工程地质结构类型——ⅡAE类

ⅡAE类地层组合	①、②₁、③、④、⑤₁、⑤₂、⑤₃、⑦、⑧、⑨

ⅡAE类　典型静探曲线

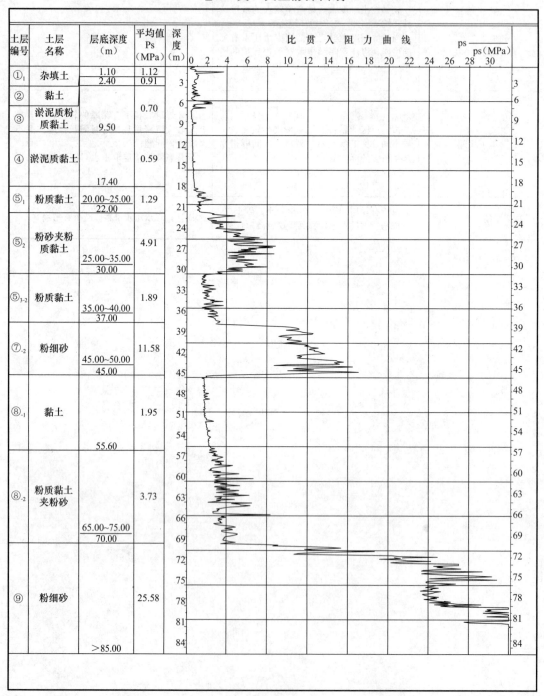

土层编号	土层名称	层底深度(m)	平均值Ps(MPa)
①₁	杂填土	1.10 / 2.40	1.12 / 0.91
②	黏土		
③	淤泥质粉质黏土	9.50	0.70
④	淤泥质黏土	17.40	0.59
⑤₁	粉质黏土	20.00~25.00 / 22.00	1.29
⑤₂	粉砂夹粉质黏土	25.00~35.00 / 30.00	4.91
⑤₃₋₂	粉质黏土	35.00~40.00 / 37.00	1.89
⑦₋₂	粉细砂	45.00~50.00 / 45.00	11.58
⑧₋₁	黏土	55.60	1.95
⑧₋₂	粉质黏土夹粉砂	65.00~75.00 / 70.00	3.73
⑨	粉细砂	>85.00	25.58

ⅡAE类　工程地质结构类型应注意的岩土工程问题

构筑物类型	建设期应注意的岩土工程问题	运行期应注意的岩土工程问题
地下车站	当软黏性土厚度大时，易产生较大的坑壁位移和坑底回弹，对周边环境影响大； 应注意第⑤$_2$层粉土、砂土层易产生流砂等问题； 第⑤$_2$层和第⑦层为（微）承压含水层，应注意承压水的基坑突涌问题。当止水帷幕不能隔断含水层时，应注意降水对周边环境的影响	应注意周边抽降第⑤$_2$层、⑦层中承压水对地下车站的影响
地下区间	区间隧道涉及软黏性土、粉土或砂土，且古河道区的软土中一般夹砂多，掘进范围土质不均，土层损失大，易产生较大沉降量； 当进出洞、旁通道涉及粉土、砂土层时，应注意水土突涌、流砂等问题	隧道底板处于不同土层（软黏性土、粉土），由于土性不同，隧道易产生较大的不均匀沉降； 当区间隧道位于粉土砂土层中时，渗水、流砂易加剧隧道变形； 降第⑤$_2$、⑦层中承压水对区间隧道有较大影响
高架车站和高架区间	当第⑤$_2$层厚度较大、土质较好时，可选作桩基持力层，但应注意墩台间的不均匀沉降问题； 第⑦层受切割且下伏第⑧层软黏性土，单桩承载力和墩台沉降量能否满足设计要求是关键； 当第⑤$_2$、⑦层厚度薄或土质不均时，宜选择深部第⑧$_2$层或第⑨层作为桩基持力层	应注意抽降第⑤$_2$层、第⑦层中承压水对高架墩台的影响

工程地质结构类型——ⅡAE-Q类

ⅡAE-Q类地层组合	①、②₁、③、④、⑤₁、⑤₂、⑤₃、⑦、⑨

ⅡAE-Q类 典型静探曲线

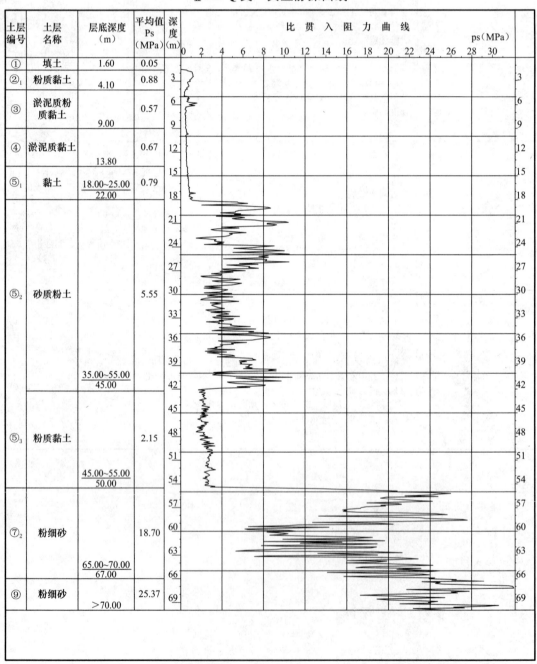

土层编号	土层名称	层底深度（m）	平均值 Ps（MPa）	深度（m）	比贯入阻力曲线 ps（MPa）
①	填土	1.60	0.05		
②₁	粉质黏土	4.10	0.88		
③	淤泥质粉质黏土	9.00	0.57		
④	淤泥质黏土	13.80	0.67		
⑤₁	黏土	18.00~25.00 / 22.00	0.79		
⑤₂	砂质粉土	35.00~55.00 / 45.00	5.55		
⑤₃	粉质黏土	45.00~55.00 / 50.00	2.15		
⑦₂	粉细砂	65.00~70.00 / 67.00	18.70		
⑨	粉细砂	>70.00	25.37		

ⅡAE-Q类　工程地质结构类型应注意的岩土工程问题

构筑物类型	建设期应注意的岩土工程问题	运行期应注意的岩土工程问题
地下车站	当软黏性土厚度大时，易产生较大的坑壁位移和坑底回弹，对周边环境影响大； 应注意第⑤₂层粉土、砂土易产生流砂问题； 第⑤₂层和第⑦层为（微）承压含水层，应注意承压水的基坑突涌问题。当止水帷幕不能隔断抽水层时，应注意降水对周边环境的影响	应注意周边抽降第⑤₂层、⑦层中承压水对地下车站的影响
地下区间	区间隧道涉及软黏性土、粉土，且古河道区的软黏性土一般夹砂多，掘进范围土质不均，施工参数不易调准，土层损失大，易产生较大沉降量； 当进出洞、旁通道涉及粉性土、砂土层时，应注意水土突涌、流砂等问题	隧道底板处于不同土层（软黏性土、粉土），由于土性不同，隧道易产生较大的不均匀沉降； 当区间隧道位于粉土、砂土层时，应注意渗水、流砂易加剧隧道变形； 降第⑤₂、⑦层中承压水对区间隧道有较大影响
高架车站和高架区间	当第⑤₂层厚度大时，可采用该层作为桩基持力层，但应注意墩台间的不均匀沉降问题； 第⑦、⑨层粉土、砂土厚度大，对桩基持力层选择和沉降控制较为有利	应注意抽降第⑤₂层、⑦层中承压水对高架墩台的影响

工程地质结构类型——ⅡB类

ⅡB类地层组合	①、②₃（或①₃）、④、⑤₁、⑤₃、⑦、⑧、⑨

ⅡB类 典型静探曲线

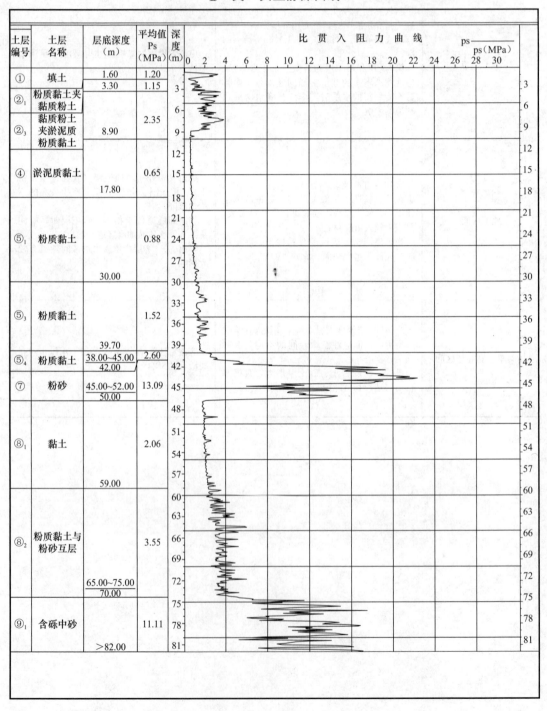

ⅡB类 工程地质结构类型应注意的岩土工程问题

构筑物类型	建设期应注意的岩土工程问题	运行期应注意的岩土工程问题
地下车站	浅部分布第②$_3$（或①$_3$）层粉土、砂土，深基坑工程应注意流砂问题； 坑底下软黏性土厚度大，易产生较大的坑底回弹，对周边环境影响大； 当基坑深度大时，第⑦层中承压水有突涌可能，当止水帷幕不能隔断含水层时应注意降承压水对周边环境的影响	
地下区间	应注意浅部粉土、砂土土质松散，掘进面易失稳、坍塌，盾构机在粉土、砂土层中掘进地层损失较大，易产生较大的沉降量； 古河道中软黏性土一般夹砂多、土质不均，施工参数不易调准，易产生较大的隧道变形； 当进出洞涉及旁通道粉土、砂土层时，应注意水土突涌、流砂等问题	由于隧道底板下有深厚的软黏性土，隧道产生沉降量大、稳定时间长； 区间隧道顶部涉及粉土、砂土层时，应注意不均匀沉降导致的渗水、流砂等问题； 周边潜水水位下降，将使区间隧道产生较大沉降
高架车站和高架区间	第⑦层受切割且下伏第⑧层软黏性土，单桩承载力和墩台沉降量能否满足设计要求是关键； 当第⑦层厚度薄或土质不均时，宜选择第⑧$_2$层或⑨层作为桩基持力层	应注意周边潜水位下降对高架墩台的影响； 应注意抽降承压水对高架墩台的影响

工程地质结构类型——ⅡB-Q类

ⅡB-Q类地层组合	①、②₃（或①₃）、④、⑤₁、⑤₃、⑦、⑨

ⅡB-Q类　典型静探曲线

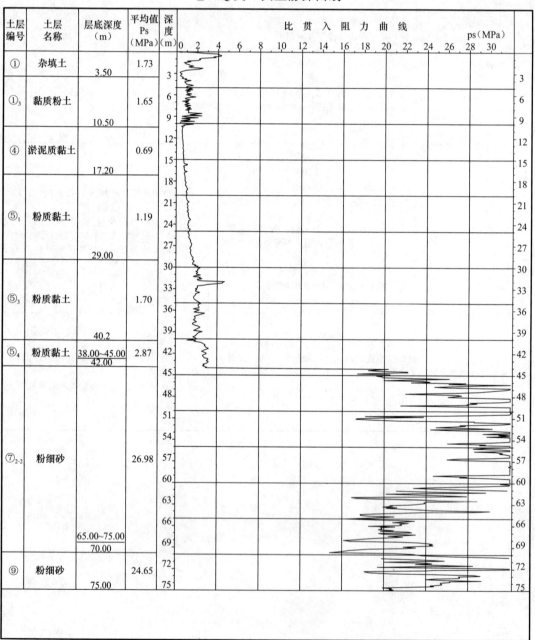

土层编号	土层名称	层底深度（m）	平均值Ps（MPa）
①	杂填土	3.50	1.73
①₃	黏质粉土	10.50	1.65
④	淤泥质黏土	17.20	0.69
⑤₁	粉质黏土	29.00	1.19
⑤₃	粉质黏土	40.2	1.70
⑤₄	粉质黏土	38.00~45.00 42.00	2.87
⑦₂₋₂	粉细砂	65.00~75.00 70.00	26.98
⑨	粉细砂	75.00	24.65

ⅡB-Q类　工程地质结构类型应注意的岩土工程问题

构筑物类型	建设期应注意的岩土工程问题	运行期应注意的岩土工程问题
地下车站	浅部分布第②₃（或①₃）层粉土、砂土，深基坑工程应注意流砂问题； 坑底下软黏性土厚度大，易产生较大的坑底回弹，对周边环境影响大； 当基坑深度大时，第⑦层中承压水有突涌可能，当止水帷幕不能隔断含水层时应注意降承压水对周边环境的影响	
地下区间	应注意浅部粉土、砂土土质松散，掘进面易失稳、坍塌，盾构机在粉土、砂土层中掘进地层损失较大，易产生较大的沉降量； 古河道中软黏性土一般夹砂多、土质不均，施工参数不易调准，易产生较大的隧道变形； 当进出洞涉及旁通道粉土、砂土层时，应注意水土突涌、流砂等问题	由于隧道底板下有深厚的软黏性土，隧道产生沉降量大、稳定时间长； 区间隧道顶部涉及粉土、砂土层时，应注意不均匀沉降导致的渗水、流砂等问题； 周边潜水水位下降，将使区间隧道产生较大沉降
高架车站和高架区间	由于有厚层的第⑦、⑨层粉土、砂土层，对桩基持力层的选择和沉降控制较为为有利	应注意周边潜水位下降对高架墩台的影响； 应注意降承压水对高架墩台的影响

工程地质结构类型——ⅡBE类

ⅡBE类地层组合	①、②₃（或①₃）、④、⑤₁、⑤₂、⑤₃、⑦、⑧、⑨

ⅡBE类地层组合 → ①、②₃（或①₃）、④、⑤₁、⑤₂、⑤₃、⑦、⑧、⑨

ⅡBE类 典型静探曲线

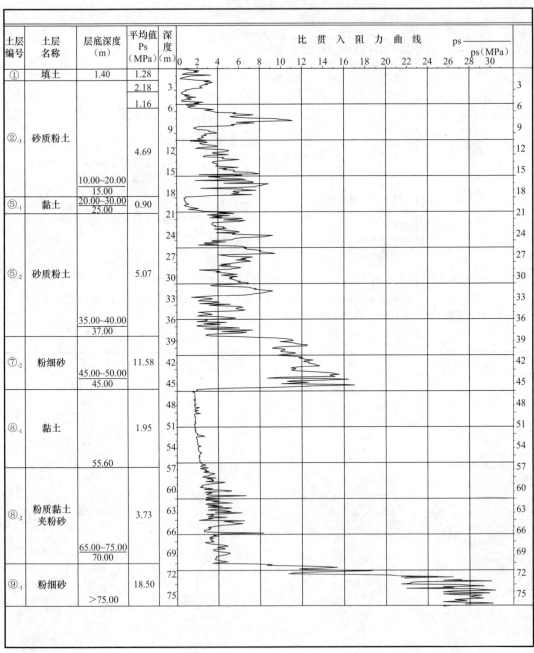

土层编号	土层名称	层底深度（m）	平均值 Ps（MPa）
①	填土	1.40	1.28
②₋₃	砂质粉土		2.18
			1.16
			4.69
⑤₋₁	黏土	10.00~20.00 / 15.00 / 20.00~30.00 / 25.00	0.90
⑤₋₂	砂质粉土		5.07
⑦₋₂	粉细砂	35.00~40.00 / 37.00	11.58
⑧₋₁	黏土	45.00~50.00 / 45.00 / 55.60	1.95
⑧₋₂	粉质黏土夹粉砂		3.73
⑨₋₁	粉细砂	65.00~75.00 / 70.00 / >75.00	18.50

ⅡBE类　工程地质结构类型应注意的岩土工程问题

构筑物类型	建设期应注意的岩土工程问题	运行期应注意的岩土工程问题
地下车站	分布第②$_3$（或①$_3$）、⑤$_2$层粉土、砂土，应注意流砂问题； 当坑底下有厚层软黏性土层时，应注意坑底回弹问题； 第⑤$_2$层和第⑦层为（微）承压含水层，应注意承压水的突涌问题。当止水帷幕不能隔断含水层时，应注意降水对周边环境的影响	应注意周边抽降第⑤$_2$、⑦层中承压水对地下车站的影响
地下区间	应注意浅部粉土、砂土土质松散，掘进面易失稳、坍塌，在粉土、砂土层中掘进地层损失大，易产生较大沉降量； 隧道掘进面土层变化大，施工期易产生较大差异沉降； 当进出洞、旁通道涉及粉土、砂土层时，应注意水土突涌、流砂等问题； 当区间隧道置于第⑤$_2$、⑦层时，应注意承压水的不利影响	隧道置于软土和粉土、砂土中，由于土性不同，压缩性差异大，应注意隧道的不均匀沉降问题； 当隧道位于粉土、砂土层中时，应注意渗水、流砂易加剧隧道变形； 若周边潜水水位下降，将对区间隧道产生较大沉降； 当隧道置于第⑤$_2$、⑦层时，应注意降承压水对隧道的影响
高架车站和高架区间	当第⑤$_2$层厚度大、土质较好时，可选作桩基持力层，但应注意墩台间的不均匀沉降问题； 第⑦层受切割且下伏第⑧层黏性土，单桩承载力和墩台沉降量能否满足设计要求是关键； 当第⑤$_2$、⑦层厚度薄或土质不均时，宜选择第⑧$_2$或第⑨层作为桩基持力层	应注意周边潜水位下降对高架墩台的影响； 应注意抽取第⑤$_2$层、第⑦层中承压水对高架墩台的影响

工程地质结构类型——ⅡBE-Q类

ⅡBE-Q类地层组合	①、②₃（或①₃）、④、⑤₁、⑤₂、⑤₃、⑦、⑨

ⅡBE-Q类 典型静探曲线

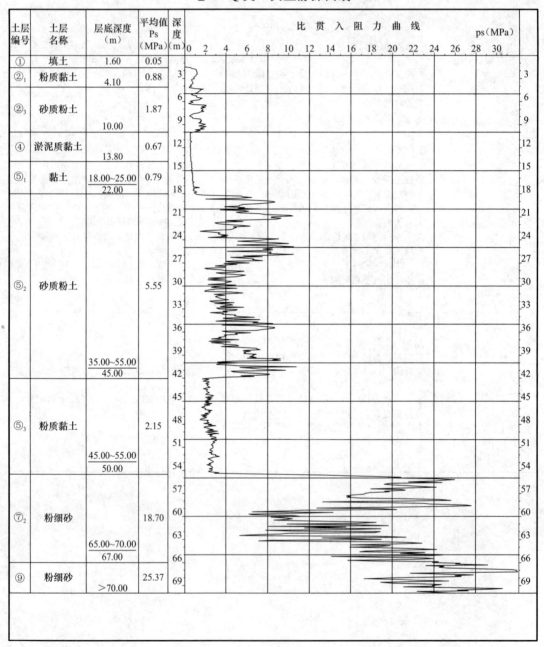

土层编号	土层名称	层底深度（m）	平均值 Ps（MPa）
①	填土	1.60	0.05
②₁	粉质黏土	4.10	0.88
②₃	砂质粉土	10.00	1.87
④	淤泥质黏土	13.80	0.67
⑤₁	黏土	18.00~25.00 / 22.00	0.79
⑤₂	砂质粉土	35.00~55.00 / 45.00	5.55
⑤₃	粉质黏土	45.00~55.00 / 50.00	2.15
⑦₂	粉细砂	65.00~70.00 / 67.00	18.70
⑨	粉细砂	>70.00	25.37

ⅡBE-Q类　工程地质结构类型应注意的岩土工程问题

构筑物类型	建设期应注意的岩土工程问题	运行期应注意的岩土工程问题
地下车站	分布第②₃（或①₃）、⑤₂层粉土、砂土，应注意流砂问题； 当坑底下有厚层软黏性土层时，应注意坑底回弹问题； 第⑤₂层和第⑦层为（微）承压含水层，应注意承压水的突涌问题。当止水帷幕不能隔断含水层时，应注意降水对周边环境的影响	应注意周边抽降第⑤₂、⑦层中承压水对地下车站的影响
地下区间	应注意浅部粉土、砂土土质松散，掘进面易失稳、坍塌，在粉土、砂土层中掘进地层损失大，易产生较大沉降量； 隧道掘进面土层变化大，施工期易产生较大差异沉降； 当进出洞、旁通道涉及粉土、砂土层时，应注意水土突涌、流砂等问题； 当区间隧道置于第⑤₂、⑦层，应注意承压水的不利影响	隧道置于软黏性土和粉土、砂土中，由于土性不同，压缩性差异大，应注意隧道的不均匀沉降问题； 当隧道位于粉土、砂土层中时，应注意渗水、流砂易加剧隧道变形； 若周边潜水位下降，将对区间隧道产生较大沉降； 当隧道底板置于第⑤₂、⑦层时，应注意降承压水对隧道的影响
高架车站和高架区间	当地⑤₂层厚度大、土质较好时，可采用该层作为桩基持力层，但应注意土墩台间的不均匀沉降问题； 由于有厚层的第⑦、⑨层粉土、砂土层，对桩基持力层的选择和沉降控制较为为有利	应注意周边潜水位下降对高架墩台的影响； 应注意第⑤₂层、⑦层中承压水水头下降均对高架墩台有影响

3 轨道交通工程岩土工程风险分析

3.1 地下段岩土工程风险分析

3.1.1 地下车站可能涉及的岩土工程风险

3.1.1.1 侧向位移过大

上海是软土地区，深基坑开挖引起地下墙两侧的土压力差，导致墙体变形是必然的，即使目前地下车站采用地下连续墙，墙厚 600～1000mm，有较大的刚度，当墙体受力后仍会发生一定变形，而在支撑设置不及时或不密贴时，则造成周边地表变形大，甚至基坑塌陷、失稳。在工程地质 IIA、IIA-Q 区（古河道区，分布深厚的软黏性土），深基坑的侧向位移一般较大，基坑围护结构插入深度宜适当加深。

案例：某市地铁 1 号线××站基坑坍塌事故（图 3-1）。

(1) 工程概况：该车站位于某市风情大道与湘西路交叉口东北侧，沿风情大道呈南北走向。车站总长约 934.5m，共分为 8 个基坑，发生事故的地段为该车站的北 2 基坑，长 107.8m，宽 21.05m，开挖深度 15.7～16.3m。基坑西侧紧邻风情大道，交通繁忙，重载车辆多，道路下有较多市政管线，东侧有一河道。

(2) 基坑围护方案：基坑围护设计采用"地下连续墙加钢管内支撑"方案。地下连续墙厚 800mm，深度分别为 31.5m、33.0m、34.5m，标准段竖向设置 4 道 ϕ609 钢管支撑，支撑水平间距 2.0～3.5m，支撑中部设置中间钢构立柱。

(3) 场地地质情况：从上到下依次为①$_2$层素填土、②$_2$层黏质粉土、④$_2$层淤泥质黏土、⑥$_1$层淤泥质粉质黏土、⑧$_2$层粉质黏土夹粉砂。

深度 5～21m 为第④$_2$层淤泥质黏土，呈灰色、饱和、流塑，天然含水量 40%～67%，孔隙比 1.10～1.85。深度 21～33m 为第⑥$_1$层淤泥质粉质黏土，呈灰色、饱和、流塑～软塑，天然含水量 34%～52%，孔隙比 0.95～1.50。

基坑坑底坐落在④$_2$层淤泥质黏土上，地下连续墙的墙趾大部分位于⑥$_1$层淤泥质粉质黏土中。

(4) 事故发生：2008 年 11 月 15 日 15 点 15 分左右，北 2 基坑部分支撑首先破坏，西侧中部地下连续墙横向断裂并倒塌，倒塌长度约 75m，墙体横向断裂处最大位移约 7.5m，东侧地下连续墙也产生严重位移，最大位移约 3.5m。由于大量淤泥涌入坑内，风情大道随后出现塌陷，最大深度约 6.5m。地面塌陷导致地下污水等管道破裂、河水倒灌造成基坑和地面塌陷处进水，基坑内最大水深约 9m。

（5）事故调查结论：由于基坑土方开挖过程中，基坑超挖，钢管支撑架设不及时，垫层未及时浇筑，钢支撑体系存在薄弱环节等因素，引起局部范围地下连续墙产生过大侧向位移，造成支撑轴力过大及严重偏心。同时基坑监测失效，隐瞒报警数值，未采取有效补救措施。以上直接原因致使部分钢管支撑失稳，钢管支撑体系整体破坏，基坑两侧地下连续墙向坑内产生严重位移，其中西侧中部墙体横向断裂并倒塌，风情大道塌陷。该事故调查结果也表明，勘察单位未考虑采用薄壁取土器取样对土强度参数的影响，未根据当地软

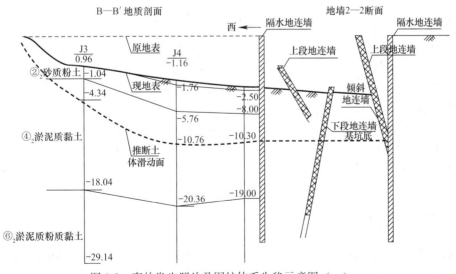

图 3-1　事故发生照片及围护体系失稳示意图（一）

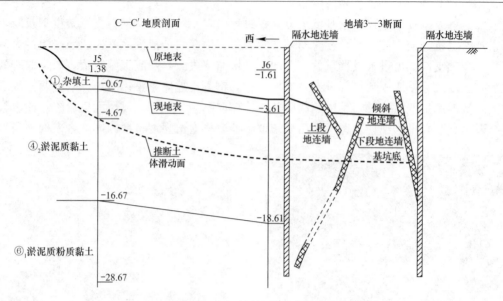

图 3-1　事故发生照片及围护体系失稳示意图（二）

土特点综合判断选用推荐基坑设计参数，也是导致该基坑垮塌的原因之一。

地下车站基坑开挖引起变形主要与设计方案、施工工况、周边环境等因素有关，但勘察报告中各土层基坑围护设计参数的准确性、合理性对于基坑围护设计方案是十分重要的，如关键土层参数不合理，可能导致围护墙插入深度不足，致使周边地表变形大，建（构）筑物开裂、倾斜等。

3.1.1.2　粉土、砂土的流砂与管涌

工程地质结构类型 IB（-Q）、IBE（-Q）、IIB（-Q）、IIBE（-Q）浅部分布第②₃（①₃）、⑤₂ 层粉（砂）土。如围护墙有缺陷时，易产生渗水，如不及时堵漏，就会发展为流砂。墙外水土不断流失将导致地下空洞，随着地下空洞的扩大导致地面过大的沉降或突然塌陷。

案例：2004 年某车站基坑开挖过程中发生流砂事故。

地质条件（见图 3-2）：浅部地层②₃₋₁层灰色黏质粉土、②₃₋₂层灰色砂质粉土，总厚度约 15m，渗透系数为 $10^{-4} \sim 10^{-3}$ cm/s。

该车站全长 312.3m，基坑开挖深度端头井段为 17.5m，中间段为 15.5m。因此基坑开挖范围全部处于第②₃层粉土层中。

事故原因分析：地下连续墙闭合幅施工质量存在缺陷，接缝处局部夹泥，并有孔洞，是产生该处流砂的主要原因；围护结构沿交通主干道平行相邻，间隔仅 3m 左右，由于道路上连续不断的车流动载和震动，加速基坑外浅层粉土液化；地下连续墙墙体厚度仅0.6m，阻渗途径短，当围护结构有渗漏并且产生内外压力差时，在动水压力作用下，坑外粉土从渗漏处突涌进基坑，产生涌砂现象。

上海浅部粉土、砂土发育地区，深基坑工程发生流砂事故较多，虽勘察时对于浅部粉土、砂土层一般均能查明，但地墙接缝处施工质量有缺陷的情况还是不可避免的。因此勘察报告应对易发生流砂的土层作出风险提示，建议设计和施工单位对浅部粉土、砂土须特

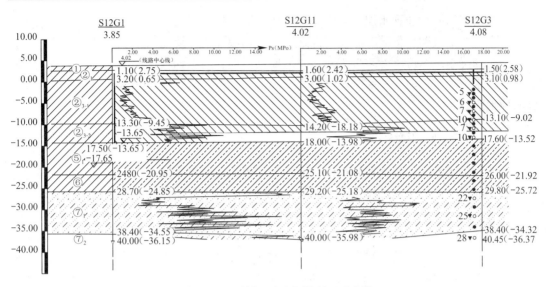

图 3-2　地层剖面及基坑纵断面示意图

别重视，并采取一定措施，如在接缝处增设三轴水泥土搅拌桩止水帷幕等。

3.1.1.3　承压水突涌

　　上海地区埋藏于上更新统第⑦层中的承压水（水位埋深约 3～12m）和全新统第⑤2 层中的承压水（水位埋深约 3～11m），由于具有较大的水头压力，如果在基坑底以下的不透水层较薄，而且在不透水层下面具有较大水压的滞水层或承压水层，上覆土重不足以抵挡下部水压时，基底就会隆起破坏，墙体就会失稳（见图 3-3）。曾多次因承压水处理不当，引发水土突涌事故，如 20 世纪 80 年代上海某电厂工作井因未对承压水进行有效降压，盲目在井筒内挖

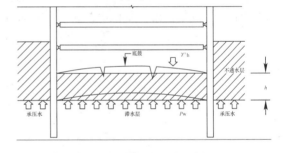

图 3-3　承压水基坑突涌示意图

土，导致井底土体在承压水上托压力下破裂，并大量涌入井内，是一起典型的因对承压水的危害缺乏认识而酿成的水土突涌事故。

　　目前上海已完成大量大面积的深基坑工程，对影响工程安全的承压水（包括第⑤2 层中的承压水）采取了降水减压措施，均未发生水土突涌事故，仅少量工程由于坑内留有孔洞（如勘探孔未有效封堵、观测孔等），发现局部有冒水点，经封堵后均没有发生水土突涌的事故。

　　由此可见，只要重视承压水对深基坑的影响，采取降水减压等措施，一般不会发生承压水突涌事故。但如果勘察时未查明对工程影响的微承压水含水层，则有可能引发水土突涌事故。勘察时有将粉土或砂土与黏性土夹层（或互层）土定为⑤1-2 层粉质黏土夹砂质粉土的，未评价微承压含水层中承压水，导致水土突涌；亦有将黏性土夹薄层粉土土层定为⑤2 层的，夸大承压水风险，施工时降水井抽不出水，或仅抽出少量水。

因此勘察时对承压含水层的查明十分重要，尤其应重视对古河道区第⑤层中微承压含水层分布特征的查明。但同时亦应注意地下车站一般周边环境复杂，且上海对地面沉降控制严格，抽降承压水应本着"按需降水"的原则，即在施工期根据实测承压水水位，当计算有承压水突涌可能时才开启降水井降至安全水位之下，因此勘察报告建议承压水控制措施时应恰当。

3.1.1.4　坑底回弹

上海是软土地区，软土在卸载作用下，将产生一定的土体回弹。深基坑开挖卸载引起的土体回弹可能造成工程桩拉裂、基坑围护立柱隆起、周围土体变形显著增大等风险。上海地区地下二层车站基坑坑底一般位于第④层或第⑤₁层软弱黏性土中，坑底下有一定厚度的软黏性土，在卸载作用下软土层会发生回弹，当基坑开挖深度越大、卸载越多，回弹量就越大；坑底下软黏性土越厚，回弹量也越大。根据工程经验，相同规模的地下车站，当坑底以下为深厚软土时（如工程地质结构类型 IIA、IIB、IIA-Q、IIB-Q），基坑回弹量一般较其他地质结构类型要大。图 3-4、图 3-5 为收集的正常区和古河道区的地下二层车站深基坑工程立柱桩的垂直位移历时曲线。

从以上 2 个基坑工程立柱桩的垂直位移观测曲线分析，随着基坑挖土（卸载），立柱逐渐向上位移，当挖至坑底时位移量最大，并趋于稳定。图 3-4 的基坑位于古河道区，坑底以下软土厚度大，基坑回弹量较正常地层区明显大。

目前地下车站主要通过监测立柱的垂直位移来反映基坑回弹，实际上坑底土体回弹要远大于立柱位移。另外基坑回弹量的大小除了与基坑底部的土层性质有关外，还与基坑的规模、基坑下部是否设置桩及桩的间距、坑底土加固、降水措施、施工工况等诸多因素有关。

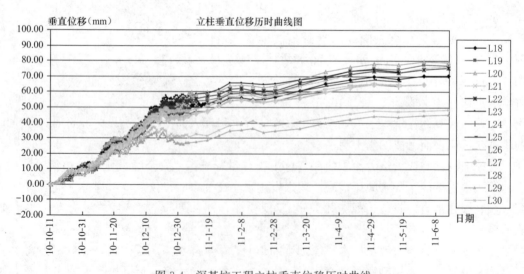

图 3-4　深基坑工程立柱垂直位移历时曲线

（开挖深度 18.8m，古河道区，坑底下有 15m 厚的软黏性土）

因此勘察时应对深基坑工程产生坑底回弹可能作出评价，提供相应压力段的回弹模

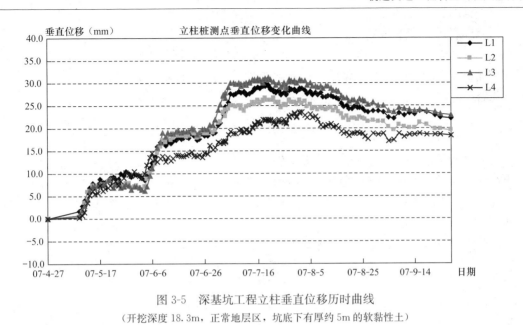

图 3-5　深基坑工程立柱垂直位移历时曲线

（开挖深度 18.3m，正常地层区，坑底下有厚约 5m 的软黏性土）

量，便于设计单位估算基坑回弹量，并阐述基坑回弹对工程产生的不利影响。

3.1.2　区间隧道可能涉及的岩土工程风险

3.1.2.1　浅埋隧道盾构推进时对上覆土体扰动大，地表沉降过大

此类情况一是由于环境条件复杂，需要避让已有地下管线、轨道交通线路等，造成拟建的区间隧道埋藏深度偏浅；二是隧道穿越大江、大河，由于事先没有详细的河底地形图以及淤泥厚度，导致局部区段覆土厚度偏薄。

浅埋隧道盾构推进时，由于上覆土压力小，对上覆土体扰动大，将引起地表沉降过大，甚至塌陷；对于水下隧道，当上覆土压力小时，可能会引发水体涌入土舱，引起螺旋机喷涌，造成开挖面、河床塌陷。如延安东路隧道北线江中段覆盖土层厚度不足 7m 处采用人工抛土方法回填。

因此在勘察阶段应查明沿线涉及河道的深度（包括河底深度和淤泥厚度）。对于穿越大江、大河的隧道还应建议进行专门的河床地形测量、专项水文分析及河势调查工作。

3.1.2.2　盾构穿越粉土、砂土层时土压难以建立，出土量控制较难，隧道沉降量大

根据资料显示及以往的施工实践，在粉土、砂土层中盾构法施工所产生的沉降远较黏性土中盾构推进所产生的地面变形范围大，变化也大。这主要是由于要使土舱压力与盾构正面在动水压力作用下的粉土、砂土的水土压力达到理想的平衡状态相当困难，盾尾空隙的注浆效果也因动水压力作用下的粉土、砂土的流动性而降低；特别在弯道上推进时，盾构转弯产生的地层损失难以用同步注浆弥补，故在粉土、砂土层中盾构推进产生的地面变形具有比在黏性土层变化较多、幅值范围大的特征。

因此勘察时应重点查明粉土、砂土的颗粒组成、密实度、均匀性。对粉土、砂土夹层或透镜体宜划分。当粉土、砂土层土性发生变化时宜细分亚层或次亚层。这样才能使隧道掘进时能根据土层变化及时调整施工参数、注浆量等，尽量减少在不均匀的粉土、砂土层中施工所产生的沉降量。

3.1.2.3　盾构穿越古河道和正常区交界地带时，施工参数不易调准，地表沉降量过大

古河道和正常区交界地带盾构掘进土层虽可能同为软土层，但土的结构或层理有一定差异，当盾构操作手设备操作能力差，施工参数控制不好，姿态控制较差时，就会引起地表沉降过大。曾从正常地层区向古河道区掘进时，发生磕头现象；古河道区的隧道沉降量往往明显大于正常地层区。

因此勘察时古河道和正常区的软黏性土层，当土性有变化时，宜细分亚层或次亚层。

3.1.2.4　遇地下障碍物，无法掘进或掘进困难

盾构遇地下障碍物时无法掘进，因此上海轨道交通建设十分重视对沿线地下障碍物的查明，一般在可研阶段就委托专业单位进行物探工作，调查地下线路范围内是否有地下障碍物分布以及邻近建（构）筑物的基础等。并根据物探成果对地下障碍物采取针对性的措施，一般采取避让或清除障碍物等措施。对近距离穿越地下构筑物（如桩基、深埋地下管道、轨道交通等）通常通过调整施工参数，采取加注发泡剂、严格控制掘进速度和同步注浆量、及时进行二次注浆等措施，来减少对邻近建（构）筑物的影响。

勘察时如揭示物探报告中未及地下障碍物时应在报告中明示，建议对可疑障碍物进行进一步探查工作。

3.1.2.5　遇含天然气地层，施工风险大，易引起较大的地表沉降量

浅层天然气是地下区间隧道施工可能遇到的地质灾害之一，上海地区浅层天然气常赋存于③、④、⑤₂层等粉土、砂土层中。例如：上海某工程在长江口进行排污隧道推进作业时，由于浅层天然气释放，造成下覆土层失稳，使已建好的隧道产生位移、断裂，造成无可挽回的重大经济损失。该工程的教训十分深刻，因此上海地区隧道工程施工对天然气均十分重视。

案例：上海轨道交通 2 号线东延伸工程，勘察阶段发现局部区段有天然气分布，勘察报告对发现有浅层天然气的区域、深度范围作了详细的阐述，并对其风险提出了警示。建设单位和施工单位对天然气这一不良地质条件十分重视，采取如下技术措施，使隧道得以安全顺利推进，隧道和地面沉降均控制在允许范围内：

（1）地面钻孔释放：对有浅层天然气分布区段进行专项施工勘察，并采取打设钻孔提前释放天然气，并加强地面沉降监测，待地层稳定后进行盾构推进作业。

（2）天然气浓度监测：在盾构前端进行出土作业时，随时监测作业范围的天然气浓度，一旦有异常，首先确认情况，然后按照"隧道内天然气浓度限值及超限处理措施"程序执行。当天然气积聚体积大于 0.5m³、浓度大于 1％时，加强通风；当浓度大于 2％时，立即停止作业，撤出人员，切断电源，进行处理。

（3）隧道通风：在天然气分布段施工期间实施连续通风，因检修、停电等原因停风

时，必须撤出人员，切断电源。恢复通风前，必须监测天然气浓度。

（4）盾构施工参数：在盾构穿越天然气段推进时，对盾构施工参数作出主动调整，重点控制盾构出土孔及盾尾密封，防止天然气泄入隧道，加强土体沉降监测，调整同步注浆及二次注浆参数，控制地面、隧道沉降。

由此可见，勘察时只要查明存在浅层气不良地质条件的区段并予以警示，建设和施工单位予以充分重视，可避免天然气造成的危害。

在地下区间隧道勘察时，应加强对浅层气的观察和检测，如发现有天然气溢出，务必在勘察成果中加以反映，必要时可查明天然气的分布深度、浓度、气压等参数。

3.1.2.6 隧道的渗水、流砂

上海轨道交通地下隧道大多采用单层装配式钢筋混凝土衬砌，管片衬砌环间采用通缝或错缝拼装。这种拼装式隧道显著的特点就是存在大量的接缝，结构易渗水；如受上部压力（如堆土超载）易发生管片损坏；当隧道差异沉降大时，易产生隧道与道床脱开现象。因此轨道交通运行期，区间隧道主要的损坏形式有结构渗漏水、局部管片损坏、隧道与道床脱开等（图3-6）。

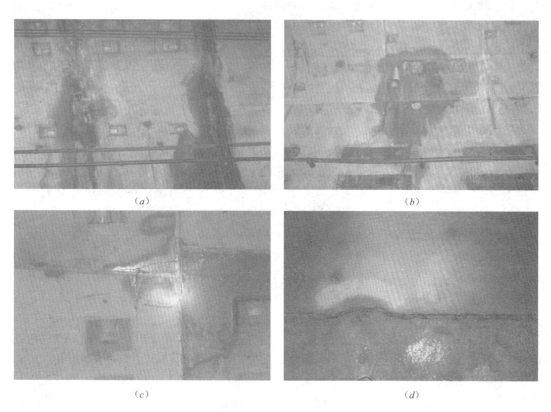

（a）　　　　　　　　　　　　　（b）

（c）　　　　　　　　　　　　　（d）

图 3-6　区间隧道的损坏形式
（a）环缝渗漏水；（b）螺栓孔渗漏水；（c）管片有裂痕；（d）道床开裂

结构渗漏水：主要集中在端头井、旁通道、弯道、引导段、出入线、地质条件差区

段、隧道相互穿越段、保护区施工影响段、环缝、十字缝、丁字缝等。

局部管片损坏：主要集中在封顶块。

隧道与道床脱开：主要集中在小半径及差异沉降较大的区段。

这些管片的损坏形式会造成隧道的渗漏水，当隧道处于粉土、砂土层中时，如堵漏不及时，很快会发展为流砂、流土，随着水土流失将加剧隧道变形。因此轨道交通管理部门对处于粉土、砂土层中的区间隧道较为重视，一般采取注浆来减少区间隧道渗水、流土的风险。

3.1.2.7　区间隧道的沉降

过去岩土工程界常认为隧道附加荷载不大，沉降不会很大，而目前地下区间隧道实测沉降量较大，根据相关研究成果，影响隧道沉降的因素包括：

（1）各种施工因素引起的地层损失

盾构正面压力平衡状态不理想，引起的土层损失；在衬砌环脱出盾尾时，隧道与地层间留有空隙不及时填充，产生的地层损失；盾构推进是在不断纠偏中进行，地层损失一般较理论计算值大等。

（2）隧道周围土层性质不同引起的差异沉降

隧道周围土体性质不同，受扰动程度不同，以及超孔隙水压力消散的时间不同。黏性土土质较为软弱，压缩性高，土体受扰动程度高，超孔隙水压力消散时间长；粉土、砂土层的压缩性较低，超孔隙水压力消散时间短。在不考虑施工因素的情况下，处于黏性土中隧道的沉降量一般大于处于粉土、砂土层中的隧道；隧道下软土厚度厚的区域较厚度薄的区域隧道沉降大。

（3）营运期长期动荷载作用下引起的沉降

由于黏性土有蠕变的特性，在长期的运行动荷载作用下，易产生次固结变形，且次固结变形延续时间长，据已建隧道观测资料，黏性土中的区间隧道沉降一般延续6～10年后才基本稳定。粉土、砂土层如不发生渗水、土体震动液化等情况，在长期运行荷载作用下，次固结变形量小，且稳定时间短。

（4）区域性的地面沉降

根据已建轨道交通线路观测资料，随着地下区间隧道下卧软土层次固结变形的完成，隧道变形开始表现出与区域地面沉降相同的动态变形规律。因此地下区间隧道沉降总体趋于收敛后，区域地面沉降是隧道沉降的主要因素。

（5）周边人类活动引起的沉降

轨道交通线路周边的工程建设活动，如沿线桩基施工、基坑开挖、建（构）筑物附加荷载、抽降承压水、地表堆土等，均可能引起土层的压缩变形，引起区间隧道的沉降。

区间隧道的沉降主要与上述5大因素有关，但地层条件起关键作用，如轨道交通2号线世纪公园站—龙阳路站，位于正常地层区，区间隧道位于第③、④层土中，其长期沉降曲线见图3-7（a）。2号线人民广场站—南京东路站区间，位于古河道区（第⑤层均以黏性土为主），区间隧道亦位于第③、④层土中，其长期沉降曲线见图3-7（b）。

上述区间隧道沉降观测曲线于线路全线贯通试通车阶段开始，因此沉降量主要与后面4个因素有关，与施工因素基本无关。根据观测资料，正常区区间隧道的沉降较古河道区

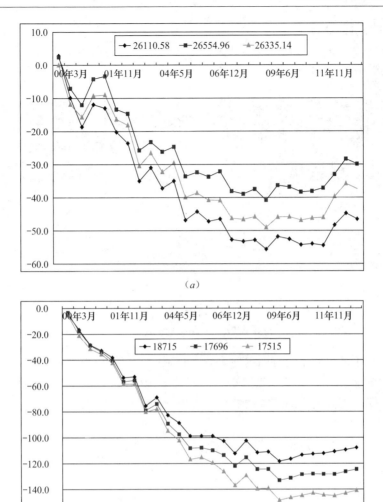

图 3-7 区间隧道沉降长期观测曲线
(a) 正常地层区；(b) 古河道区

要小得多，仅为 1/3 左右，古河道区沉降稳定的时间为 9～10 年，正常区沉降收敛时间为 7～8 年。因此地层差异是引起区间隧道差异沉降最主要的原因。

3.1.3 隧道进出洞可能涉及的岩土工程风险

3.1.3.1 盾构进出洞发生涌水、流砂险情

盾构进出洞是盾构施工中技术难度大、工序较复杂的施工阶段，一旦处理不当，洞门外土体易塌方或流失，甚至使盾构失去控制，引起地表沉降过大或塌陷。盾构进出洞涌水、流砂险情通常发生在粉土、砂土层中，水泥土搅拌桩的施工质量是重要环节，当搅拌质量不佳、加固土的强度未能达到要求或加固土不均匀时，会导致涌水、涌砂，造成地表

沉降量，甚至坍塌事故。

　　案例：2005 年 8 月 3 日，某轨道交通一区间隧道盾构进洞时，发生流砂险情，砂土流失 100 余立方米，地表塌陷（图 3-8）。

（a）　　　　　　　　　　　　　　　　（b）

图 3-8　进出洞流砂险情的现场照片
（a）地表塌陷；（b）大量砂土流失

　　勘察时应查明进出洞影响范围内地层分布特征，尤其是粉土、砂土等含水层的分布特征。因此规范要求端头井处应布置横断面（至少 2 个勘探孔），在进出洞深度范围应连续取样，详细查明进出洞及加固范围内的土层分布。

3.1.4　联络通道可能涉及的岩土工程风险

3.1.4.1　流砂、管涌

　　区间隧道的联络通道及泵站，通常采用暗挖法施工，施工前需对联络通道周边土体进行土体加固，目前普遍采用冻结法加固。当土体加固后强度不够或土体加固后不均匀、止水效果较差，尤其位于承压含水层时，易发生流砂、涌水等事故，因此联络通道施工是目前地下隧道施工的高风险项目之一，目前各级政府管理部门均高度重视。

　　案例：轨道交通 4 号线旁通道水土突涌灾害事故。

　　工程概况：轨道交通 4 号线南浦大桥站与浦东南路站（现改为塘桥站）之间的区间隧道为越江段，在浦西岸边设有中间风井及上下行隧道之间的联络通道（简称旁通道，下同）。该处旁通道长约 7.5m，高约 2.7m，宽约 1.35m，底标高约为 -31m，位于第 I 承压含水层中。施工方案采用冷冻法将旁通道及其周围土体进行加固，然后在冻土层中采用矿山法开掘建造旁通道。

　　地质条件：浅部分布有厚约 6m 的杂填土和厚约 10m 的江滩土（灰色黏质粉土）；暗绿色硬土层正常分布，其下为厚度大于 30m 的第⑦层砂质粉土、粉细砂，为上海市第 I 承压含水层，且与下部第⑨层砂土层，第 II 承压含水层直接连通，承压水水头埋深约 7.6m（标高 -3.4m）。

　　危害程度：这次灾害使影响区段内已完工的隧道、正在建设中的旁通道和中间风井彻底毁坏，塌陷区内的已有建筑物严重损毁，[图3-9 (a)]，其中3幢建筑物因严重倾斜被拆除，防汛墙局部坍塌，防汛围堰发生管涌 [图3-9 (b)]，原有水泵房及地下管线等全部毁坏。直接经济损失1.5亿元；为抢险、事故处理和工程修复投入了大量的人力、物力和财力；使整个工程进度延误了三年，轨道交通4号线被迫由环线改为C字形运行。这次事故虽未造成人员伤亡，但造成了巨大的经济损失和严重的社会、环境影响。

(a)　　　　　　　　　　　　　　　(b)

图3-9　轨道交通4号线旁通道事故的现场损毁情况

(a) 塌陷区内建筑物损毁情况；(b) 防汛墙损毁情况

　　原因分析：旁通道位于承压含水层中，旁通道及其周围土体冻结后，在冻土体中开挖旁通道时，开挖空间四周的冻土层就成为隔水层。按设计方案，开挖空间外围始终保留有一定厚度的冻土层，冻土的单轴抗压强度达4.0～4.5MPa，足以抵御承压水的压力，因此不需要对承压水采取降压措施。但由于在施工过程中对冻结方案作了不合理的改动，导致土体冻结结构不合理，冻土体达不到所需的强度，无法承受高达300kPa左右的承压水压力。在旁通道挖土过程中，当冷冻机发生故障，出现冻土体软化、渗水等险情时，未对开挖通道采取任何加固或封堵措施，冻土体在承压水压力下发生破裂，承压水快速涌入，旁通道及隧道四周土体在强大的水压力下破坏，使该处地基失效，隧道下沉毁坏。

　　勘察时应查明联络通道掘进及影响范围内的土层分布特征，是否处于粉土、砂土或黏砂夹层等含水层中，对合理选择旁通道施工工艺、控制施工风险十分关键。因此规范要求旁通道位置应布置横剖面（一般布置1个取土孔和1个静探孔），并要求掘进影响范围内应连续取样。

3.1.4.2　软土的冻胀融陷

　　冻胀是指土体在冻结过程中，土中水分凝冰引起土体积的膨胀。土体膨胀的大小主要与土层的含水量、孔隙比等性质有关，根据上海地区工程经验及第④、⑤层黏性土的性质，综合冻胀系数约5%～8%。

　　土体融沉时，水从土中排出，同时冻土之间的胶结发生破坏，结构松散，在上覆土层重力作用下，冻土发生收缩变形，产生融沉。融沉的大小与土层的含水量及力学性质有关，上海地区第④、⑤层土的综合融沉系数约在10%～18%之间。

　　冻胀和融沉现象，与冻结时间有关，时间越长，现象越明显。融沉的过程是缓慢的，土体的融化、失水和土体收缩同步发生。

　　案例：轨道交通 8 号线某联络通道，旁通道位于地面下 15.2m，地层为第④层淤泥质土与⑤层粉质黏土，冻结 55d 后开挖，冻胀对隧道产生影响，靠近通道钢管片的前后三环片环缝不同程度地出现了渗漏水现象，部分管片内弧面出现明显纵向裂纹。采用注浆方法控制融沉，注浆量约 40m³，注浆时间约 3 个月，累计地面沉降约 15cm。

3.2　高架段岩土工程风险分析

　　轨道交通高架区间相邻墩台的差异沉降须控制在 2cm 以内，因此轨道交通高架段的岩土工程风险问题主要是墩台之间的不均匀沉降问题。ⅡA、ⅡB、ⅡAE、ⅡBE 工程地质结构类型（古河道区）如第⑦层厚度薄且下伏第⑧₁层软黏性土或持力层土质不均时，墩台的总沉降量偏大且易产生较大的不均匀沉降。

　　明珠线是国内第一条高架轨道交通线路，控制工后沉降 3cm，差异沉降 1cm。该线路约 55% 墩台以第⑦层为持力层，其余以第⑤₃层或⑧₂层作为桩基持力层。在桩基持力层突变区段，差异沉降随时间变化明显，并显著变大，出现较大的差异沉降。通车第一年，差异沉降增加缓慢，通车第二年，年增长率为 3.3mm/a，最大差异沉降达到 10mm 左右。

　　对于勘察而言，选择合适的桩基持力层，并确定合理的桩端入土深度，使高架墩台的总沉降量和差异沉降满足高架段的沉降控制标准是勘察工作的关键。对于第⑦层厚度薄或缺失地区，如需选择黏性土或黏砂夹层土作为桩基持力层时，应着重评价土质均匀性对高架段墩台桩基沉降量及不均匀沉降的影响。

3.3　过渡段岩土工程风险分析

　　过渡段连接不同的结构形式，连接部位易产生不均匀沉降。图 3-10 是某线路至停车场的过渡段沉降观测曲线，局部地段不均匀沉降较为明显，这是由于过渡段不同区域采用的基础形式不同造成的，如敞开段一般采用碎石道床，路基垫层下采用原状土、压实填土或作简单的地基处理，而暗埋段一般采用整体道床，对沉降控制严格。另外列车在该位置往往是变速段，持续动荷载引起地基的持续变形。上海前期建造的几条轨道交通线路的过渡段，虽在建设时进行了注浆加固地基处理，但仍存在较为严重的不均匀沉降问题。

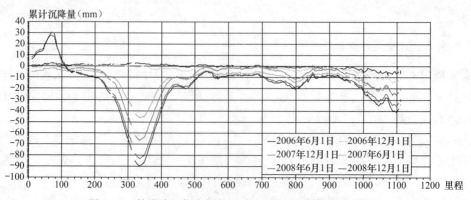

图 3-10　某线路至停车场的过渡段的累积沉降量观测曲线

目前轨道交通建设对过渡段的沉降控制较为严格，沉降控制标准为：路基工后沉降量不应大于 0.15m，整体道床区路基工后沉降量不应大于 0.02m。因此对股道区一般采用水泥搅拌桩加固，对整体道床区如沉降控制严格，可采用桩基（结合抗拔桩）。

因此勘察方案布置时应考虑到过渡段地基处理需要，勘探孔深度应留有一定余地，并为地基处理设计和施工提供所需的岩土参数。

4 轨道交通工程勘察质量常见病及控制措施

4.1 地下段勘察质量常见病及控制措施

4.1.1 地下段勘察工作量不足的工程危害及控制措施

轨道交通地下段分为地下车站和区间隧道，无论是地下车站还是区间隧道，涉及的岩土工程风险均较大。当勘察工作量不足时，就会造成拟建场地的水土条件没有查清，提供的岩土参数不齐全或不准确，对轨道交通设计和施工造成很大的影响。

4.1.1.1 导致勘察工作量不足的原因

(1) 勘察方案布置不合理

1) "之"字形布孔对宽度较大的地下车站控制不足

上海市《城市轨道交通设计规范》（DGJ08-109-2004）规定，地下车站两端角点处应布置勘探孔，内部可按轴线投影距（≤35m）布孔；上海市《岩土工程勘察规范》（DGJ08-37-2012）规定，"车站、工作井勘探孔间距宜为20～35m，车站端头部位应设置横剖面，且不少于2个勘探孔"，因此上海地区地下车站一度按图4-1示意的两种形式进行勘探孔的平面布置。然而当地下车站宽度大于20m时，按上海市《城市轨道交通设计规范》布孔（图4-1（a））时，对整个车站场地范围控制不足；按上海市《岩土工程勘察规范》实际孔距布孔（图4-1（b）），虽能控制整个车站场地范围，但不能满足一、二级基坑周边孔距≤35m的规范要求。

2) 勘探孔布置偏离线路较远

区间隧道一般处于市政道路下，在机动车道上进行勘探工作一般不能获得路政部门的审批，因此勘探孔一般只能布置在非机动车道、两侧人行道或绿化带上。当道路较宽时，勘探孔布置的位置距离拟建隧道外边线较远，不能有效控制区间隧道场地范围。有时旁通道位置虽布置了横剖面，但两个勘探孔距离较远，甚至达50m以上。

3) 区间隧道上行、下行隧道之间距离大时，仍按平行隧道布孔

上海轨道交通区间隧道一般为两条平行隧道，上、下行隧道间净距一般为1倍隧道直径，隧道外包宽度一般小于20m。因此勘探孔一般按两侧"之"字形交叉布置，投影距≤50m。当区间隧道上行、下行隧道之间距离较大，仍按两条隧道一并考虑"之"字形布孔，则会控制不足。

4) 勘探孔深度不足

地下段勘探孔深度不足主要发生在地下车站。地下车站勘探孔孔深应同时满足2.5倍

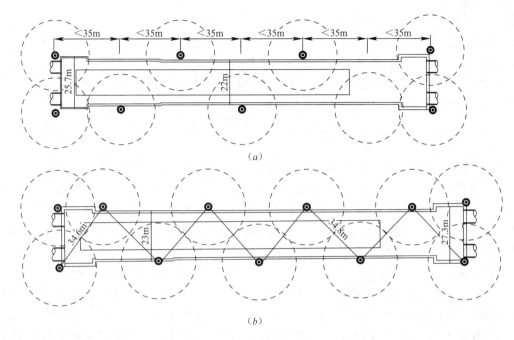

图 4-1 地下车站勘探孔平面布置示意图

开挖深度和桩基设计要求，有些勘察单位一般性孔按 2.5 倍基坑开挖深度确定，仅控制性孔深考虑桩基设计需要，导致仅控制性孔深度能满足桩基设计需要，而一般性孔深度未达桩端入土深度。另外由于工程需要或地层条件等原因，设计有时采用较少的桩数，较长的桩，桩端入土深度超过了孔深，导致勘探孔深度不足。

对于逆作法或盖挖法施工车站，有些勘察单位仅在车站两端布置进入第⑨层的控制性孔，其他孔仅按 2.5 倍基坑开挖深度确定，不能满足逆作法或盖挖法施工车站一柱一桩对单桩承载力和沉降控制要求。

区间隧道的勘探孔深度如设计隧道纵断面不发生较大改变，按规范确定的孔深一般能满足要求。

5）原位测试工作量布置不足

地下段涉及深基坑开挖和区间隧道盾构施工，应布置十字板剪切试验、现场注水试验，对地下工程有影响的各承压含水层应分别布置承压水观测，还宜布置扁铲侧胀试验或旁压试验，以获得深基坑工程、区间隧道设计施工所需参数。

原位测试施工难度大、费用高，一般每个地下车站每种原位测试布置 2 孔，每个区间布置 1 孔（两端再利用车站资料）。当区间线路长、车站规模大、地层有变化时，常会导致原位测试工作量不足。有时还会发生局部分布的对工程有影响的微承压含水层（如④$_2$、⑤$_2$、⑤$_{3-2}$层）未布置承压水观测孔的情况。

6）室内试验数量少

轨道交通工程一般要求每个车站、每个区间分别提供成果报告，在投标阶段一般按标段（由多个车站和多个区间组成）布置取土和试验数量，分配到每个工点上，每层土的数量就不多了，一般每个工点常规试验指标尚能满足不少于 6 个子样数的要求，特殊性试验数量通常偏少，如对深基坑工程较为重要的三轴 CU/UU、回弹模量、ko 等特殊性试验指标有时仅 2～3 个，甚至 1 个，缺乏代表性。

区间隧道一般线路较长，地层的水平相变一般随着线路的延长而增大，需要有更多的子样经统计后才能得到较为可靠的统计值。对于土质不均的地层，指标变异系数大，也需要更多的统计样本数量才能保证统计结果的可靠度。因此试验数量应适当增加，如仅考虑满足规范的最低要求，统计结果就缺乏代表性。

（2）其他原因造成的勘察工作量不足

除了勘察方案布置时工作量不足外，还有以下几种原因造成勘察工作量不足：

1）轨道交通地下段一般在市政道路下穿越，勘探孔布置于道路两侧，但道路两侧一般地下管线众多。勘探孔须避让地下管线而移位，导致勘探孔间距偏大或偏离线路较远。

2）遇地下管线或地面建（构）筑物无处移位时，可能有少量的勘探孔未能实施。直至施工图设计，甚至施工阶段，遗留孔亦未能最终实施。

3）线路调整或车站平面位置有移动，原有勘探工作量不能满足规范要求。

4）地下车站施工方案调整，如原按明挖顺作法进行勘察，后改为逆作法或盖挖法施工，需要以深部土层作为桩基持力层，原详勘勘探孔深度不足。

5）地下车站设计方案调整，如与规划线路交汇的换乘车站，勘察时未要求考虑两条线路换乘区域，但最终两条线路换乘区域同期施工，换乘区的勘探孔深度不足。

4.1.1.2 勘察工作量不足对地下段的工程危害

（1）勘探孔平面布置不足：因以上种种原因造成勘探孔间距大、偏离线路远，就有可能局部分布的粉土或砂土层、小规模的古河道未能揭示。这就会造成区间隧道未能根据地层变化及时调整施工参数，严重时会造成盾构掘进机械磕头、偏离方向、隧道沉降量偏大甚至管片开裂等危害。对于旁通道、隧道进出洞等施工风险大的区域如未能揭示粉土、砂土层或黏砂夹层土，则会发生涌砂、涌水等事故。

（2）勘探孔深度不足：如勘探孔深度未能达到桩端下一定深度，设计就有一定的盲目性。盖挖法或逆筑法施工的车站如仅两端勘探孔达到要求，而车站中部勘探孔深度较浅，当地层有起伏时可能会使立柱桩处于不同性质土层中，造成部分桩单桩承载力不足，尤其是难以满足逆作法或盖挖法对立柱桩较为严苛的沉降控制要求，对深基坑工程的安全施工造成危害。

（3）室内试验数量不足：如地下段各工点的物理力学指标数量少、缺乏代表性，就会发生不同工点之间虽物理指标差异不大，但力学指标差异大，对地下车站的深基坑工程围护设计方案的影响大，如强度指标偏大，基坑围护的安全度有一定下降；如指标过于保守，则会造成投资增加，造成浪费。

4.1.1.3 控制措施

（1）勘察方案布置时，地下车站主体宜沿结构轮廓线两侧布孔。

目前轨道交通地下车站一般接近 20m，且勘探孔一般需布置在车站结构线外侧，故勘察方案布置时，地下车站主体宜沿结构轮廓线两侧布孔。这样布孔较为简洁，勘探孔对车站端头和基坑周边的控制均符合规范要求。同时按此方案布孔才能满足现行国标《城市轨道交通岩土工程勘察规范》（GB 50307—2012）对地下车站的勘察要求，如"车站主体勘探点宜沿结构轮廓线布置"、"每个车站不应少于 2 条纵剖面和 3 条有代表性的横剖面"。另外车站的出入口、风井、通道等附属工程部位也应布置勘探孔。常规的地下车站勘探孔平面布置示意见图 4-2。

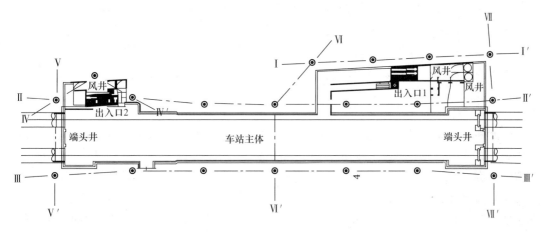

图 4-2　地下车站勘探点平面布置示意图

（2）勘探孔宜布置于区间隧道外边线外侧 3～5m 范围，受条件限制需移位时，移孔距离不宜太大。

规范规定"勘探孔应在隧道边线外侧 3～5m（水域 6～10m）范围内交叉布置"，因此勘探孔移位时，尽量不宜超过隧道边线外侧 10m；另外当区间隧道上行、下行隧道之间距离较大，应按上海市《岩土工程勘察规范》2012 年版规定"当上行、下行隧道内净距离大于等于 15m 时或当上行、下行隧道外边线总宽度大于等于 40m 时，宜按单线分别布置勘探孔"。当上、下行隧道距离较远时，按规范布孔形式见图 4-3。

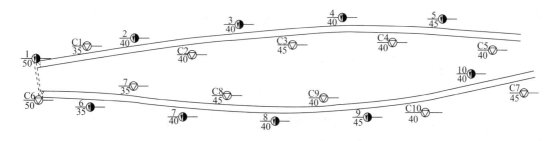

图 4-3　上、下行隧道距离较远时勘探孔布置示意图

（3）勘探孔移位后如孔距偏大或较远，可适当增加勘探孔。

（4）当发现地层变化时，可适当增加勘探孔。

（5）区间隧道如涉及无法施工勘探孔，由于后期不存在动迁工作，可适当调整勘探孔布置（孔位或孔数），尽量一次实施。

（6）对详勘时遗留的工作量，在设计和施工前应及时进行补勘，完善勘察成果报告。

（7）原位测试布置工作量应恰当。

地下车站属于深基坑，除了常规应布置十字板、注水试验外，尚宜布置扁铲侧胀试验或旁压试验，以获得深基坑工程设计施工所需参数。每种原位测试至少应布置 2 孔，对于车站规模大（如换乘车站、折返车站）可适当增加原位测试数量。

区间隧道尚需布置十字板剪切试验、扁铲侧胀试验等，以获得区间隧道掘进施工所需参数。对于距离长的区间宜适当增加原位测试的数量。

对基坑工程和联络通道有影响的各承压含水层，应分别布置承压水观测。当勘察过程中发现初勘阶段或收集资料未揭示的局部分布微承压含水层时，应增加承压水观测工作。

（8）取样数量应保证：

上海市《岩土工程勘察规范》（DGJ08-37-2012）规定"在隧道开挖范围内取土样和原位测试点间距宜为 1～2m"、"车站端头部位、工作井盾构进出洞端宜选取 2 个钻探孔在隧道开挖面的上下 2m 范围内连续取土"。

因此地下区间如能在实际工作中按规范要求布置取土和原位测试，在隧道掘进范围的土层土样数量还是有保证的。地下车站 2.5 倍基坑开挖深度内土层除常规试验指标外，还需提供各类特殊性试验指标，对土样数量要求多。因此地下车站深基坑影响范围内土层取土间距应适当加密。为了保证地下车站取样数量，取土孔比例也不宜太少，根据经验，标准车站如取土孔数量占总勘探孔数 1/3 时，往往难以保证室内各类试验指标对取样数量的要求，取土孔占总勘探孔的比例在 1/2 左右时较为合适。

对于土质不均的地层，如黏性土与粉土（或粉砂）互层或夹层，取样数量要适当增多；区间工点线路较长时，取土数量亦应适当增加。

（9）室内试验数量应充足。

各工点除了原状土样的数量应满足规范要求外，对主要土层常规的力学指标应达到 6个以上，特殊性试验指标至少应有 3 个。对于规模较大的车站、线路长的区间以及土质不均的土层，应适当增加室内试验的数量，特殊性指标宜达 6 个以上，常规的力学指标数量可更多些。

4.1.2　土层划分、定名不准确对地下段的工程危害及控制措施

4.1.2.1　土层划分和定名方面存在的问题

上海处于长江三角洲平原地区，地基土具有成层分布特点，地层分布也较有规律，而且上海对于区域内地层分布特征的研究开展得较早，上海市《岩土工程勘察规范》在 2002版已编制了上海统编土层及名称，对土层名称以及土层编号作了统一规定，在行业已约定俗成。正常地层分布区各单位对土层划分、定名以及土层编号基本上差异不大，但在古河道地区，由于古河道地层分布不均匀的特点，不同单位、不同技术人员在土层划分、定名以及土层编号确定方面均存在着一定差异，对设计和施工带来一定的困惑，甚至造成了工程危害。

（1）土层划分方面存在的问题

1）局部分布的粉土或粉砂夹层未能划分。

2）古河道区第⑤$_2$层粉土、砂土纵横向分布不均，即沿线路方向第⑤$_2$层土性有较大变化，同时在深度方向沉积韵律、密实度、均匀性亦有变化。有些报告分层较粗，未能反

映第⑤₂层在纵横方向上的变化。

3）古河道区第⑤₃层是溺谷相沉积物，土性变化大，局部深度段可能有粉土、砂土夹层分布，但沿线路方向又缺乏一定的连续性。勘察报告往往会忽略局部分布的粉土、砂土夹层的划分。

（2）土层定名方面存在的问题

1）当土性随线路变化时，土层定名未能准确反映不同区段的土性特征，如同为⑤₂层，在某些地段为粉质黏土与粉砂互层（或夹层），在某些地段为粉土或粉砂与粉质黏土互层（或夹层），在某些地段为砂质粉土或粉砂。尤其区间为线状工点，如土层划分较粗，按整个区间段统计结果确定的土层名称不能准确反映不同区段的土性变化。

2）由于颗粒分析和流塑限试验是将土混合后得到的试验结果，对夹层或互层土，如粉砂夹粉质黏土（或互层）按室内试验结果确定的土名可能为黏质粉土、粉质黏土或砂质粉土，不能反映土的韵律特征。

（3）土层编号不规范或不统一

1）由于土层定名不准确，导致土层编号不准确，如定名时仅根据土试成果将粉土与黏性土互层土错定为粉质黏土夹粉砂，将本应编号为⑤₂的土层误编为⑤₁₋₂层；

2）同一土层在有些工点为④₂层，有些工点为⑤₁₁或⑤₂层；

3）同一土层在有些工点为⑤₂层，有些工点为⑤₃₋₂层。

4.1.2.2　土层划分、定名不准确对地下段的工程危害

（1）未能划分粉土、砂土夹层或透镜体：轨道交通地下工程在涉及粉土、砂土层时，常会伴随着较多的风险，深基坑遇粉土或砂土容易发生流砂，区间隧道在粉土或砂土中掘进需要调整施工参数，区间隧道进出洞和旁通道施工很多险情发生在粉土、砂土层中。因此漏划或错划粉土、砂土夹层或透镜体对地下工程有较大隐患。

（2）土层定名不准确：设计和施工人员通常根据土层名称确定设计和施工参数，并采取相应措施，土层定名不当会误导设计和施工人员。如古河道区划分土层较粗，土层定名按全区段统计结果确定，未能准确如实地反映沿线土性的变化特征，造成设计和施工人员未及时进行施工参数调整，区间隧道沉降量偏大、盾构磕头等事故。

（3）土层编号不准确：2002版上海市《岩土工程勘察规范》以附录的形式对上海地区土层编号加以统一。目前上海各设计单位、施工单位、建设单位对重要土层的编号已形成一种共识，如说到第⑥层，都知道是暗绿色硬土层；说到第⑤₂层和第⑦层，大家都知道是粉土、砂土，地下工程要重视承压水问题。但如将第⑤₂层编为⑤₁层，设计和施工单位就不会重视承压水的问题，对工程带来很大的隐患。

案例：某联络通道（采用暗挖法），根据勘察报告，该通道主要穿越④层灰色淤泥质黏土、⑤₁₁灰色黏土及⑤₁₋₂灰色粉质黏土夹粉土［第⑤₁₋₂层实为第⑤₂层砂质粉土夹粉质黏土（微承压含水层）］，由于勘察报告中未揭示第⑤₂层砂质粉土（微承压含水层），设计采用搅拌桩加固土体，也未考虑对承压水的减压降水。由于粉土层中搅拌桩的加固效果不理想，防渗性不好，造成隧道管片破裂，渗水严重。

4.1.2.3　控制措施

（1）对于局部分布的粉土、砂土夹层或透镜体应分层；

（2）土层定名应综合野外记录（层理、韵律特征的描述）、室内试验以及静探曲线确定，尤其对于古河道地层；

（3）当不同区段土层名称、韵律特征、状态（或密实度）有变化时，应细分次亚层或在报告中予以说明，不能盲目追求地层划分平缓；

（4）各工点勘察报告应按上海市《岩土工程勘察规范》（DGJ08-37-2012）统编土层进行土层编号，相邻工点的土层编号应注意协调。

4.1.3　不良地质条件未查明对地下段的工程危害及控制措施

4.1.3.1　厚层杂填土、暗浜未查明对地下段的工程危害

上海地区原地表河网密布，城市建设已使市区的大部分明浜成为暗浜，暗浜深度一般在3～5m左右，原主要河道形成的暗浜深度可达5～7m。暗浜对地下车站深基坑工程有较大影响，而轨道交通地下车站一般处于市政道路及两侧，勘察阶段小螺纹钻孔实施没有条件或较为困难。

目前大部分市区地下车站未能布置小螺纹钻孔查明暗浜和填土的分布特征。如详勘报告未能查明局部分布的暗浜以及厚层填土，基坑围护设计时就不会考虑暗浜和厚层填土的不利影响，当然亦不会采取针对性的局部加固措施，围护结构的安全度有所降低。另外杂填土对基坑围护结构的施工影响也很大，当杂填土中含较多大石块、碎石、建筑垃圾时，施工单位需对杂填土作清障处理，并对回填土作适当加固。如详勘时未能查明或对杂填土填料、组成未作详细描述，可能会造成施工方案未考虑杂填土的清障费用和工作量，给施工带来较大麻烦；或由于忽视对暗浜或杂填土的处理，影响围护墙的施工质量，对工程带来安全隐患。

4.1.3.2　明浜、河流等未查明对地下段的工程危害

明浜、河流对地下车站影响是不言而喻的，但一般在详勘阶段能够查明。

上海地区主要河道切割深度一般较深，如勘察时忽视对地下区间河床断面的查明，当顶板覆土厚度小于规范规定的安全厚度时，则会由于上覆土压力过小，对上覆土体扰动大，将引起地表沉降过大，甚至塌陷；对于水下隧道，当上覆土压力小时，可能会引发水体涌入土舱，引起螺旋机喷涌，造成开挖面、河床塌陷。

4.1.3.3　天然气未查明对地下段的工程危害

天然气的危害曾对上海隧道施工带来深刻的教训，目前轨道交通建设对天然气分布地段均十分重视，采取一定措施后天然气分布地段均能顺利施工，且地表沉降和隧道沉降均控制在允许范围。

当然如果勘察时不重视天然气查明，对天然气分布地段勘察时未能发现，则对轨道交通地下段施工的危害是显而易见的。

4.1.3.4　控制措施

（1）加强对暗浜和杂填土的查明

当场地条件允许时，沿地下车站边线及出入口、风亭处布置小螺纹钻孔或探槽等勘探

手段查明暗浜或厚层杂填土的分布。

一般市区地下车站小螺纹钻孔很难实施,可查阅上海市历史河流图集,确定可能的暗浜分布范围,并针对性布置勘探工作。

待车站施工场地围挡后,对浅层土进行施工勘察。

(2)加强对地下区间沿线主要河道的查明

对地下区间沿线涉及的主要河道进行河床断面测量,包括河道宽度、水面标高、水深、淤泥厚度等。

根据规范规定,对大江、大河尚应进行专项的水文分析及河势调查工作。根据前期河床的变化规律及未来水动力条件的改变,预测设计使用周期内河床的冲淤变化,以合理确定隧道的砌置标高,确保最小覆盖层厚度满足规范要求。上述资料获取是常规勘察无法完成的,通常建设单位委托专业单位进行专项调查。勘察报告主要是收集专项调查报告,分析评价河床冲淤变化对工程的不利影响,并提出防治措施的建议。

(3)加强对天然气的探测

勘探施工时应注意观察钻孔有无天然气溢出,在可能有天然气分布的地段勘探台班配备可燃气体检测仪,探测钻孔中有否天然气溢出。当有天然气溢出时,用仪器的探头置于孔口,记录并储存天然气中可燃气体的含量。并记录天然气喷出高度、强度、延续时间等,以及可燃气体检测仪测得的含量。

4.1.4 提供的岩土参数不准确对地下段的工程危害及控制措施

4.1.4.1 提供的岩土参数不准确的表现形式

(1)未提供设计施工所需的一些特殊性试验指标或子样数少

地下车站是安全等级一级的深基坑,一般地下车站勘察均布置了三轴 CU/UU、回弹模量等特殊性试验。有些勘察报告特殊性试验的子样数偏少,有时仅 1~2 个,缺乏代表性,不能满足统计要求,甚至有些土层未提供特殊性试验指标。导致不同工点、同一编号土层的物理指标和常规力学指标、原位测试成果基本一致,但特殊性试验指标差异大的情况。

区间隧道掘进范围的各土层(包括黏性土)应进行颗粒分析,d_{70} 和不均匀系数 d_{60}/d_{10} 是隧道设计的重要指标,但有些勘察报告对于黏性土未进行颗粒分析试验。

(2)未提供基床系数、比例系数、抗力系数,或提供的参数不合理

深基坑工程应提供围护设计所需的基床系数或比例系数,但有些勘察报告未提供此类参数。另外基床系数不同工点建议值差异大,如性质类似的土层不同勘察单位之间的建议值相差几倍。

区间隧道应提供地层的抗力系数,部分勘察单位未提供该参数,或提供的建议值不合理。

(3)重要岩土参数不准确(如强度指标偏大或偏小、室内指标与原位测试指标间不匹配)

部分软黏性土层直剪固快强度指标与原位测试成果不匹配。如第③层由于局部夹粉土，往往会造成内摩擦角偏大。浅部粉土和砂土在轻微的振动、晃动时容易失水，而取样、运输过程中振动、晃动是不可避免的，因此造成了浅部粉土、粉砂的强度指标偏高，浅部粉土内摩擦角 Φ 值试验值一般在 25～30°，而浅部粉砂往往达到 30°以上，与晚更新世中密～密实状的第⑦层粉土、砂土相近。

勘察报告一般提供多种强度指标，但不同指标间匹配性差，造成按某一指标验算是安全的，按另一指标验算不安全的情况。

4.1.4.2 提供的岩土参数不准确对地下段的工程危害

勘察报告如果直接按照室内试验结果确定基坑围护设计参数，而不考虑原位测试、土样扰动、试验手段的局限性等因素，容易造成部分基坑工程按勘察报告提供的参数进行设计计算，基坑坑外地表变形偏大，甚至发生基坑局部垮塌事件。

前述某市地铁一号线××站基坑坍塌事故的调查结论中关于勘察的结论是：未考虑采用薄壁取土器取样对土强度参数的影响，未根据当地软土特点综合判断选用推荐基坑设计参数。推荐的直剪固结快剪指标 c、Φ 值未按规范要求采用标准值。推荐的三轴 CU、UU 试验指标、无侧限抗压强度指标，与验证值、类似工程经验值相比差异显著，且各层土的子样数不符合规范要求，不能反映土性的真实情况。

表 4-1 为该车站详勘报告物理力学指标与事故发生后验证单位获得的该场地的物理力学性质的对比。原详勘报告提供的物理指标与验证单位差异不大，直剪固快指标差异也不大，但特殊性指标严重不合理。

4.1.4.3 控制措施

（1）严格执行规范要求，布置三轴 CU/UU 试验或直剪慢剪、静止侧压力系数、回弹模量等试验，方案确定的试验数量应留一定余地，并考虑到试验失败或指标异常等情况。

（2）勘察技术负责人应对室内试验获得的物理力学性质各指标之间、室内试验与原位测试成果之间的合理性进行分析与判断，提交的勘察成果各指标之间应相互匹配。对于主要指标可根据室内试验、原位测试成果综合分析后提供建议值。

（3）勘察报告在建议基坑围护设计参数时，应综合原位测试和室内试验成果，并充分考虑现有的试验方法、勘探手段的局限性，提出合理的设计参数。

（4）抗剪强度参数的选取应与计算目的和安全系数配套，为计算土压力和与土压力有关的"抗踢脚"、"抗倾覆"计算应选择固结快剪或三轴 CU 指标；抗隆起、抗滑移和整体稳定性计算，当软黏土起控制作用时，对软土应选择三轴 UU 指标或十字板剪切强度，要综合考虑后推荐设计采用，不能过大或过小或只提一个平均值。

4.1.5 提供的水文地质参数不准确对地下段的工程危害及控制措施

4.1.5.1 提供的水文地质参数（如渗透系数、水位）不准确的原因

（1）在现场勘察工作中，未对（微）承压含水层的稳定水头进行测量。

该车站详勘报告物理力学指标与事故发生后验证单位获得的该场地物理力学性质对比

表 4-1

序号	土名和厚度	试验单位	天然含水率 w%	天然密度 ρ(g·cm⁻³)	比重 G_s	孔隙比 e	液限 W_L(%)	塑限 W_P(%)	塑性指数 I_p	液性指数 I_L	静力触探 q_c(MPa)	静力触探 f_s(kPa)	十字板 S_u(kPa)	十字板 S'_u(kPa)	无侧限 q_u(kPa)	直剪快剪 C_q(kPa)	直剪快剪 Φ_q(°)	直剪固快 C_{oq}(kPa)	直剪固快 Φ_{qp}(°)	三轴 C_{ou}(kPa)	三轴 Φ_{cu}(°)	三轴 C'(kPa)	三轴 Φ'(°)	三轴 C_{uu}(kPa)	三轴 Φ_{uu}(°)
②3	黏质粉土一般厚4.0m	浙江某院	30.9	1.90	2.71	0.87					2.49	57.0				7.6	26.9	10.2/7.5	31.8/29.5						
		浙大	29.6	1.91	2.69	0.93					3.20	38.0						11.2	22.8						
		上勘院	31.0	1.87	2.70	0.86												5.0/3.9	30.0/28.8						
④2	淤泥质粉土一般厚度16.0m	浙江某院	50.6	1.71	2.75	1.42	43.9	22.6	21.3	1.34	0.54	9.6	30	15	20.3	8.5	6.7	15.9/14.8	11.6/10.8	19.6	18.8	18.0	13.9	12.4/8.8	0.2/0
		浙大	47.1	1.73	2.74	1.34	39.0	21.2	17.8	1.47	0.53	9.1						16.4/14.5	12.1/11.2	23.5/20.5	10.6/9.1	7.2/4.7	26.4/24.6		
		上勘院	48.0	1.69	2.74	1.36	42.7	23.1	19.6	1.27								14.5/13.5	11.5/10.6	13.0/12.3	14.5/13.2	4.0/2.8	24.6	26.0/23.4	1.5/0.8
⑥1	淤泥质粉质黏土一般厚度17.0m	浙江某院	46.0	1.72	2.73	1.33	38.2	21.6	16.6	1.49	0.77	11.2	33	18	24.1	7.2	8.5	13.5/11.8	13.6/11.7	20.3	16.7	17.3	12.6	10.0	0.3
		浙大	44.3	1.75	2.73	1.25	35.4	20.6	14.8	1.61	0.74	10.3						17.5/15.6	14.6/13.1	22.7/20.1	12.0/11.5	8.2/2.3	28.0/26.6		
		上勘院	45.2	1.69	2.74	1.31	39.0	22.2	16.8	1.38								14.0/13.0	15.5/14.5	13.0	15.0/13.8	5.0/4.1	26.4/25.3	33.0	2.4
⑧2	粉质黏土夹粉砂一般厚大于9.0m	浙江某院	35.4	1.78	2.72	0.98	34.0	21.0	12.9	0.97	1.20	25.3				7.3	8.1	14.4	16.6	24.0	19.9	19.0	15.1	8.0	0.6
		浙大	30.5	1.90	2.72	0.88	31.9	18.7	13.2	0.89	1.97	36.5						14.7/12.6	20.4/17.3	12.8/8.8	22.0/18.9	4.7/0.5	36.1/33.1		
		上勘院	33.1	1.81	2.72	0.96	34.5	20.6	14.0	0.9								14.0/12.2	19.0/16.8	14.0/19.4	22.8/21.3	4.0/2.4	32.1/31.6	56.0	1.9

注：1. 浙大、上勘院是事故发生后进行核查时所做试验。

2. 表中各剪力试验结果中，分子为平均值，分母为平均值，表中其余数据为平均值。

（2）未按正确的操作规程施工，实测到的承压水水头失真。原因为：未能做好观测（微）承压含水层与其他含水层之间的隔水措施；孔内泥浆未清除，滤管堵塞；观测时间短，未观测到稳定水位。

（3）未收集区域（微）承压含水层水文资料，未提供（微）承压含水层最高水位。由于勘察期间观测时间有限，获得的承压水水位不能反映高水位。

（4）仅根据室内渗透试验测定土层的渗透系数，渗透系数建议值与实际差异大。由于土质不均匀，现场渗透试验成果与室内渗透试验成果之间有一定差异，部分土层的渗透系数差异可达 10 倍以上。

（5）现场注水试验孔未按正确的操作规程施工，如未清除泥浆、孔壁堵塞等，导致试验测定的渗透系数与实际误差很大。

4.1.5.2　水文地质参数不准确对地下段的工程危害

（1）承压水水头不准确：不能准确判别承压水对基坑的突涌可能，如水头测得偏低，对工程有安全隐患；测得偏高，对无需进行承压水控制的工点布设减压降水井，造成浪费。

（2）渗透系数不准确：降水设计方案不合理，会导致降水达不到设计水位，或布设降水井偏多。

4.1.5.3　控制措施

（1）勘察人员应根据（微）承压含水层分布特征及工程性质，分析判断承压水对工程的影响程度，当初步判断基坑开挖可能引发水土突涌时，应布置实测承压水水头的工作。

（2）现场进行（微）承压水水头观测时，应加强野外作业管理，严格按正确的操作规程施工，做好被观测（微）承压含水层与其他含水层的隔水措施、孔内泥浆应清除干净，应连续观测至承压水水位稳定为止（根据含水层土性不同，一般观测时间需 5～7d 以上）。

（3）勘察报告除提供勘察期间的承压水水位外，还应收集区域承压水水位资料，基坑突涌评价应按不利情况判别（即按施工周期内可能出现的高水位进行评价）。

（4）应进行现场渗透试验，综合室内渗透试验和现场注水试验确定土层渗透系数。对不均匀土层的渗透系数建议值应慎重。

（5）加强现场管理，现场作业应按正确的操作规程施工，清除孔内泥浆，以确保获得的含水层渗透系数的准确性。

（6）勘察报告应按不利条件对（微）承压水对深基坑的突涌可能性进行评价。

（7）含水层和隔水层是相对的，应根据土层夹砂的多寡，判断多层承压水的连通性，并作出评价。

4.1.6　地下段岩土工程分析评价不恰当的控制措施

（1）对地下车站深基坑工程开挖涉及的岩土工程问题分析不全面

应对地下车站深基坑工程可能涉及的边坡稳定、软土变形、坑底回弹、流砂以及承压水突涌等岩土工程问题进行分析评价，同时对深基坑开挖、降水对周边环境的影响作出评价。

（2）对地下区间盾构掘进涉及的岩土工程问题分析评价无针对性

应根据工程地质剖面和隧道结构纵断面，分析盾构掘进范围内涉及的土层，如高灵敏度的软土、透水性强的粉土、砂土、高塑性的黏性土以及均匀性差的土层在盾构掘进过程涉及的岩土工程问题进行预测和分析评述，并分析评价地下水（潜水或承压水）对盾构施工的危害及控制措施，并对盾构设计和施工提出合理建议或注意事项。

（3）缺少对旁通道的相关评价或缺乏针对性

应针对旁通道开挖范围内涉及的土层，评价旁通道施工涉及土层的均匀性、渗透性以及是否有承压水分布，评价地基土对旁通道冻结法加固暗挖法施工可能产生的各种影响，并提供相应的防治措施。必要时可对软土的冻胀和融陷对隧道的影响作出评价。

（4）缺少对区间隧道进出洞的相关评价

应针对区间隧道进出洞施工涉及的土层评价土质的均匀性、渗透性，特别是在饱和的粉性土或砂土层中进出洞时，可能产生的岩土工程风险以及防治措施。

4.2　高架段勘察质量常见病及控制措施

4.2.1　高架段勘察工作量不足的工程危害及控制措施

4.2.1.1　导致高架段勘察工作量不足的原因

（1）高架段勘察工作量不足的情况主要发生在利用勘探工作量时。详勘时一般需利用初勘成果，部分利用孔距离墩台较远，甚至有利用孔偏离墩台 20m 以上还利用的情况。古河道区桩基持力层起伏大的区域，如利用孔偏离墩台较远，就无法反映墩台处的地层情况。

（2）勘探孔深度不足：当详勘阶段实际揭示地层与初勘资料有一定出入时，如拟定的桩基持力层变薄、埋藏偏深，但仍按原投标时的勘察方案实施而未及时加深，就会导致勘探孔深度无法满足设计要求。

（3）部分勘探孔由于施工条件限制，在详勘阶段未能施工。

4.2.1.2　勘察工作量不足对高架段的工程危害

（1）古河道地区，如利用孔距离墩台远，按利用孔位置的地层资料推测墩台处的地层分布，就有可能造成桩端未达桩基持力层，引起墩台差异沉降大，对高架轨道交通带来危害；

（2）孔深不足将会影响设计人员对高架墩台的桩基础设计；

（3）对未完成的勘探孔的墩台，如参考邻近墩台的地层资料设计，当地层有变化时，后果是严重的。

4.2.1.3　控制措施

（1）正常地层区，利用孔偏离墩台不宜大于 10m；古河道地区，偏离墩台不宜大于5m，宜在墩台处增补勘探孔。

（2）勘探孔深度应满足设计比选桩基持力层的需要，如第⑦层厚度薄或缺失区，可考虑深部较为稳定的第⑤$_{3-2}$层、⑧$_2$层、第⑨层作为桩基持力层；如勘察时由于荷载等条件不明确，无法准确判定桩基沉降量能否满足设计要求，勘察报告中可提醒设计单位，如勘探孔深度不足应及时提出补勘。

（3）对未实施的勘探孔，及时进行补勘。

4.2.2　土层划分不准确或标准不统一对高架段的工程危害及控制措施

4.2.2.1　高架段勘察土层划分方面存在的问题

（1）对桩基持力层及其下的黏性土夹层或透镜体未划分；

（2）对亚层划分标准不统一，如第⑦$_1$层和第⑦$_2$层划分时，有些工点 P_s 值 10MPa 以上划分为⑦$_2$层，而有些工点 P_s 值达 15MPa 以上才划分为⑦$_2$层；

（3）不同工点对古河道区第⑤$_2$层、⑤$_{3-2}$层的划分原则不相同。

4.2.2.2　土层划分不准确或标准不统一对高架段的工程危害

（1）未划分软土夹层：易造成高架墩台不均匀沉降，对轨道交通高架有较大危害，必须予以重视；

（2）土层划分标准不统一：易造成设计、施工人员困惑，使得桩基设计方案不合理，造成沉桩不到位、桩身质量受影响等工程危害。

4.2.2.3　控制措施

（1）对可能的桩基持力层中的黏性土夹层或透镜体应予以分层。

（2）对于亚层、次亚层的划分，各标段、各工点划分标准应统一。宜由建设单位指定总体单位确定，或各标段参与单位协商确定。

4.2.3　不良地质条件未查明对高架段的工程危害及控制措施

4.2.3.1　明、暗浜对桥梁墩台、桩基施工的危害

高架墩台若处于明、暗浜区，或明浜回填不作处理，将会导致由于地基承载力不足而使施工设备下陷、倾斜，会导致预制桩的压偏、压裂，对桩基留下隐患。

对于靠近河道的墩台，需验算墩台稳定性，如不查明河床断面将不利于设计对墩台的稳定性验算。

4.2.3.2　天然气对桩基施工的危害

当桩基施工涉及含气层，会产生天然气逸出，引起钻孔灌注桩塌孔，影响桩身质量；对预制桩，会引发火灾，易发生安全事故。

4.2.3.3　控制措施

（1）高架段沿线涉及的河道宜布置河床断面，以查明河道切割深度、淤泥厚度等。当

墩台处的主要勘探孔揭示有暗浜时，应作追索，以查明墩台处暗浜的分布范围、切割深度等。

（2）勘探施工时应注意观察钻孔有无天然气溢出，在可能有天然气分布的地段勘探台班配备可燃气体检测仪，探测钻孔中有否天然气溢出。

4.2.4 提供的岩土参数不准确对高架段的工程危害及控制措施

4.2.4.1 桩基设计参数不准确对高架段的工程危害

高架段主要是桩基工程，由于区间段距离较长，局部土性可能有一定变化，有些勘察报告建议的桩基设计参数过分考虑了地层较差的情况，导致整个工点的桩基设计参数偏低，另一种情况则是按整个工点的平均值建议桩基设计参数，未考虑局部土层较差的情况，导致局部区域桩基设计参数偏高。

两种情况均是不恰当的，如片面考虑了地层较不利的情况，可能会使该工点其他区域由于参数偏低，而使设计的桩端入土深度偏深，会产生沉桩不能到位、桩打坏、打裂等工程风险；如不考虑局部不利情况，可能会使局部区域单桩承载力不能达到设计要求或沉降量偏大等情况发生。

4.2.4.2 压缩模量建议不准确对高架段的工程危害

桩基沉降计算所需的压缩模量应综合室内试验、原位测试成果确定，有些单位未综合确定桩基压缩模量，建议值不合理，导致墩台的基础沉降量和不均匀沉降量计算不准确。

4.2.4.3 控制措施

（1）桩基设计参数建议时应根据实际的地层分布特征、物理力学指标、原位测试成果确定，当地层有变化时，宜分区段建议桩基设计参数；

（2）应综合室内试验、静探、标贯等勘探手段提供桩基沉降计算所需的压缩模量。

4.2.5 高架段岩土工程分析评价不恰当的控制措施

4.2.5.1 沉桩对周边环境的影响分析没有针对性

由于勘察期间对周围环境调查重视不足，沉桩对周边环境分析缺乏针对性，不管环境条件复杂还是尚可，建议保护措施千篇一律。

勘察时应加强对周边环境的调查，根据实际的周围环境条件，提出有针对性的周边环境保护措施。

4.2.5.2 建议桩基持力层、桩端入土深度欠合理

桩基持力层选择应根据地层条件、设计对单桩承载力的需求、沉降控制标准等综合确定，另外还需考虑具体的环境条件、沉桩可行性以及桩身结构强度。如果不考虑上述要

求，盲目建议桩端入土深度往往会误导设计单位。

因此勘察报告在选择桩基持力层和桩端入土深度时，应与设计需要的单桩承载力和沉降控制要求相适应。当采用预制桩时，桩基持力层和桩端入土深度的建议还应考虑沉桩可行性以及桩身结构强度，建议桩型应与桩端入土深度相匹配。

4.2.5.3　沉桩可行性分析没有针对性

部分勘察报告存在对预制桩贯入穿过的土层没有针对性评价，轻率作出沉桩可行的结论或笼统地要求以试桩确定。

存在这一情况的原因是，部分技术人员对上海地区预制桩施工不熟悉，缺乏与设计和施工单位的联系与沟通，对预制桩沉桩可行性没有把握。勘察技术人员应加强学习和培训，并多参加施工单位桩基施工问题分析讨论会，从工程实践中不断总结和提高专业水平。

4.3　过渡段勘察质量常见病及控制措施

过渡段一般场地条件较为空旷，勘察工作量不足或不能一次完成详勘的情况较少发生。但应注意当过渡段宽度大于 20m 时，宜沿其两侧边线分别布置勘探孔，而不能采用"之"字形交叉布孔。过渡段的勘探孔的深度一般能满足设计要求，但应注意敞开段应满足抗浮设计和地基处理对孔深的需要。

过渡段查明明、暗浜等不良地质条件十分关键，由于场地条件一般较好，一般均能沿两侧布置小螺纹钻孔查明不良地质条件。

过渡段的勘察质量常见病主要表现在原位测试工作量布置、岩土参数和水文地质参数的建议以及岩土分析与评价方面。这些方面的质量通病及控制措施可参考地下段。

第 2 篇　轨道交通工程设计

1 建 筑 设 计

1.1 车站建筑设计要点

车站是人流相对集中的交通性建筑，站位应在选定的线路走向基础上，紧密结合城市总体规划，最大限度地吸引客流，方便乘客乘降或换乘，并妥善处理与城市交通、地面建筑、地下管线、地下构筑物之间的关系，尽量减少房屋拆迁、管线迁移和施工时对地面建筑物、地面交通及市民的影响。其设计要点应根据城市规划及所处环境特点如地面建筑、市政设施、地下管线、工程地质、水文地质等情况，因地制宜地确定车站站位、站台形式、车站规模、车站功能、车站安全等，并合理利用城市有限的地上、地下空间。

1.1.1 站位的确定

车站设于道路路中或者路侧首先取决于当地的城市规划和动拆迁情况，其次是线路线位的布置情况，再次就是考虑车站吸引客流的条件以及其他宏观和客观条件。

一般来说，设于路中的车站能兼顾两侧客流，少占可建设的土地，跨路口布置还能兼顾过街功能。但对于高架车站，不宜跨路口布置。因为受道路交通的限制，一般跨路口的高架墩位跨度较大，不适合车站的跨距；其次跨路口车站站厅分别在路口两侧，很难连通，对车站管理和乘客疏散存在不便；再次高架车站跨路口对城市景观影响较大，施工风险大。

车站设在路侧，则能和周围建筑物及绿化结合起来，尤其是高架车站可采用建筑风格明显的造型和装修，不会显得很突兀。但车站设在地块内必然占用大量用地，若是高架线，则前后的区间也对地块产生一定的使用限制，更主要的是近年来环评要求严格执行，沿线只要有敏感建筑物，则大量的动拆迁不可避免。

1.1.2 站台形式的选择

站台是轨道交通车站内乘客等候列车和上下列车的平台。根据线路及车站站位，单线轨道交通站台形式主要包括：岛式、侧式、复合式（双岛式、单边侧式、一岛一侧式、一岛二侧式等）。换乘车站按换乘形式可分为以下几种复合式类型：

(1) 同站台平行换乘（上下层平行岛式、同站台共线岛式、同层站台双岛式、上下平行侧式、同层岛、侧式站台等）；

(2) 同车站平行换乘（双岛式平行、上下平行侧式站台加平行站厅层等）；

(3) 站台点式换乘（岛式与岛式、岛式与侧式、侧式与侧式形成的"十"字、"T"

形、"L"形等）。

　　岛式站台的特点在于中部设楼扶梯，两侧站台人员可共用楼扶梯，大大减少了车站的楼扶梯等设备数量，适合潮汐客流明显的车站，乘客进出站功能完善、流线清晰、功能明确。当车站为高架车站时，其缺点是区间结构和线路在车站位置需要过渡，部分管线需过轨处理，且列车动态重荷载在车站两侧，因此对于高架车站规模较大时不适合布置在路中。

　　侧式车站是指轨道区集中布置在中间，上下行站台分别在两侧，每侧站台分别设置楼扶梯组合的车站形式。这种车站上下行客流分开，适合全天客流较小的车站。当地下站为侧式车站时，其两端区间可采用双圆盾构或侧岛转换的过渡段；当为高架车站时，其动态荷载与结构重心重合，稳定性较好，适合在工程条件局促地区建设。

　　复合式站台则是上述一种或几种情况组合起来的情况，常用于换乘车站、线路终点站以及设置中间折返线的车站。

　　根据线路特殊需要设置的复合式站台形式，比如上下叠合的车站站台形式，这种车站尤其要注意其客流流线的布置，尽量少占用侧站台的宽度作为上下层沟通，所有楼扶梯组应布置成顺向交通，既可方便疏散，又可减少对每层侧站台的压力。

　　车站站台形式可根据客流量大小、线路条件、站址环境条件因地制宜地选择，但必须满足车站的基本功能要求。

1.1.3　车站规模的合理确定

　　轨道交通车站规模应根据远期预测客流的集散量和车站本身行车管理、设备用房的需要来确定。其站厅（公共区）、站台（公共区）、出入口、通道、楼梯、自动扶梯、售检票机口等位置的能力均要与该站客流通过能力相适应，同时满足事故紧急疏散客流的需要。

（1）设计客流

　　车站的设计规模应满足初、近、远期中设计客流量最大值的需要，并考虑高峰小时内客流的不均匀性，计入超高峰系数，取超高峰系数 1.1～1.4（一般情况下取值不宜小于1.3），处于周边有突发客流较大的车站视实际情况而定，即设计客流量为初、近、远期中预测高峰小时客流量的最大值乘以超高峰系数（1.1～1.4）。

（2）站台宽度的确定

　　站台宽度根据车站控制期预测高峰小时客流量、列车运行间隔时间、结构横断面形式、站台形式、楼扶梯布置等因素计算确定。站台宽度的计算公式为：

$$B_岛 = b_1 + b_2 + n \cdot z + T (\text{m})$$
$$B_侧 = b_1 + z + T (\text{m})$$

式中：b_1、b_2——侧站台宽度；

　　　　$n \cdot z$——柱数×柱宽（m）；

　　　　T——每组人行楼梯＋自动扶梯宽度（m）；

　　　　b_1、b_2——乘降区站台宽度，岛式车站乘降区站台宽度≮2.5m，侧式车站乘降区站台宽度≮3.5m。

$$b_1(b_2) = \frac{Q^H \rho}{L} + B_{安} \quad \text{和} \quad b_1(b_2) = \frac{Q_{上 \cdot 下} \rho}{L} + M(m) \quad （取大者）$$

为保证车站安全运营和安全疏散的基本需要，目前上海车站的一般规定为：中心城区地下岛式车站站台宽度在满足客流需要的前提下，不宜小于 12m，有条件时不宜小于 12.5m；通常侧站台宽度在满足客流需要的前提下，不宜小于 2.8m（包括屏蔽门占用宽度）；当采用侧式站台形式，且楼梯布置垂直于侧站台时，侧式站台的侧站台宽度应不小于 3.5m。当车站不设站台屏蔽门时，站台边缘应设置醒目的安全线。

（3）站台长度的确定

站台计算长度由列车编组长度加停车误差确定：

6 节 A 型车编组：控制土建长度为 138m（含停车误差）。

8 节 A 型车编组：控制土建长度为 184m（含停车误差）。

7 节小型车编组：控制土建长度为 138m（含停车误差）。

4 节小型车编组：控制土建长度为 78m（含停车误差）。

（4）站厅规模的确定

站厅的作用是快速、安全、方便地引导进站乘客到达站台进行乘车、出站乘客迅速离开车站，因而它是一种过渡空间。

站厅层应有足够的公共区面积，满足高峰时段客流的集散，应有足够数量的售检票设施和其他公共服务设施，还应有足够宽度和数量的楼扶梯及出入口通道等。站厅的面积根据车站性质确定，再根据远期车站预测的客流量的大小和车站的重要程度决定，目前还没有固定的计算方法，一般根据经验和类比分析确定。但站厅面积一般考虑正常所需购票、检票及通行面积外，还需要考虑乘客作短暂停留及特殊情况下紧急疏散等情况，并适当留有余地。

根据车站运营和合理组织客流的需要，一般将站厅层公共区划分为付费区和非付费区。

1.1.4　车站公共区功能设计

根据地铁客流的流线特征，一般地下车站站厅层公共区两端为非付费区，非付费区内设 2～4 个出入口；中间为付费区，付费区采用"两端进，中间出"的方式布置进出站闸机。详见图 1-1。

1.1.4.1　付费区设计

（1）通常付费区采用"两端进，中间出"的方式布置进出站闸机。

（2）出站闸机旁应设服务中心，服务中心的布置应符合上海城市轨道交通网络建设标准化技术文件《车站—服务中心建设指导意见》的要求。

（3）出站闸机距离出入口及楼梯口的最小距离应满足规范要求。

（4）非付费区和付费区之间的隔离栅栏上应设置宽通道闸机、栅栏门和消防疏散门，并进行疏散总宽度验算；栅栏门应靠近服务中心设置，宽度不小于 1.4m。

（5）消防疏散门的位置应使从站台楼扶梯至车站出入口之间的疏散路径达到最优，并可 180°平开。

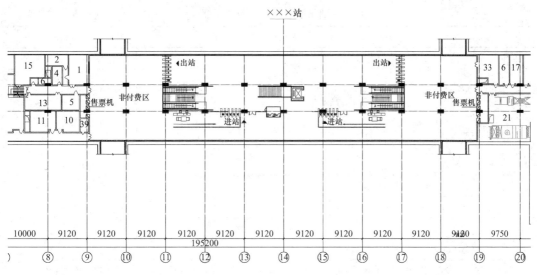

图 1-1　地下车站站厅层公共区平面布置示意图

1.1.4.2　非付费区设计

（1）站厅两端公共区的非付费区宽度（即划分付费区的隔离栏与设备管理区墙面之间）不宜小于 16m。

（2）设于站厅两端的非付费区，宜用通道沟通，最小宽度不应小于 2.4m，如兼有过街功能，不应小于 4m。

（3）售票排队方向与客流行进方向平行时，售票机外侧距最近的出入口通道边缘的净距不宜小于 1.5m；售票排队方向与客流方向垂直时，距出入口通道边缘的净距不小于 5m。

1.1.4.3　公共区垂直交通布置

车站内采用楼梯、自动扶梯和垂直电梯解决公共区的垂直交通，每个站台均应设置至少两座步行楼梯，且站台计算长度内任一点距最近梯口的距离不得大于 50m，每个站台楼梯总宽度不得小于 2.4m。随着服务水平的提高，车站内的自动扶梯数量越来越多，因此，站厅层和站台层的楼扶梯计算时，除了按正常工况对楼扶梯能力进行计算外，还需对紧急工况下，自动扶梯停运的工况进行紧急疏散能力的核算。为提高服务水平和满足客流的安全疏散，楼扶梯布置应满足以下要求：

（1）6 节编组车站应设 3 组楼扶梯，且宜有 2 组设有上、下行扶梯（当高差超过 5m 时，应至少设 2 组上、下行自动扶梯）；

（2）8 节编组应设 4 组楼扶梯，且至少应有 2 组设有上、下行扶梯；

（3）站台有效候车区计算长度内任意一点距最近步行楼梯口的距离应不大于 50m；

（4）自动扶梯与自动扶梯之间、自动扶梯与楼梯之间的距离，应满足相关规范的要求；

（5）单向通行楼梯的土建净宽不宜小于 1.8m，双向通行楼梯的土建净宽不宜小于 2.4m。

表 1-1 为车站各部位最小净宽度和净高度。

名　　称		最小宽度	最小高度
站厅公共区			3
站台公共区	地下车站		3
	地面、高架车站		3
站台、站厅层管理用房		2.4	2.4
通道或天桥		2.4	2.4
单向公共人行楼梯		1.8	2.3
双向公共人行楼梯		2.4	2.3
与自动扶梯并列设置的人行楼梯（困难情况下）		1.8	2.3
消防专用楼梯		1.1	2.2
站台至轨道区的工作楼梯（兼疏散楼梯）		1.1	

车站各部位最小净宽度和净高度（m）　　　　　　表 1-1

注：站台、站厅的最小净空高度是指地面装饰面至吊顶面，梯和自动扶梯的最小净高为踏步面沿口至吊顶面。

1.1.4.4　其他设施设计

售票口和自动售票机的设置位置与站内客流线路组织、出入口位置、楼扶梯布置有密切的关系，一般应沿着客流方向纵向布置在便于购票、比较宽敞的地方，尽量减少与客流路线的交叉和干扰。进、出站闸机应分设在付费区与非付费区的分界线上，且垂直于客流方向。

1.1.5　车站建筑防火设计要点

（1）地下车站及其出入口通道、风道的耐火等级应为一级。地下车站出入口地面厅、风亭等地面建（构）筑物的耐火等级不应低于二级。高架车站的耐火等级不应低于二级。

（2）地下车站站台和站厅公共区应划为同一个防火分区；车站设备管理区应与站厅、站台公共区划为不同的防火分区，每个防火分区最大允许建筑面积不应大于 $1500m^2$（地上车站面积不超过 $2500m^2$）。当换乘车站共用一个站厅公共区时，站厅公共区建筑面积不应大于 $5000m^2$；两个防火分区之间采用的耐火极限为 4h 的防火墙和甲级防火门分隔，当防火墙设有观测窗时，应采用 C 类甲级防火玻璃。

（3）换乘车站内的各换乘楼扶梯口、换乘通道口应设有完整的防火分隔设施，当通道两端采用防火卷帘分隔时，应能分线控制。

（4）车站（车辆基地）控制室（含防灾报警设备室）、变电所、配电室、通信及信号机房、固定灭火装置设备室、消防泵房、废水泵房、通风机房、环控电控室、屏蔽门（安全门）控制室、蓄电池室等火灾时需运作的房间，应分别单独设置，并应采用耐火极限不低于 2h 的墙体和耐火极限不低于 1.5h 的楼板与其他部位隔开。隔墙上的门和窗应采用甲级防火门及甲级防火窗。穿过防火墙、楼板的管道空隙，应采用防火封堵材料封堵密实。

（5）站台、站厅付费区、站厅非付费区的乘客疏散区以及供乘客疏散用的出入口通道内，严禁设置商铺和非地铁用房；站厅非付费区不在乘客疏散区内设置的商铺不得经营和储存火灾危险性为甲类、乙类和丙类 1 项储存物品属性的商品，商铺的总面积不应大于 100m²，单处商铺的面积不应大于 50m²，商铺应采用防火墙或防火卷帘与其他部位进行防火分隔，并应设置火灾自动报警和灭火设施。

（6）每个车站应至少有不少于 2 个不同方向、满足消防疏散功能的直通地面的出入口；地下一层侧式站台车站，每侧站台不应少于 2 个满足消防疏散功能的直通地面的出入口。

（7）车站有人值守的设备和管理用房区域，应按设计要求采取相应的防火分隔措施，且每个防火分区内的安全出口的数量不应少于 2 个，其中 1 个安全出口应为直通地面的消防专用通道；对无人值守的设备和管理用房区域，应至少设置一个与相邻防火分区相通的防火门作为安全出口。出入口和垂直电梯不得作为安全出口。

（8）竖井爬梯、消防梯、垂直电梯不应用做消防疏散设施。自动扶梯考虑 1 台损坏不能运行的几率，其余按正常运行通过能力的 9 折计算疏散能力。

（9）附设于设备与管理房间的门至最近安全出口的距离不得超过 40m。位于袋形通道两侧或尽端的房间，其最大距离不得超过 22m。

1.1.6 车站地面附属设施安全设计要点

（1）地下车站出入口及楼扶梯下端应设有横截沟，出入口的室外平台标高应高于周边场地的暴雨积水标高，临近出入口的场地需做好排水设计，并满足防洪要求；车站出入口防淹平台标高应比室外地面（或规划）标高高出 0.45m，平台长度不应小于 3m，并应设置平台截水沟；出入口实体边墙高度应高于室外地面 1.2m，出入口门洞两边应设置防淹闸槽（包括电梯、消防出入口），闸槽高度为平台面以上 0.8m；车站出入口与过街通道连通时，过街地道的防洪标准应与车站出入口一致。

（2）风亭与建筑物的间距应满足消防要求，当风亭与其他建筑物结合设置时，在风亭风口周围 5m 范围内应设防火墙，不应设可开启的门、窗及通风口等；在风亭风口上方 15m 范围内不应设可开启的窗户；如风口上方设置 1m 宽的防火挑檐时，风口上方 10m 范围内不应设置可开启的窗户；如有特殊的需要可设置密闭的甲级防火窗。

（3）在大客流的车站站外出入口和换乘通道内应设置限制客流的设施。

（4）进风口及排风口应错开，避免二次污染；当采用水平布置时，进风口和排风口之间的距离不宜小于 10m，其余风口之间距离不应小于 5m；进、排风口方向无法错开且上下布置时，进、排风口边缘之间的高差应大于 10m，且排风口应高于进风口。

（5）车站风亭的风口与车站出入口的方向应错开，风口边缘与出入口的直线距离应大于 5m，避免气流短路。当风口与出入口的方向无法错开时，间距应大于 10m，或风口比出入口高 5m。

（6）风井、通风亭等应设置防止异物丢入的建筑结构或防护装置。敞口风井周边挡墙顶距地面的高度不小于 3m。

（7）地面附属设施与地块结合时，应考虑出入口与地面建筑之间的有效分隔，保证功能互不影响。同时，还必须设置有效的防火分隔以保护双方的安全，直接通往周边建筑内部的通道口，应设置防火卷帘。

（8）高架车站出入口自动扶梯和垂直电梯接至地面处应设置不低于 450mm 的平台，电梯平台再用坡度小于 1/12 的坡道接至附近盲道水平地面，坡道应设置残疾人栏杆。自动扶梯和垂直电梯基坑外应设集水坑，接至市政排水系统，放置集水。

1.1.7　车站防排烟设计要点

室内地面至顶棚或顶板的高度小于等于 6m 的场所应划分防烟分区，并应符合下列规定：

（1）公共区每个防烟分区最大允许建筑面积不应大于 2000m²；

（2）站台至站厅的楼扶梯开口四周的临空部位应设置挡烟垂壁；

（3）地下一层侧式站台与同层站厅公共区临界面门洞部位应设置挡烟垂壁；

（4）设备管理区每个防烟分区最大允许建筑面积不应大于 750m²；

（5）车站公共区吊顶与其他场所相连接部位的顶棚或吊顶面高差不足 0.5m 时，该部位应设置挡烟垂壁。

1.1.8　高架车站抗台风暴雪、防雷设计要点

（1）车站建筑立面设计应按照 45°防飘雨角进行设计验算；侧式站台侧墙高度不应低于 2.5m，侧墙应具有抵抗台风相应强度，有条件的上方自由端可设置与雨篷结构的连接部件，增强整体强度。

（2）轨行区上方屋面板不应采用敞开结构。在满足通风和采光的前提下，做到防止雨水溅落车顶，再溅落车站轨行区及站台地面，影响乘客安全及上下客的要求。

（3）站台两端部均应考虑防止飘雨的技术措施，遮雨范围原则上自车站端头至站台有效范围。站台层地面应有良好的排水措施，并采用防滑地坪材料。

（4）高架车站应有良好的接地避雷措施。天桥可设置半敞开或者封闭的雨篷，雨篷与周边市政的架空线应有安全距离，如架空线距离天桥较近设置雨篷起到安全隔离作用，雨篷应有良好的接地避雷措施。

（5）天桥两侧凌空位置应设置安全栏板和栏杆，栏板（杆）上缘应不小于 1.4m，扶手高度应适合正常人手扶的需要，不应高于 1m，如有需要可设置 0.65m 高的儿童扶手。

（6）高架车站外立面设计应简洁，宜优先采用无装饰设计，以减少装饰材料掉落隐患的可能性。

（7）站台由于常年敞开，不应使用有吊顶的装修形式（除封闭设备用房和乘客休息室内），所有管线应有牢固的固定措施或者整合在综合设备带中。

（8）所有设备和标志牌等也应有可靠的支架或者悬吊体系保证安全不掉落，具体措施如下：

站厅采用悬挂的标志牌要有牢固的固定措施，高空间站厅应优先采用落地式。站台标志牌尽量使用落地式，站台悬挂的标志牌应有三个维度方向的支撑构件保证在任何风向下安全不掉落。

站台 PIS 屏可设置在休息室内，led 走字屏采用柱面侧装，并采取足够的加固措施。站台应尽量少用悬吊式灯具，如局部使用悬吊灯具，则应采用不小于 φ60 圆钢吊杆，吊杆长度应控制在不大于 2.4m，顶部与钢梁加固连接，应采用刚性结构形式加以固定，不可采用柔性连接。站台摄像机的支撑件应采用柱面侧装，悬挑位置增加斜拉杆，如设置的位置无法紧靠立柱也应有足够牢度的构件与纵横梁构件连接。站厅摄像机宜安装于综合吊架上或直接与结构梁板连接。

外立面装修应简洁，尽量减少外挂的装饰材料。外墙面装饰与防暴雨百叶窗构造应与建筑立面一体化设计。不应采用附加表皮形式。设备用房尽可能设置在车站主体外路侧，同时考虑房间侧部窗户、百叶的飘雨问题。

1.1.9 车站空间综合利用

（1）有条件的车站（配线站、多层车站等）应对车站空间进行合理的综合利用，并独立设置防火分区。

（2）车站内集中设置的综合利用空间应独立设置出入口和风井，与车站公共区的连接宜采用通道形式，并以特种防火卷帘（耐火极限 3h）分隔，与车站其他用房以防火墙分隔，其专用的出入口需满足地下商场相关消防规范。

（3）与车站相连的地上或地下物业开发区、地下步行街、商店、车库等一切非车站区域，其疏散体系应与车站分别独立设置，不得相互借用。

（4）商业建筑与地铁站厅（台）层之间应采取防火墙、防火卷帘、甲级防火门进行分隔。当采用防火卷帘分隔时，每档防火卷帘的宽度不宜超过 8m，每侧防火墙上相邻防火卷帘之间应设置宽度不小于 24m 的防火墙。商业建筑不得利用地铁疏散通道作为火灾情况下人员疏散的出口。

1.1.10 换乘车站设计要点

换乘站作为轨道交通网络的“锚固点”，对全网运转效率和整体效益的发挥具有举足轻重的作用。从北京、上海等城市的实际运营状况看，换乘站已经成为网络中最为突出的矛盾点。因此，把握好换乘站的规划与设计显得尤为重要。

地铁车站按照换乘方式可分为同站台换乘、节点换乘、站厅换乘、通道换乘、站外换乘五种基本类型。

（1）同站台换乘

这种换乘方式使乘客在同一站台即可实现转线换乘，乘客只要走到车站站台的另一边就可以换乘另一条线路的列车。对乘客来说，这当然是最佳方案，尤其是在客流很大的时候，但是这种车站往往要花费较大的工程投资，由于这种换乘方式要求两条线路具有足够长的重合段，近期需要把车站预留线及区间交叉预留处理好，工程量大，线路交叉复杂，施工难度大，因此，尽量选用在建设期相近或同步建设的两条线的换乘站上。

同站台换乘的基本布局是双站台的结构形式，可以在同一平面上布置，也可以双层布置，如图 1-2 所示。这两种形式的换乘站都只能实现 4 个换乘方向的同站台换乘，而另外 4 个换乘方向则要采用其他换乘方式。

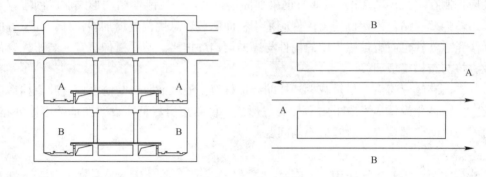

图 1-2　同站台换乘示意图

（2）节点换乘

在两线交叉处，将两线隧道重叠部分的结构做成整体的节点，并采用楼梯将两车站站台连通，乘客通过该楼梯进行换乘，换乘高差一般为 5～6m，因此，换乘比较方便。节点换乘方式依两线车站交叉位置的不同，有很多组合形式，常用的换乘形式有"十"、"T""L"形三种。

节点换乘方式设计的关键是要注意上、下楼的客流组织，避免进、出站客流与换乘客流的交叉紊乱。为弥补这个不足，可将点的换乘设计为岛、侧换乘，以增加换乘点的数量，从而增加换乘容量，同时，可附加站厅通道来弥补换乘量的不足。该方式多用于两线之间的换乘，如用于三线或三线以上的换乘则枢纽布置和建筑结构变得相当复杂，必须与其他换乘方式组合应用。

节点换乘方式的结点要求一次做成，预留线路的限界净空及线路位置受到制约，这就要求预留线要有必要的研究设计深度，避免预留工作做得不尽合理。

（3）通道换乘

在两线交叉处，车站结构完全分开，用通道和楼梯将两车站连接起来，供乘客换乘。连接通道一般设于两站厅之间，也可以在站台上直接设置。通道换乘方式布置比较灵活，对两线交角和车站位置有较大的适应性，预留工程少，甚至可以不预留，将来做少许改动。通道宽度按换乘客流的需要设计。换乘条件取决于通道长度，有利于两条线工程分期实施，预留工程最少，后期线路位置调整的灵活性大。

（4）其他

除了上述几种基本的换乘方式之外，还可采用站外换乘、组合换乘来达到换乘的目的。

站外换乘是乘客在车站付费区以外进行换乘，实际上是没有专用换乘设施的换乘方式，它在下列情况下可能出现：高架线与地下线之间的换乘，因条件所迫，不能采用付费区内的换乘；两线交叉处没有车站或两车站相距较远；规划不周，已建线未作规划预留，增建换乘设施又非常困难。

采用站外换乘方式，往往是无路网规划而造成的后遗症，由于乘客增加一次进出站手续，步行距离长，这是一种系统性缺陷的反应，因此站外换乘方式在路网规划中应尽量避免。

在换乘方式的实际应用中，若单独使用某种换乘方式不能奏效时，则可以采用两种或多种换乘方式组合，以达到完善换乘条件、方便乘客使用、降低工程造价的目的。例如，同站台换乘方式辅以站厅或通道换乘方式，才能够满足换乘能力；站厅换乘方式辅以通道换乘方式，可以减少工程预留量；等等。这些组合的目的，是力求车站换乘功能更强，既保证具有足够的换乘能力，又使得工程施工和乘客使用方便。

1.2 车辆基地建筑设计要点

车辆基地是车辆停放、检查、整备、运用和修理的管理中心所在地。若运行线路较长，为了有利于运营和分担车辆的检查清洗工作量，可在线路的另一端设停车场，负责部分车辆的停放、运用、检查和整备工作。城市轨道交通除车辆保养基地以外，还有综合维修中心、材料总库和职工技术培训中心等基地，有条件时，应尽量将它们与车辆段规划在一起。

车辆基地的主要工作内容：

（1）列车在段内调车、停放、日常检查、一般故障处理和清扫洗刷；

（2）车辆的技术检查、月修、定修、架修和临修试车等作业；

（3）列车回段折返乘务司机换班；

（4）设备和机具的维修及调车机车的日常维修工作；

（5）紧急救援抢修队和设备。

《地铁设计规范》（GB 50157—2003）规定，地铁车辆基地根据功能可分为检修车辆段（简称车辆段）和运用停车场（简称停车场）。车辆段根据其检修作业范围可分为架（厂）修段和定修段。独立设置的停车场应隶属于相关车辆段。

车辆基地建筑设计必须符合车辆基地工艺要求，保证车辆基地的必备设施正常使用。车辆基地应有足够的停车场地，确保能够停放管辖线路的回段电动车辆，车辆基地的位置应保证列车能够安全、便捷地进入正线运行，并应尽量避免车辆基地出入线坡度过大、过长；车辆基地内需设检修车间，检修车间的工作地点为架、定修库和月修库；列检作业在列检库或停车库（线）进行；架、定修库内要有桥式起重机和架车设备、车轮旋削机床及存轮库，必要时应设不落轮车轮旋床；架、定修库内应有转向架、电机、电器、制动机维修间，应设转向架等设备的清扫装置，单独设立的喷漆库。

基地内还应有车辆配件的仓库；根据运营管理模式的要求，多数运营单位在基地内设运用车间、乘务队、运转值班室、信号楼、乘务员备乘休息室、内燃轨道车班等；基地内还应有设备维修车间，负责段内的动力设施及通用设备维修；为保持车辆整洁，应有车辆清洗设备并设专用的车辆清扫线；车辆基地内一般还有为该地铁线路供电、通信信号、工务和站场建筑服务的维修管理单位，机关办公楼与其他服务设施，如培训场地、食堂、会议厅等。

1.2.1 车辆基地规模与形式

车辆基地的规模大小主要是由该线路所拥有的运营列车数决定的，其次是由车辆的技术状况、修程的间隔大小、维修的范围决定的。为车辆基地服务的变电站、通信、信号、工务也需要一定的建筑设施。以车辆基地为主体，常常根据段址区域地形条件，设置供电、工务、通信、信号的工区或段区，成为一个地铁综合基地。此外，职工培训、生活服务设施应根据车辆基地及辅助机构定员而定。

目前地铁车辆基地占用地都比较大，常常就是几十公顷。在这种大规模的用地上就存在着如何有效合理地利用土地的问题。

车辆基地土地利用应秉承土地的集约利用，将功能分区尽量整合，以确保达到合理集约地利用土地的目的。

车辆基地中主体分为两大分区：一为生产作业区。这个区域内包括了停车列检、月修、定修、综合维修工区等生产用房。当然内部也含有少量的辅助用房。二为办公生活区。这个区域内为该地铁线路供电、通信信号、工务和站场建筑服务的维修管理单位的办公用房以及机关办公楼与其他服务设施，如培训场地、食堂、会议厅等。需将这两大区域完美地整合，对节约用地能起到巨大的作用。

首先是生产作业区的整合，这需要将各个功能分区按其生产类型及生产作业条件分门别类，将相同工作环境的功能分区充分整合利用以求达到节约用地的需求。接下来将维修工区类的用房进行整合以求达到集约用地的原则，维修工区一般分为供电维修工区、供电检修间、机电维修区、材料库房、简单的机动车库等。在充分考虑各个区域不同的使用功能的前提下，尽量将其整合是集约用地的重点。

其次是办公生活区的整合，在这个区域内主要是地铁中供电、通信信号、工务和站场运营公司的办公和生活用房，以及相应的公安派出所、地铁消防队等厂区内配套的公共设施。这里面包括的类似信号楼、办公楼、司机公寓、食堂等为车辆基地及整条线路的工作人员配备的服务性用房。在这些用房的整合中提倡按照动静分区、交通流向、服务对象等进行协调统一。

1.2.2　车辆基地功能与安全

1.2.2.1　地铁车辆基地的主要功能

地铁车辆基地的主要功能有：列车的停放、调车编组、日常检查、一般故障处理和清扫洗刷、定期消毒，车辆的修理，地铁车辆的技术改造或厂修，基地内通用设施及车辆维修设备的维护管理，乘务人员组织管理、出乘计划的编制、备乘换班的业务工作。根据地铁线路的情况，有时可以另外设置仅用于停车和日常检查维修作业的停车场或检车区，管理上一般附属于主要车辆段，规模较小。

1.2.2.2　地铁车辆基地的安全

地铁车辆基地厂房部分按《建筑设计防火规范》的厂房、库房部分执行；辅助用房如综合楼、培训中心、维修楼等按《建筑设计防火规范》民用建筑部分或《高层建筑设计防火规范》执行。

(1) 车辆基地内建筑的火灾危险性类别可按下列规定确定：

1) 乙炔瓶库、酸性蓄电池充电间，为甲类；

2) 油漆库、储存煤油和氧气瓶的库房，为乙类；

3) 调机库、工程车库、变电所，为丙类；

4) 检修库及辅助房屋、空压机间、不落轮镟库、电瓶库，为丁类；

5) 运用库、洗车机库、不燃材料库、材料棚、碱性蓄电池室，为戊类。

油漆库、喷漆库及其预处理库宜独立建造。

酸性蓄电池充电间应独立建造。当与其他建筑合建时，应靠外墙单层设置，并应采用防火墙与其他部位隔开。充电间不应设置与相邻值班室和配电室直通的门、窗。当必须设置时，应采用甲级防火门、窗。

运用库内的运转办公区宜划为独立的防火分区。

车辆基地的运用库、检修库、物资库和地下列车停车库等建筑的内部装修应采用 A 级材料。

车辆基地的选址应避免设置在火灾危险性为甲、乙类厂（库）房和甲、乙、丙类液体、可燃气体储罐及可燃材料堆场附近。

车辆基地的总平面布置应以车辆段（停车场）为主体，根据功能需要及地形条件，合理确定基地内各建筑的位置、防火间距、运输道路和消防水源等，并应有不少于两条与外界道路相连通的出口。

车辆基地内各建筑之间的防火间距应符合现行国家标准《建筑设计防火规范》（GB 50016）的有关规定。

(2) 车辆基地内的消防车道除应符合现行国家标准《建筑设计防火规范》（GB 50016）的规定外，尚应符合下列要求：

1) 车辆基地内应设置不少于两条与外界道路相通的消防车道。并应与基地内各建筑的消防车道连通成环形消防车道。消防车道不宜与列车进入咽喉区前的出入线平交。

2) 消防车道与基地内的地铁线路平交时，应设置备用车道，且两车道之间的距离不应小于一列车的长度。当设置环形消防车道时，可不受此限。

3) 车辆基地内的运用库、检修库、物资总库及易燃物品库周围应设置环形消防车道。

4) 运用库每线列位在两列或两列以上时，宜在列位之间设置横向消防车道；当车库总宽度超过 150m 时，应在中间设置纵向消防车道。

车辆基地不宜设置在地下。当车辆基地的列车停车库和部分检修用房设在地下时，应设地下环形消防车道。当库房总宽度不大于 75m 时，可沿车库的一个长边设置单侧地下消防车道。地下消防车道与停车库和检修用房之间应进行防火分隔。防火分隔墙上应设供消防人员进出的通道，通道处可设防火门等进行分隔。

车辆基地的易燃物品库应独立布置，并应按不同性质分库存放。

在车辆基地的建筑上部进行物业开发时，车辆基地与物业开发之间必须进行防火分隔。车辆基地建筑承重构件及分隔楼板的耐火极限应根据其耐火等级按现行国家标准《建筑设计防火规范》（GB 50016）的有关规定相应提高 0.5h。

1.3　现有建筑设计局限性分析

1.3.1　客流影响因素分析

目前，我国城市轨道交通车站建筑设计依据主要是《地铁设计规范》，依据初、近、远期预测中客流最大值来计算和确定车站规模、站台宽度、楼扶梯宽度及其他服务设施的能力等，但随着城市规划的变化、交通政策的调整以及轨道交通建设时序变化等原因，往往会导致轨道交通投入运营后的实际客流量与预测客流量产生较大差异。具体体现在以下几方面：票制票价、轨道交通线网实施的进程、轨道交通沿线土地利用状况、城市经济水平、轨道交通与其他交通衔接的状况、轨道交通系统的服务水平等。其中初、近期比较敏感的影响因素主要为前三个因素。因此，作为建筑设计的基础资料，为确保客流预测的准确性，客流预测应遵循以下原则：

（1）客流预测目标年限与工程设计年限应相一致。新线和延伸线的预测范围应覆盖全线。

（2）客流预测可分为工程可行性研究和设计两个阶段。

（3）客流预测应在网络规划和建设规划的客流预测的基础上进行。

（4）工程可行性研究阶段的客流预测，应为确定系统选型、线路运力规模、车辆编组、车站和车辆基地的规模等提供依据。

（5）设计阶段的客流预测，应为确定行车组织、车站建筑等专业提供依据。

（6）客流预测所依据的各项居民出行特征和相关交通调查等数据，宜采用近 3 年内数据，最长不应超过 5 年，以保证其成果的时效性和可用性。

1.3.2　规划的前瞻性影响因素分析

自从城市出现以来，就会产生城市资源的利用和分配问题。合理、科学地配置资源牵涉到城市规划。轨道交通的规划、设计只是城市总体规划的一部分，它要受到城市总体规划中土地利用规划、国土资源规划、城市发展策略等上位规划和政策的影响，轨道交通的专项规划只是城市总体规划中的交通规划专篇之一。

建设部于 2005 年 10 月颁布的《城市规划编制办法》中第二十八条规定：城市总体规划的期限一般为 20 年，同时可以对城市远景发展的空间布局提出设想。随着城市发展近年来进入了高速发展期，按照建设部的相关要求，总体规划可 10 年一"大修"，5 年一"小修"。但总体规划现有的僵化编制模式和漫长的审批过程，已无法适应市场经济下城市快速发展的要求。

总体规划的编制需要从宏观层面确定城市性质、论证规模、布局土地和配置资源、制定产业政策、提升区域竞争力、维护社会稳定等发展到微观层面的工程管线定位、项目时序安排、资金运营、政府的宏观政策等问题。在城市详细规划的实施时，其对规划理解的准确性和实施手段的合理性直接影响到规划的科学性和可行性。另外，总体规划的刚性约束力不足也是总体规划实施的无力和变更的频繁的表现。

由于轨道交通从总体规划到具体实施直到通车，需要较长的建设周期，可能存在总体规划条件发生了变化，也可能是到具体详细规划阶段当时的轨道交通定位不符等问题，需要设计单位及时了解规划变化的情况，特别是该区域的详细规划设计，充分考虑区域发展的问题，使设计有一定的前瞻性。

1.3.3 处方式规范与实际设计的影响因素分析

跟世界上大多数国家一样，我国广泛采用消防技术规范进行消防安全管理，制定有建规、高规、石油库设计、汽车库设计、喷淋、报警等 40 余部消防技术规范和标准，几乎涵盖了现有的各类行业和各种建筑。消防技术规范（标准）在对建筑物进行分类的基础上，按有关防火安全的要求，对每项设计都详细规定了具体的参数和指标，例如建筑物的耐火等级、防火间距、防火分区、装修材料、安全疏散、防排烟设施、火灾自动报警装置、室内外消火栓系统、自动喷水灭火系统及其他灭火设施的设置等。设计人员根据所设计的建筑物的形式，结合相应的实践经验，从规范中直接选定与该建筑物相应的设计参数和指标，消防监督人员也是对照标准逐项进行审核。整个设计和监督过程类似于医生开单抓药，所以被人们形象地称为"处方式规范"。

但是，由于每座车站建筑的结构、用途及内部可燃物的数量和分布情况均不一样，其使用者（运营商）的条件也存在很大差异，特别是较大的换乘枢纽更是存在此类问题。因此按照此种规范统一给定的设计参数所做出的设计方案，并不一定是最科学、最合理、最有效的。同时，由于规范条文本身的复杂性和对安全经济性因素的影响考虑不够、弹性较小等原因，也逐渐显现出它的不足，主要体现在以下几方面：（1）具体规定的技术数据与日益扩大的建筑规模不相适应；（2）单独设防，缺乏系统的综合考虑；（3）未能很好地考虑环境条件和社会因素影响；（4）不利于新技术、新材料的推广使用；（5）不能适用于特殊建筑的防火安全要求。

处方式消防设计方法要求直接根据相应的消防规范，选定设计参数和指标。当遇到规范中没有规定的建筑物类型时，就无法选用适合的防火设计方案。而这些未被规范涵盖的建筑，往往都是形式非常特殊、功能非常特定的场所，保证这些场所的消防安全是十分重要的，可在这种情况下，处方式消防设计方法却无能为力。

1.3.4 设计标准值与实际服务能力值差别分析

我国的建设指导思想以安全、经济、适用为基本原则。所以在地铁设计中的相关通行能力设计标准值取值都较大，这样可以在设计过程中有效地控制车站的设计规模，减少工程投资。但随着上海城市的大发展，许多 2015 年的客流预测，到现在已经达到了远期规模，目前的运营线已基本处于饱和状态。上海申通轨道交通研究咨询有限公司和上海市隧道工程轨道交通设计研究院根据上海申通地铁集团公司实际的运营数据，实测和理论分析研究地铁的设计标准值的相关问题，在上海城市轨道交通网络建设标准化技术文件的工程技术标准 STB/ZH000001—2010 中对相关通行能力做了适当调整，以适用目前上海轨道交通的发展要求。地铁设计规范与上海技术标准具体对比如表 1-2 所示。

地铁设计规范与上海技术标准具体对比　　　　　　　　　表 1-2

设施名称		《上海技术标准》 (STB/ZH000001—2010)		《地铁设计规范》 (GB 50157—2003)	
		通过能力（人/h）			通过能力（人/h）
1m 宽楼梯	下行	辅助：3300～4200		下行	4200
		主要：2700～3700			
	上行	辅助：2500～3700		上行	3700
		主要：2200～2500			
1m 宽通道	单向	3200～5000		单向	5000
	双向混行	3000～4000		双向混行	4000
人工售票		360～1200			1200
自动售票		180～300			300
自动检票（三杆式）		1440～1800			1800
自动扶梯（0.65m/S）		8190～9600			9600

《上海技术标准》要求在设计中宜取小值，并对自动扶梯、楼梯、检票机等车站主要设备做了较详细的布置要求，就是考虑在控制好车站规模的同时，提高设备的使用效率。

在具体设计过程中，设计的取值和实际的能力值还是有区别的，比如自动检票机，实际测试值 14～20 人/min（正常情况下），通行能力 840～1200 人/h。比《上海技术标准》设计建议值还小。但考虑节约、乘客可排队、设计冗余值等因素，《上海技术标准》规定了 1440 人/h 的设计值。而自动扶梯（0.65m/s）的通过能力在国家最新修编的自动扶梯规范中已调整为 7300 人/h。通过上述例子，建议设计人员应多考虑车站具体的特点，灵活处理相关的设计参数，平衡好车站规模与服务水平的矛盾。

1.3.5　设计周期的不匹配性

根据有关建筑工程设计法规、基本建设程序及有关规定和建筑工程设计文件深度的规定，2001 年建设部制定了《工业与民用建筑设计周期定额》的修订版，对常用的工业与民用建筑设计的整个周期制定了较原则的参考时间。规定了设计周期是工程项目建设总周期的一部分，设计周期定额考虑了各项设计任务一般需要投入的力量。对于技术上复杂而又缺乏设计经验的重要工程，经主管部门批准，在初步设计审批后可以增加技术设计阶段。技术设计阶段的设计周期根据工程特点具体议定。

城市轨道交通是近十年发展起来的新型领域，设计周期定额中只对公用建筑车站规定了最大 4 万 m² 18 个月的设计周期，这远远不能满足轨道交通设计的要求。轨道交通项目投资巨大，国家审批手续复杂，从工可开始到国家审批完成一般需要两年或者更长时间，从初步设计到工程试运行一般又需要 4 年左右，工程整个周期跨度大，外部边界条件容易发生变化，设计的连续性差，需要反复协调的工作量大。在工可设计、总体设计阶段制定的系统设备方案、技术标准等，随着时间的推移，设备技术的快速发展都会与当初制定的原则产生矛盾，对实施的设计方案造成影响，但设计单位又对整个工程的设计周期难以把控，最终发生影响设计质量及工程安全的事故。

1.3.6 城市轨道交通接口设计的复杂性

城市轨道交通工程项目整个周期长，需要设计管理服务于项目的全过程。设计牵涉面广，设计边界条件改变、施工现场条件变化、自然不可抗力、政府宏观政策等各种主客观因素不确定因素多，整个项目进行期间需要设计根据项目的总体目标要求不断地进行设计调整。

各专业接口相互牵扯，接口复杂。作为建筑的牵头专业需要从开始到工程结束全过程服务于项目，对工程接口及专业都要有一定的认识和要求，需要对土建工程子系统、列车车辆子系统、牵引供电子系统、通信系统子系统、信号控制子系统、环控子系统、运营管理子系统、经济管理子系统和综合管理子系统等进行协调。同时项目设计管理工作还涉及已建和在建项目之间、城市建设和城市规划之间、各市政系统之间、各工点设计之间、系统与工点之间的技术问题和接口处理的关系处理。城市轨道交通项目从某种意义上讲是一个城市的生命线，直接关系到居民的工作和生活，关系到城市的国民经济发展，在项目的建设过程中，建筑专业需要协调的外部接口也较多，在设计管理工作中不仅需要与城市规划、市政、供电、消防、交通、通信、环保、园林等部门进行协调，还需与业主、设计监理或设计咨询单位及各设计单位之间进行协调，设计管理协调工作任务繁重。在轨道交通整个环节的设计过程中，对建筑设计人员要求有较高专业素养和工程经验，才能平衡和处理好各种设计接口之间的矛盾。

1.3.7 设计与施工

由于我国基本建设程序要求，设计单位是将项目的设计转换成二维的设计蓝图用于指导项目施工。在设计过程中，要求设计单位根据国家相关设计规范、业主项目要求以及国家相关部门对项目控制的意见来完成设计任务的。由于设计单位的技术水平、图面表达的方式有所不同，仅靠设计图较难全面反映设计工作的全部内容。另外，设计图纸要求施工方全面理解和掌握设计图中所表达的设计意图、设计要求。这对施工方也提出了较高的业务要求。项目在设计与施工中容易产生遗漏、误读或误解，给项目的实际工作造成困难或工程事故。改善设计和施工读图方式和加强设计与施工的交流是保证项目顺利实施的关键。从设计源头开始到项目施工，综合提高技术人员的水平，是项目顺利实施的又一保障。

1.4 设计源头安全质量风险因素分析

1.4.1 车站规模问题

前面谈到由于轨道交通从总体规划到具体实施直到通车，需要较长的建设周期，可能存在总体规划条件发生了变化，也可能是到具体详细规划阶段当时的轨道交通定位不符等问题，使预测车站规模与实际客流不匹配，导致车站规模偏小。

进行客流预测时，需要以城市社会和经济发展计划、城市发展总体规划、城市综合交通规划、地区性详细建设规划等资料为研究的基础。特别是人口规模的预测，牵涉到常住、流动、习惯性等因素。预测到十分准确是较困难的。特别是总体规划中的城市性质、论证规模、布局土地和配置资源、制定产业政策、提升区域竞争力、维护社会稳定等发展到微观层面的工程管线定位、项目时序安排、资金运营、政府的宏观政策等问题，都会影响城市的具体发展，影响客流预测的准确性。

另外政府在实施轨道交通时的财力，也会对轨道交通的规模产生一定的影响。

在本身设计过程中对相关车站设施的通行能力取值较大，或对客流预测的取值发生错误，都可能使车站规模发生变化，影响通车时的实际通行能力。

1.4.2　完善车站功能性问题

由于每座车站建筑所在的地理位置，地面交通状况，车站内部的结构、用途及内部可燃物的数量和分布情况均不一样，规范统一给定的设计参数所做出的设计方案并不一定是最科学、最合理、最有效的。特别是对车站功能性的规定较少，这需要设计人员在熟悉相关设计规范的同时，有较强的设计责任心和相关的设计能力。

车站布置的基本功能不合理、公共区客流交叉多、出入口通道较长、垂直交通通行能力不足、使用效率低、不对称客流造成的设备使用不均衡等问题都是车站建筑设计经常发生的问题。

在车站设备区布置时大负荷设备间没有集中到供电段，弱点设备用房没有与车站控制室在一端，都会造成系统管线交叉多、资源浪费等问题。

服务功能的完善问题，随着上海轨道交通的快速发展，目前上海乘坐轨道交通的出行量已达到 700 万人次左右，乘客已不满足基本出行的基本功能的要求，而且希望在乘坐轨道交通的同时，能解决更多的乘客的实际生活问题，例如：能快速缴纳其他生活（水电煤）费用服务、便捷的快餐服务、便捷的存取款服务、便捷的购物服务、便捷的信息服务等。

1.4.3　设置安全防范措施问题

《安全防范工程技术规范》（GB 50348—2004）是我国安全防范领域第一部内容完整、格式规范的工程建设技术标准。该规范的主要内容包括：总则、术语、安全防范工程设计、高风险对象的安全防范工程设计、普通风险对象的安全防范工程设计、安全防范工程施工、安全防范工程检验、安全防范工程验收。该规范主要是指由多媒体计算机及相应的应用软件构成的安全防范系统的安全管理系统。在车站建筑设计中不只是考虑以上内容，而是更广泛地考虑乘客及工作人员相关的安全问题。例如：下雨天地板湿滑造成乘客摔倒、天气暴热造成乘客中暑、楼扶梯由于客流的不均匀性造成拥堵、层高考虑不周造成层高不足等安全问题。车站工作人员由于对规章制度的掌握或理解有误、不严格执行规章制度和作业标准、简化作业程序、业务素质低、应变能力差、责任心不强等安全问题。设备维修不及时、日常维护不够等导致的设备故障等安全问题。

1.4.4 执行设计规范问题

处方式消防设计方法要求直接根据相应的消防规范，选定设计参数和指标。由于地区和人员的差别，对设计规范的理解是不同的，当遇到规范中没有规定的建筑物类型时，就无法选用适合的防火设计方案。而这些未被规范涵盖的内容，往往都是形式非常特殊、功能非常特定的场所，保证这些场所的消防安全是十分重要的，可是在这种情况下，处方式规范是无法解决的。

另外设计人员对非强制性的设计规范条款重视不够，或对地方的设计规范没有引起足够的重视，没有考虑好相关的细节设计工作。例如：车站的防淹、防雷问题，都是相关的设计细节工作没有做到位，引起了较大的安全隐患。

1.5 与设计相关的安全质量事故案例及分析

1.5.1 与设计相关的安全质量事故分析

造成质量安全事故的若干个可能，在建设部对轨道交通设计单位质量安全检查附表 3 中有较全面的体现，和建筑师有关的条目如下，该部分内容体现了建设部对设计单位安全质量事故的认知。

1.5.1.1 资质资格及管理制度方面

（1）单位资质不够；

（2）违法转包或违法分包；

（3）项目负责人不合格；

（4）专业负责人不合格；

（5）设计、校对人不合格；

（6）内部质量安全管理体系不完善、安全质量责任不明确；

（7）未经建设单位审批更换项目负责人。

说明：这部分内容主要从市场准入角度，就参与轨道交通设计市场的单位法人及其具体技术人员的资格门槛进行认定。其中，单位资质是国家宏观管理的重要内容，违法转包分包、更换项目负责人和内部安全质量责任不明确等是市场参与主体法人违法表现，设计等人员资质欠缺是市场参与主体——设计单位内部管理和经营违法表现。

1.5.1.2 设计依据——基础资料方面

（1）未对建设单位提供的地形测绘、地质资料、地下管线资料、气象和水文资料不完整提出书面意见；

（2）地震安全评价、地址灾害评价、环境评价、安全预评价等报告不全；

（3）采用的工程地质勘查报告未经审查；

（4）限界不满足要求；

（5）采用线路资料不准确；

（6）未对周边环境资料进行现场核查。

说明：这部分内容主要指设计单位项目负责人和主要专业技术人员，应该在承接设计项目之初，对设计基础资料进行预判研究，确保合格的基础资料输入作为设计的可靠依据。

1.5.1.3　设计依据——法律法规标准执行方面

（1）未按照法律、法规、工程建设强制性标准的条文进行设计；

（2）未执行涉及结构安全、防灾、环保与安全生产、职业病防治的强制性规范、标准、规程；

（3）设计文件不符合国家、地方规定的设计深度要求；

（4）未考虑施工安全操作和防护的需要，对涉及施工安全的重点部位和环节未在设计文件中注明，或未对防范生产安全事故提出指导意见；

（5）采用新结构、新材料、新工艺，未在设计中提出保障施工作业人员安全和预防安全事故的措施建议。

说明：这部分内容主要指设计单位项目负责人和主要专业技术人员，应该在承接设计项目之际，一方面要重视法律法规强条，另一方面要在重大安全和防灾问题上特别留心，还要注重施工作业的技术合理措施。

1.5.1.4　设计质量——专项设计方面

（1）对高风险工程未进行专项设计；

（2）高风险工程及影响结构安全的关键环节排查不全面，相应的专项设计内容不全面；

（3）专项设计内容深度不满足要求；

（4）专项设计未能与主体工程同步设计；

（5）对装饰装修、钢结构、金属屋面系统等专项设计的复核审查未落实。

说明：这部分内容主要指设计单位项目负责人和主要专业技术人员，应该在开展设计项目时，重视专项设计分工协作，重视技术对接和沟通。

1.5.1.5　设计质量——内部审核方面

（1）内部审核制度不完善；

（2）内部各级复、审核卡不齐全；

（3）内部评审、方案会审记录不齐全；

（4）专业间互提资料单不齐全；

（5）内部各级复、审核意见落实不全面；

（6）文件签署、专业会签不完整。

说明：这部分内容主要指设计单位项目负责人和主要专业技术人员，应该在承接设计项目内部作业完成时，协调履行内部审核，主动将技术设计隐患消灭在设计文件出院门之前。这部分内容也强调了内外审核的着重点不同之处，既不能外审代替内审，也不能靠内审代替外审。

1.5.1.6 设计质量——外部审查确认方面

(1) 未对高风险工程专项设计方案进行专家论证；
(2) 未对高风险工程周边环境监测项目及其控制标准进行专家论证；
(3) 外部审查意见中影响设计方案的关键意见未落实；
(4) 外部审查意见中非关键性意见落实不全面且无充分理由。

说明：这部分内容主要指设计单位项目负责人和主要专业技术人员，应该在承接设计项目内部审核基础上了解外审着力点，比如申通企业内审和施工图强审的主要关注点。

1.5.1.7 设计服务——设计交底方面

(1) 未执行设计交底制度，或设计文件交底未形成文字记录，缺少各方签字盖章；
(2) 设计文件交底未能重点说明设计文件中涉及工程安全质量的内容。

1.5.1.8 设计服务——设计变更方面

(1) 设计变更未履行规定的程序，或施工图设计发生重大变更未按有关规定重新报审；
(2) 工程设计条件发生变化时变更设计不合理、不及时。

1.5.1.9 设计服务——施工配合方面

(1) 未委派专业技术人员到施工现场解决与设计有关的问题，或未到现场跟踪施工；
(2) 委派到施工现场的专业技术人员不能及时解决与设计有关的问题。

说明：这部分内容主要指设计单位项目负责人和主要专业技术人员，应该理解设计工作除了前期协调、文件交付等诸多环节外，应高度重视后期现场设计服务，轨道交通现场情况瞬间变化，现场技术服务人员是联系沟通的重要桥梁。

1.5.2 案例

(1) 上海 2 号线东延伸某车站楼梯设计过于狭小（图 1-3）
该站公共区一侧楼梯宽仅 1.2m，被乘客们讽刺为"一线天"。在高峰时难以满足客流需求。

这是与建筑专业自身紧密相关的一个典型案例，从法律法规强条等方面看，"似乎"全部能满足要求，但设计参与的各单位及设计者本身，应该能从该案例引起的巨大舆论反响中吸取的教训是，满足最低规范需求不等于满足实际运营使用需求。设计单位和设计师，一方面应重视前期资料收集，另一方面应注意现场客观情况分析，还应该加强与建设各参与方沟通协调，尽量避免类似情况发生。

(2) 站内结构反梁
楼梯口反梁位于两柱之间，在楼梯洞口范围外的部分突起于地面，影响了站台走行的通畅舒适性，应注意避免。见图 1-4。

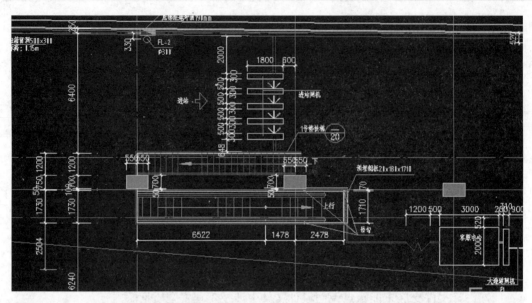

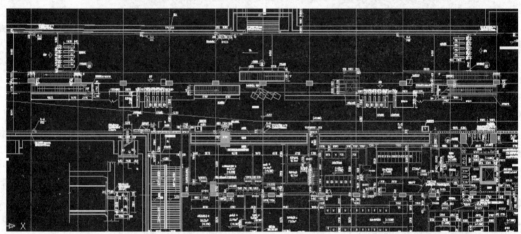

图 1-3　上海 2 号线东延伸某车站楼梯设计过于狭小

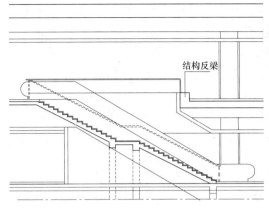

图 1-4　楼梯口反梁位于两柱之间，在楼梯洞口范围外的部分突起于地面

1.6　强化车站设计中安全质量风险防治的对策及建议

1.6.1　强化设计专业的技术发展

科学技术是第一生产力，是先进生产力的集中体现和主要标志。进入 21 世纪，新科技革命迅猛发展，正孕育着新的重大突破，将深刻地改变经济和社会的面貌。信息科学和技术发展方兴未艾，依然是经济持续增长的主导力量。科学技术应用转化的速度不断加快，造就了新的追赶和跨越机会。因此，我们要站在时代的前列，以世界眼光迎接新科技革命带来的机遇和挑战。面对国际新形势，我们必须增强责任感和紧迫感，更加自觉、更加坚定地把新技术引进到轨道交通的设计行业中，同时把提高自主创新能力作为提高设计竞争力的重要部分。

（1）前瞻性设计

前面谈到由于轨道交通从总体规划到具体实施直到通车，需要较长的建设周期，可能存在总体规划条件发生了变化，也可能是到具体详细规划阶段当时的轨道交通定位不符等问题，使预测车站规模与实际客流不匹配，导致车站规模偏小。设计需要一定的前瞻性，强调规划发展及地域特征，提高客流预测的准确性。在中心城区或换乘站应适当加大车站规模，以适应客流发展，确保运营的安全。

（2）客流仿真技术的应用

模拟仿真在轨道交通车站中辅助设计可实现的主要内容有：

1）车站建筑布局设计优化、优化换乘方式、查询换乘站设计存在的主要问题包括换乘设计是否合理（易受到地下构筑物的制约）、换乘距离是否较长、换乘站客流组织与设计预期是否存在较大差异。对于这些问题，可进行行人动态模拟仿真，对车站建筑设计的多个方案进行换乘效率、换乘时间、换乘便捷性、换乘舒适性等方面的比选研究，最终选择换乘功能较好的方案。

2）优化各设备设施的布置。车站作为乘客进出轨道交通的工具，是客流的主要集散地。车站的通道、出入口、闸机、楼扶梯等设备设施，直接承担了乘客的集散。这些设备设施的布置数量、布置位置都将影响车站乘客的通行便捷性、舒适性以及车站的通行能力。通过模拟仿真，可以对车站内各设备设施的使用情况、车站内各处位置乘客密度分布、车站内空间使用情况等进行综合分析，评估设备设施布局的合理性，根据仿真结果及对比结果可以调整出入口的数量、位置、规模和平面布置，楼扶梯、通道、售检票及自动闸机等设备设施的布设位置、自动扶梯运行方向等，综合提高车站通行能力和服务水平。

3）优化站台。目前常见的站台有岛式站台和侧式站台。在一些客流量较大的车站内，随着列车以固定的时间间隔到站，站台集散区、楼扶梯、通道内会相继出现局部客流的拥挤现象，尤其在高峰时段，由于发车间隔变小，这一现象更加突出。如果客流得不到及时疏散，甚至出现连续的拥挤高峰，则将导致地铁车站内拥堵瘫痪，并带来安全等严重问题。但是站台的设计也不能无限制大，一方面是站台规模可能受到周边既有建构筑物的影响，另一方面站台规模过大也会导致投资过大。因此站台的大小需结合客流量来进行合理的设计，达到成本和效益之间的平衡。通过模拟仿真，可结合车辆选型及编组、列车运营行车组织等对站台进行精细分析，评估在预测客流及流向下，车站站台空间、站台疏散楼扶梯、列车客运能力等的设计合理性，分析站台的集散能力，并根据结果给出合理化的站台楼梯和自动扶梯设施的布置数量、位置、运行方向及列车运营组织建议，提高乘客安全及地铁服务水平。

(3) BIM 技术应用

采用 BIM（含三维管线综合）技术提升全方位管理水平。BIM（建筑信息模型化）技术，是指由建筑、工程、施工（AEC）和设施管理多方参与，建立一个共同的、标准的、集成整个寿命周期信息的模型，依靠基于此模型的各类应用提高项目在其整个寿命周期中的表现。轨道交通车站专业繁多，包括通风空调、给水排水、消防给水、气体灭火、动力照明、FAS、BAS、供电、通信、信号等。而其空间狭小、设备管线众多且布局复杂是其最大特点。在设计阶段引入 BIM 设计技术，通过建立车站建筑、结构、机电所有专业的三维模型，开展精细化的施工设计和全要素的优化设计。例如，通过三维管线综合，用更直观、明显的手段，从各专业设计成果中找出管线之间、管线和土建结构之间等发生布线矛盾的位置，以表格和图像的形式列出所有矛盾的情况信息。采用 BIM 技术，可以在设计阶段最大限度地避免各专业设计中的错、漏、碰、缺，并以更直观、更系统的方式展示设计成果。在施工阶段应用设计阶段的 BIM 模型信息，可以实现更精确、更可控的造价管理和施工进度的安排与跟踪。在运维阶段引入 BIM 技术，可以实现地铁车站、区间、设施的全面动态可视化运营维护管理。例如：地铁车站、区间、设施的三维可视化，可视化获取设施实时监控数据、设备当前状态信息，地铁设施故障检修、设备更换自动提醒与定位导航，地铁设施三维模型可视化派发运维工单，地铁设施报表及信息自动生成，地铁设施运营维护信息、日志查询，地铁车站内部的导航系统等。所有这些应用的基础，要求在设计阶段就引入 BIM 技术。

(4) 标准化、模块化设计

车站的标准化、模块化设计是科学化管理的基础，是提高工作效率的基本保障，从管理上还能提高经济效益、降低人力成本、减少重复劳动。标准化设计还能使新技术、新成果得到推广应用，从而促进技术进步。标准化设计从环境环保要求上还可以促进对自然资源的合理利用，保持生态平衡，维护城市当前和长远的发展利益。通过车站建筑的功能布局、设备与管理用房的需求布置及规模控制、运营服务设施的标准配置等进行一系列专题研究，最终设计出标准车站方案，从而提出一个适合轨道交通发展的标准化模式，为建设、运营及乘客提供一个快速、便捷的且具有较高服务水平的公共交通环境，对整个轨道交通网络起到指导和引导的作用。

1.6.2　设计管理技术强化

严格执行上海申通《上海市城市轨道交通技术标准》。技术标准是结合上海轨道交通建设及运营 438km 的实际经验，标准的本质是统一，它是对重复性事物和概念的统一规定；标准的任务是规范，它的调整对象是各种各样的轨道交通的建设运营行为。目前申通技术标准是今后上海轨道交通建设的基本标准，是落实科学建设、持续健康发展的重要保障。

加强设计人员的技术交流。通过交流研讨，可以总结设计单位在轨道交通建设过程中取得的成功经验，查找存在的问题和不足，为进一步提升整个轨道交通建设的设计理念、提高设计水平、打造精品工程打下坚实的基础。通过不同的交流对象，还可以领悟设计的意图，知晓社会的需要，发挥自身的经验和优势，借鉴他人的成功做法和创新亮点，在新的技术关键领域实现新突破，开拓设计思路，提高设计水平。

加强多手段、多渠道的校审工作。规范设计、校审人员行为，全面提高设计质量，明确设计质量责任主体，是设计行业多年的习惯经验做法。但在校审过程中存在工作经验化、劳动重复化、校审能力的差异化等问题，必须加强多手段、多渠道的校审工作。如采用细化校审流程、加强责任意识教育、监督、设计交流、借鉴先进的设计技术手段等措施来保证设计质量。

1.6.3　安全质量风险防治的对策及建议

客流预测不准确直接导致新线运力不足，严重影响地铁的服务质量。客流预测是确定建设规模的重要依据。它决定了车站规模、不同时期的运力配属、设备系统的设计能力以及配套设施的规模。由于在规划设计阶段客流预测与实际客流的较大偏差，影响了地铁建设规模，导致地铁线路开通后运力不足，影响了地铁的服务质量。新近开通的线路不到一年就已接近远期客流，同时相关线路客流量居高不下，运力已基本达到极限。鉴于客流预测存在的问题，建议对建成后预测客流与实际客流进行对比，找出差值，将后续预测客流进行适当修正。

建议采用车站分类分级来控制车站规模和各种设施的能力。

建议在新线设计中充分预留车站规模，包括站台、通道宽度、步行楼梯组数等，以保障乘客人身安全和正常运营组织、提升服务水平、保证突发事件发生时迅速疏散、避免由于客流预测不准确造成的建设规模过小带来的通道内换乘客流拥挤。

建议线网中每个换乘站的设置进行专题研究。在规划新线与既有线车站进行换乘时，应在换乘方式、换乘通道规模等方面应进行充分论证，同时对既有线的换乘车站实施同步改造，以提升换乘能力，适应新线接入换乘要求。

对于新线建设中需要预留换乘条件的车站，应同步设计、同步实施，并留有充足的换乘能力，避免开通后因车站改造给正常运营带来影响。

建议车站设计开展车站舒适度评价设计。

建议严格执行无障碍设施设计规范开展设计。

车站导向标识在设计初期与运营公司相关部门沟通，确定位置；车站进出站通道中，引导进站的导向标志，其箭头指向应根据具体建筑设施情况进行合理设计；换乘车站导向标识应与换乘关系、通道、出入口标识有一定连续性；在地面加装无障碍引导标识，同时要求应与列车车厢的无障碍引导标识有一个对应性；所有车站出入口标识，统一设计，确保清晰醒目。

随着土地资源的紧缺，地铁建设与物业开发相结合将普遍存在。为避免因管理界面不清、商业开发不合理对地铁正常运营造成影响，建议对有物业开发的车站或车辆基地进行一体化开发设计，并同步实施建设。

临近公园、各类场馆和大型商业集聚区等大型公共场所的大客流量车站，建议增加车站的双向闸机数量，加宽通道和站厅面积。在设计阶段预留 AFC 车站终端设备及安检机的位置，布置方案应提前与运营公司进行沟通，根据实际客流组织经验进行设置，同时应避免售补分开、闸机群分散等情况，造成人力、物力等资源浪费。

车站的装饰材料应大众化，材质和型号相对统一，考虑通用性，以便于维修材料的采购和小规模加工。

建议充分考虑设备检修空间和通道。

2 地下车站结构设计

2.1 车站结构设计特点

地下工程的施工方法对结构形式的确定有决定性影响。上海轨道交通地下车站均采用基坑法施工，一般车站为长条形地下多层多跨框架结构，纵向为连续多跨梁板结构，当站台宽度较窄时，也可选择拱形或折板拱单跨结构。与地面建筑结构相比，除使用荷载（如人群活载、设备重量、列车荷载）作用外，地下车站结构设计有以下特点。

2.1.1 与地层的相互作用

地下车站与其他地下工程一样，都是在受载状态下，修建于地层中的建筑物，四周与地层紧密接触。车站结构的荷载主要来自于开挖后周围地层变形而产生的作用力，同时结构在荷载作用下发生的变形又受到地层给予的约束。考虑地层与地下结构的相互作用，结构横断面计算时，按作用在弹性地基上的框架或梁的平面荷载—结构模型进行计算。

2.1.2 考虑结构受力的连续性

在对长条形结构的车站横断面计算时，按车站的结构形式、刚度、支承条件、荷载情况和施工方法，模拟分步开挖、回筑和使用阶段不同的受力状况，考虑结构体系受力的连续性，计入墙体的先期位移及支撑的变形，用叠加法或总和法计算。

2.1.3 安全预评估及变形控制设计

轨道交通地下车站一般位于建（构）筑物、地下管线密集的中心城区，为了保护这些已建建（构）筑物、地下管线的正常使用和安全运行，同时也为了确保车站实施阶段（主要是指基坑开挖阶段）自身具有足够的安全保障，首先需将结构自身和周边环境视作一个有机整体，通过严谨的分析研究，对其进行安全性评估并提出相应的保障措施，使车站基坑工程施工时所产生的位移以及位移传递作用必须是在确保周边环境安全或正常使用的允许范围之内，因此变形控制和环境保护成为车站基坑工程成败的关键，变形控制设计在确保车站基坑本身安全及有效保护周边环境方面起到不可或缺的主导作用。

2.1.4 地下水的影响

地下水的埋藏条件、存在状态及与土的关系，对地下结构设计的影响不可忽视，结构设计中必须充分考虑地下水变化带来的地层参数变化和静、动水压力的变化，考虑施工和使用阶段对结构的影响。基坑工程设计中必须考虑承压水对基坑开挖的影响，采取合理的堵水和降排水措施确保基坑安全；主体结构设计需根据最不利水位验算结构的整体抗浮。

2.1.5　设计和施工的配合

基坑工程比其他基础工程更突出的特殊性是其设计和施工完全是相互依赖、密不可分的，施工的每一阶段，结构体系和外部荷载都在变化，而且施工工艺的变化、挖土次序和位置的变化、支撑和留土时间的变化都非常复杂，且都对最后的结果有直接的影响，绝非设计计算简图所能单独决定的。因此基坑工程的设计文件中必须考虑施工中每一个工况的数据，现场施工完全遵照设计文件要求去做，这样才能使工程圆满完成，设计理论和施工技术才会快速发展。

2.1.6　动态设计

地铁车站基坑工程作为地下工程，所处的地质条件复杂、影响因素众多、设计计算理论的不完善等原因，直接导致了工程中的许多不确定性，因此在施工过程中必须与监测、监控相配合，动态设计，在施工过程中优化设计，调整可能存在的不足。

2.2　现有设计技术局限性分析

地铁车站结构设计受施工方法的影响，分为围护结构设计和主体结构设计两个部分，主要内容包括围护结构和主体结构选型、荷载取值、基坑围护结构和支撑体系设计、内衬结构设计、结构楼板和梁设计、车站纵向结构设计、结构抗浮设计、桩基工程、端头井设计、附属风道、出入口结构设计等。由于地铁车站埋设于土层中，地层不仅对结构施加荷载同时起到约束作用，帮助结构受力，即地下车站的设计必须考虑结构与地层的共同作用，而影响共同作用的因素很多，而且地下结构的受力特性在很大程度上与地下工程施工方法及施工步骤直接相关。因此，地下车站设计一般是在结构计算的基础上需要经验判断、实测结果相结合，实现信息化设计和施工。诸多因素的不利方面制约了车站结构设计质量安全的完善和提高。

2.2.1　专业技术方面

(1) 基础理论的局限

设计文件作为工程建设的依据文件，在工程开工前就应提供完整的设计图纸。但要做到地下工程在施工开挖之前，就能准确地确定各项支护参数以及最优的开挖支护方案并非易事。车站基坑的稳定性与许多因素有关，如土体的物理力学特性、初始地应力、地下水作用等。现有设计方法是根据事先确定的因素，建立某种物理、数学模型，再利用各种解析方法、数值方法等进行稳定性判断及结构强度计算，并提出最优围护结构及主体结构方案。这往往与实际情况有一定差距。首先，地应力的分布千差万别。其次，土体的非均匀性、各向异性及非线性，使得反映土体特性的本构关系模型难以与土体的实际性质完全一致。另外渗流与岩土应力耦合的关系很难得出较满意的结果。故从土体稳定评价方法和设计的基本程序方面而言其本身就存在局限性。

（2）作为设计依据的基础资料的不确定性

工程地质、水文地质资料、地下管线、地下障碍物、周边环境资料是地下工程设计的重要依据，资料的取得包括了调查研究、资料收集、野外勘探作业、室内岩土试验、内业资料整理等过程，各个过程都存在客观和人为的不确定因素，如勘探孔布置是否合理、勘探孔的深度是否满足要求、取样与室内试验项目和数量是否满足要求等，这些因素都会影响资料成果的完整性和准确性，土层力学性质指标参数、水位参数等及不良地质的评价、环境因素判别等结论都可能存在缺漏及偏差，影响设计基础数据的选取，从而对设计成果的准确性带来不利影响。

（3）施工工艺的多样化

地下结构的设计与地下工程施工方法及施工步骤密切相关。地下车站主要的施工工艺有明挖顺作法、盖挖顺作法、逆作法、盖挖逆作法、暗挖法等，一个地铁车站施工往往需采用几种施工方式，如为满足交叉路口交通要求，在路口段采用盖挖法施工，或为了满足纵向道路路幅宽度的要求，采用单侧或双侧倒边盖挖法；为了减少管线二次迁改铺排，局部采用盖挖逆作施工；在附属通道下穿市政管线而管线又无法搬迁（或搬迁代价巨大）的情况下，采用顶管法或管幕法暗挖施工；等等。在同种施工方式条件下，基坑开挖、支撑布置、主体结构形成的顺序及地基加固的形式还可能有所区别，如支撑布置道数和间距、混凝土或钢支撑的形式、分区分块分层不同的开挖方式、开挖拆撑和换撑的不同设计、地基加固深度范围等，都要求结构设计采用不同计算模型及计算参数来模拟所对应的各个施工工况，这就使得结构计算模型及计算参数要能较真实地反映结构实际的受力状态变得很复杂。地下工程施工过程中需考虑地质、环境、施工设备、劳动力等多种条件，不确定的变化因素非常多，随时会和设计模型间产生偏差，对设计的质量和安全产生制约作用。

（4）设计方法及计算模型的局限

地下车站结构设计主要包括了结构选型、设计计算、结构构造三个方面。地下车站常规采用的围护结构主要形式有地下连续墙、钻孔灌注桩、型钢水泥土搅拌墙、重力式挡土墙等，主体结构形式主要为现浇钢筋混凝土板式框架结构，围护结构与主体结构间的结合方式有叠合双墙结构、复合双墙结构、分离结构。

围护结构一般按竖向弹性地基梁、支撑点按弹簧约束的平面荷载结构模式进行计算，外侧水土压力按外荷载作用考虑，坑内土体按被动土体弹簧考虑，模型不能反映围护结构和土体共同作用的特点，也不能反映车站基坑支护体系空间作用的实际情况，土体弹簧的模拟本身就与被动区土体的实际作用情况有差异。围护结构与主体侧墙考虑共同作用的情况下，结合面处新老混凝土结合的实际状态（结合程度）、水压力的渗透以及摩阻力的作用是难以明确的，结合面压力与剪力的传递仅是在计算理论的基础上进行模拟的。

轨道交通的建设进程促使环境保护成为越来越突出的问题，基坑设计计算中除需保证围护结构自身的安全稳定外还必须考虑周围建（构）筑物、地下管线的安全，基坑工程设计理论也从强度控制向变形控制转变，这大大增加了围护结构岩土力学计算的难度，控制围护结构和周边保护对象的变形成为围护结构设计安全可靠的重要条件；但基坑影响范围内的建（构）筑物形式多样、地下管线复杂，有时这些保护对象的结构状态、破损状态等难以取得完整的资料，影响了基坑的安全设计。

主体结构计算模型一般标准段取横向平面框架，端头井取局部空间模型进行计算，与实际混凝土整体结构的空间受力状态有出入，且计算模型基本不能考虑特殊节点的受力影响，如厚板厚度方向剪切应力的附加作用、暗梁、扁梁、深梁的刚度和板刚度的不匹配问题、厚度较大的侧墙和楼板节点及纵梁与立柱节点刚性区域的变形协调问题，宽梁窄柱支承作用的减弱等。由于地下结构土层约束的特殊性，根据设计经验，当地震作用影响很小、地震力工况为非控制工况时，结构计算中往往不作计算，但随着地铁建设技术发展，大空间结构、错层结构形式逐渐增多，结构体系越来越复杂，复杂结构地震荷载组合成为控制工况，忽视地震力的作用也给结构设计的安全带来不利影响。

水土压力计算根据地勘资料提供的参数按照土压力计算公式计算取得，勘探孔土层条件的差异、施工过程中降水及地基加固效果等对计算参数的准确性有影响，施工场地地面超载一般按经验值均布荷载取用，未考虑到大型机械及重型车辆超大集中超载的影响，故荷载取值偏小。

计算机技术的迅速发展为车站围护结构和主体结构设计提供了必备的理论基础和计算工具，计算软件不断开发和深化，为结构设计带来了便利。目前计算软件基本采用有限元计算模型，不同的单元模型和划分精度对计算结果会产生影响，且模型工况在模拟实际的分步施工工况时总存在差异，另外计算模型、计算参数的选取不同，造成同种结构使用不同软件会得出不同的计算结果，或同个软件采用不同的参数模型其计算结果也会有明显差异，这给设计人员对计算结果的取值判断带来了困难。对于复杂的结构体系，还需选取至少两个计算软件计算，确保计算结果的正确、可靠。目前大量的计算由计算机完成，计算机的输出成果报告还需要设计人员加以阅读、理解，判断结果的合理性后方可取用，而这个过程往往由于工作的烦杂而被忽视，这在设计的源头就留下了隐患。

结构构造处理也是结构设计的关键点，特别是抗震节点的构造。目前的抗震构造均按地面建筑的构造处理，与地下结构实际状态有较大出入。如地面结构强柱弱梁的构造和车站结构强梁弱柱的形式不同，薄板结构和地下结构厚板形式不同，地面结构构件带裂缝工作的弹塑性状态和地下结构裂缝控制的弹性工作状态不同。地下结构的受力特征应考虑特殊的节点构造，构造因素也制约了结构设计的质量和安全。

2.2.2　设计管理

车站结构设计一般在前期预工可设计阶段开始，通过工可研究、招投标设计、总体设计、初步设计及最后的施工图设计逐渐深化细化。按照建设管理程序，建设主管部分通过招投标的方式选择有资质的设计单位承接勘察设计项目。目前轨道交通设计单位数量较多，设计单位的资质能力参差不齐，有超出单位资质等级学科范围承揽业务的，有违法分包的，设计单位内部质量安全管理体系不完善，内部审核制度不完整，项目负责人不具备任职资格，设计人、校核人不具备任职资格，设计质量不能得到充分保障。

车站设计的特点决定了结构专业成为主导专业之一，基坑工程实施过程中的风险因素非常大，相关的法律、法规多，主管部门设计管理评审要求也较多，这就要求结构设计人员从基本的法律、法规要求出发，充分搜集相关的环境资料，严格依据勘察资料及周边环境资料，制定结构设计安全标准以及荷载、计算模型等设计原则，通过大量的结构计算和精细化设计，确保结构安全。但目前建设工期往往很紧，设计周期很短，前期资料收集、整理时间短、相关专业提资不完整，结构设计缺乏足够的时间进行精心设计和优质服务，譬如基坑工程先行开工，在建筑设计尚未确定、地质勘探成果不全、环境因素尚未进行调查研究的前提下，即进行围护结构的设计出图，且结构出图量大，设计质量和安全肯定会受到影响。

车站施工图设计已逐渐实行施工图审查制度，审查机构及审查人员的资质条件、专业水平也同样存在着差异。地下结构是一个专业程度相当高的专业，设计文件审查时法律法规的执行情况，施工图涉及公共利益、公众安全和强制性标准的内容筛查情况，结构计算书的校验，大批设计图纸的审查，都需要专业技能条件，目前审查机构及审查人员的资质条件、专业水平也同样存在着差异，在审查周期偏紧的情况下施工图审查很可能会流于形式，设计文件最后一道审查环节对设计的质量安全也会产生一定的影响。

2.3　设计源头安全质量风险因素分析

2.3.1　围护结构

轨道交通车站基坑深，且一般位于城市主干道下方，周边建（构）筑物和地下管线众多，坑边道路有动荷载影响，基坑和周边环境的安全性不易保障，存在很大风险。在设计中必须全面考虑工程地质及水文地质条件及其在施工中的变化，充分了解拟建场地所处的工程及水文地质条件、周边环境与基坑开挖的关系及相互影响，从设计源头对影响基坑安全的因素进行分析，有效地认知和防范工程存在的风险。基坑支护工程存在的主要风险为：

（1）支护方案选择失误

支护方案的选择取决于深基坑开挖深度、地基土的物理力学性质、水文地质条件、周边环境、相邻建（构）筑物的重要性、相邻地下管道的限制程度、设计控制要求、工程造价、施工设备能力以及支护结构的受力特征等诸多因素。通常因支护方案选择失误而引起严重后果的大致有如下情形：

在选择基坑支护方案时不结合实际情况进行分析，而是盲目套用其他工程的支护形式，导致深基坑工程发生事故；荷载取值不当，对临近基坑建筑的附加超载或施工荷载考虑不足或漏算，采用不适当的支护形式，致使支护结构产生过大变形；保护对象处未采取针对性的保护措施，建筑物变形过大；土体强度指标选择失真。

（2）围护结构深度不满足

围护结构计算采用的地面标高低于施工场地平整标高，基坑深度比实际深度偏小；基坑稳定性验算时未计入坑边建筑物的附加超载；深坑处围护结构未加强。

（3）支撑结构设计失误

基坑阳角处未设置双向支撑；采用未封闭的斜撑体系；支撑的长细比不满足规范要

求；基坑平面尺寸较大时采用钢支撑，钢支撑压曲变形使支护结构产生较大位移；型钢围檩的支撑节点处未增设加肋板，翼缘局部失稳发生弯曲、扭转等变形，或腹板在高应力作用下发生局部稳定破坏；首道支撑位置过低致使支护结构顶部位移过大；支撑支点太少、位置不当或间距过大而引起支撑杆件产生过大变形；支撑系统的连接考虑不周，引起整个支撑系统失稳；未考虑相邻工程施工的影响，偏载基坑采用钢支撑体系。

(4) 地下水的控制

止水帷幕的设计未考虑基坑的地质条件及不同的开挖深度，采用同一长度隔水帷幕止水，隔水帷幕未穿过粉细砂层，造成基坑内严重渗流；止水帷幕的设计未考虑地质条件，止水效果极差；当环境条件复杂、地表沉降控制要求较高时，隔水帷幕对基坑内外承压水渗流未能完全阻隔或隔断效应较小，且未采取防护措施，导致保护对象变形过大；基坑施工工期较长时，却没有设计坡体和坑顶防水面层以及坑顶、坑底排水沟，雨水的渗入造成支护结构变形过大甚至破坏。

(5) 盲目设计，不按规范规定设计，设计安全储备过小

支护设计计算时，几个标准体系混用，计算参数与选用的公式、安全系数不匹配；为了追求经济，过大地折减主动土压力，减小支护结构配筋；验算中使用的安全系数过小，最后导致支护结构较大变形、滑坡、管涌、流砂等事故。

2.3.2　内部结构

地下车站一般是在支护体系基坑内施作的现浇钢筋混凝土结构，随支撑的拆除分步由下向上施工；逆作法施工的车站顶板、中板或侧墙随基坑开挖可能先行施工。内部结构设计存在的主要风险因素为：

(1) 主体结构设计荷载超限

主要表现为：施工阶段顶板上设备或盾构管片堆载超限；路中车站后期实施的路面标高高于设计地面标高；顶板覆土小于 2m 时，未考虑车辆荷载影响。

(2) 结构抗浮风险

主要原因为：未按照结构计算抗浮先行的原则计算结构抗浮；局部浅覆土段未作详细的抗浮验算；施工阶段底板未设泄水孔或顶板未完成覆土前先行关闭泄水孔；复合墙结构顶板上方围护结构压顶梁设置不合理，压顶梁与主体顶板间填充结构不能传力或压顶梁与围护结构连接面的抗浮剪切力未经承载力计算，或虽有压顶梁，但遇局部特殊区段（如风道、出入口处）因侧墙缺失压顶梁难以实现消浮而未在车站底板下预设抗拔桩。

(3) 结构计算的风险

主要表现为：叠合墙结构未按照内部结构实际分步施工工况进行分步叠加计算，仅作一次加荷计算，计算结果存在偏差；楼板大开孔、端头井等结构体系复杂或空间作用明显处未按空间模型进行三维有限元分析；三维计算模型约束设置及取值不合理；结构纵向框架计算时弹性地基参数取值不合理，未按照梁柱实际的连续跨段及上下翻梁节点情况进行计算；梁支座未考虑宽梁窄柱情况时支座作用的调整；高度较大的梁或需竖向受力的墙未按深受弯构件进行计算；梁断面未按照最大剪切力验算斜截面承载力，以此确定断面尺寸是否满足；叠合墙结构未对叠合面应力进行验算，叠合结构的实际工作状态不明确；横向板式框架未考虑节点刚域对内力的影响；复杂结构未考虑地震荷载组合效应，未进行抗震验算；结构构件抗震等级不明确，未按结构抗震要求对柱子轴压比进行验算；楼板沿侧墙边沿开孔未设水平边梁或边梁断面不足的情况下，未对侧墙双向受力进行复核验算，特别是轨排孔大开孔处结构布置及计算可能存在欠考虑的地方；施工阶段需内部结构参与作用，未按照该临时工况进行复核计算；后续开发对本工程有影响的，未进行附加作用计算；计算机的输出成果报告设计人员未加阅读、理解及结果的合理性判断，计算成果取用有偏差。

（4）设计构造的风险

未按照新版《混凝土结构设计规范》及相关构造手册进行构造设计，主要表现为：负弯矩受拉钢筋锚固长度不足，内衬墙厚度较小，受拉钢筋锚入支座平段长度不满足 $0.4Lae$；设备用房设备荷载较大情况下楼板开孔，孔边未设孔边梁。

未按照轨道交通设计规范确定的有关构造进行设计，保护层厚度取值不合理，叠合墙顶板及内衬墙内构造筋配筋不足；结构纵向分缝不合理，未避开受力较大处或自动扶梯范围进行设缝。

未按照相应的抗震设防要求根据抗震规范确定的构造要求进行加强设计，柱子轴压比不满足，箍筋间距及肢距不满足，体积配箍率不满足，锚固搭接长度不满足构造要求。

对于后续开发结构未作预留预埋处理。

2.4 与设计相关的安全质量事故案例及分析

（1）地铁某车站深基坑纵向发生连续二次滑坡，冲断基坑内钢支撑16根，土方掩埋4人，事故原因分析：该工程所处地基软弱，开挖范围内基本为淤泥质土，厚度达9.6m，土体抗剪强度低，灵敏度高达5.9，这种饱和软土受扰动后，极易产生触变现象，且施工期间遭百年一遇特大暴雨，造成长达171m基坑纵向留坡困难，而纵向多级放坡的小坡坡度过陡，纵向边坡未按标准控制，是造成事故的主要原因，另外信息化监测技术尚不成熟，对监测数据的处理滞后，同时设计、施工对复杂土层估计不足，对地铁施工的风险意识不强。

（2）地铁某地下车站连接的地下开发空间，顶板开裂渗漏严重，顶板裂缝宽达0.5mm，局部通缝，事故原因分析：施工方随意堆载，堆土超高2.7m，大大超出原设计20kPa地面超载的设计值，造成顶板承载能力不足。

（3）地铁某地下车站车站出入口基坑，坑深9m左右，出口处上坡段满堂地基加固，加固深度3m，连续暴雨后坡顶加固体出现滑坡现象，发现后立即在坡中段及时打设9m深钢板桩，阻止了滑坡发展，事故原因分析：雨水进入加固体底部，加固体下部土体松动，沿加固体下部产生滑坡现象，虽主要原因为雨水作用使土层强度降低，但坡面满堂浅加固的形式也值得探讨，见图2-1。

（4）某工程顶板与地下墙转角节点处开裂及渗漏严重，事故原因分析：叠合墙原1.0m厚的地下墙对后浇0.4m厚的内衬墙产生较大约束应力（新老混凝土结构结合面处），在内衬墙纵向构造筋配筋率偏低的情况下混凝土结构开裂。

（5）某工程基坑深10m左右，采用 $\phi850$ 型钢水泥土搅拌墙围护，插入比1:1左右，

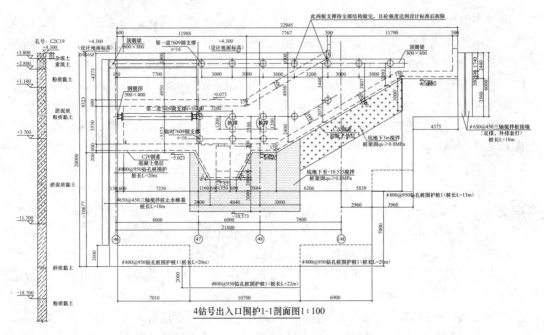

图 2-1　某地铁车站 4 号出入口围护结构剖面图

基坑宽度 33m 左右，基坑局部坍方，围护结构失稳，坑内土体向内隆起，支撑围檩体系破坏，事故原因分析：该部位场地有暗浜未探明，软弱土层深度大，土体力学参数的取用有偏差，造成围护结构插入比计算不足，见图 2-2。

（6）地铁某地下车站附属结构与主体结构接口渗漏严重，事故原因分析：附属结构底板与地下墙连接点未凿除地墙混凝土整浇，形成类似"夹心饼干"，下部潜水从接缝中渗入，后经注浆加固，渗漏情况好转。见图 2-3。

图 2-2　支撑围檩体系破坏

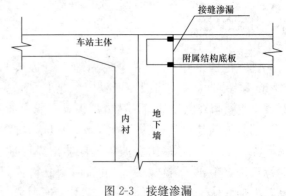

图 2-3　接缝渗漏

（7）上海某工地发生基坑坍塌事故，形成近 40m、深约 10m 的坍塌范围，事故原因分析：SMW 工法桩施工时，内插型钢有偏转，导致 H 型钢强度不足，基坑超挖等原因造成。

2.5　强化车站结构设计中安全质量风险防治的对策及建议

2.5.1　设计专业技术发展

地下车站结构设计影响安全质量的风险因素主要集中于基坑工程的设计中，目前上海地区地下车站基坑工程方案需报相关管理部门进行基坑围护方案及周边环境保护安全性评审通过后，在进一步落实专家评审意见的基础上方可进行基坑工程的细化设计。设计前应组织工程周边环境调查与现状评估，根据评估结论确定安全保护等级，明确围护结构及保护对象变形、沉降的控制要求，以此作为基坑安全设计的依据。对高风险工程周边环境控制标准需进行进一步的专家论证。对不确定或不完整的工程地质资料、管线等地下障碍物资料应组织补充完善，对特殊地质条件应委托进行专项勘察，当工程设计、施工条件发生变化时应及时委托进行补充勘察。施工图设计文件应及时办理详细审查，对原设计有重大修改应作重新报审。应加强施工图设计交底及施工图会审工作。

一般而言，地下工程项目投资昂贵，任何设计或施工参数取值的不合理都可能造成严重的安全隐患或巨大的投资浪费。目前地下车站结构设计技术问题的研究主要集中在结构设计计算理论和施工技术方面协调发展，实际上这些研究对确保地下工程的安全性还是不够的，还需要有一种科学的安全评估体系指导设计和施工，才能保证工程设计的合理性和工程质量的安全可靠。目前地下工程设计中普遍存在"地质环境复杂，基础信息匮乏"的基本特点，迫切需要建立一个完整的工程数据库信息管理系统，根据施工监测得到的量测信息来检验勘测和设计的准确性，并对地下工程安全度进行综合评价，以指导后续施工的进行。信息化设计是将监测技术、力学计算及经验评估等结合成一体的地下工程设计方法，也是轨道交通地下车站结构设计技术发展的趋势。

2.5.2　设计管理技术强化

在轨道交通工程建设中所发生的事故，主要是与基坑工程相关的事故。基坑工程由于其固有的特性加上人们认识上存在的偏差，使其事故发生率居高不下。

从技术的角度来看，一个基坑工程事故的诱发因素很多，如工程勘察有误或失真、技术失误或漏项、执行的规范或设计存在问题、工程施工方案有误等。在设计方面，主要问题是设计人员经验不足，导致基坑支护设计方案选型不当；理论计算与实际经验没有很好结合；为节省造价随意修改已审查通过的图纸；设计重要事项交底不详等。据统计资料显示，大部分的施工事故是由于施工技术原因造成的，但勘察设计单位现场服务力度不够及对设计意图、重点注意事项的现场技术交底不够全面也是造成施工事故的间接原因。所以，工程勘察设计单位应按照全面质量管理的要求，进一步加强内部质量管理，全面提高质量管理和服务水平。

（1）进一步完善质量管理的长效机制。各工程勘察设计单位要全面建立质量责任管理制度，明确划分单位技术负责人、项目负责人、工程勘察设计人员、校对、审核人员的质量职责范围，建立有效的质量保证体系，形成长效监督机制。

（2）进一步规范工程勘察设计工序管理程序。勘察设计单位根据可行性研究、总体设计、初步设计、施工图设计等阶段和工序的特点，制定相应的工作程序，事先指导，过程控制，严格按照要求实施各阶段的质量控制。各阶段工程勘察设计文件做到基础资料齐全、采用技术标准有效准确、编制深度符合国家有关规定，提交设计图纸、有关设计文件和基坑围护结构的控制变形值，并提出施工技术要求、现场试验和监测要求，满足工程建设需要和质量要求。

（3）进一步健全工程勘察设计单位内部质量管理制度。工程勘察设计单位要严格落实校审制度和执行签字签章制度，相关技术人员应按照有关规定在工程勘察设计文件上签字，不得代签或以打印代替签名。执业注册人员按注册执业规定签字签章，凡没有本人签字的签章视为无效。工程勘察设计文件必须经本单位审核合格，并加盖公章和出图专用章后方可交付建设单位，由建设单位报送施工图审查机构进行审查，工程勘察设计单位不得以施工图审查机构的审查代替本单位的校对、审核工作。

（4）进一步完善工程勘察设计文件收发记录及档案管理制度。为保证对工程勘察设计质量进行系统的全过程管理，工程勘察设计单位应认真收集前期文件和资料，进行规范整理，并按照技术档案要求做好存档工作，强化工程勘察设计质量记录的可追溯性。

（5）加强工程设计变更管理。加强对施工图审查合格的设计文件管理，任何单位或个人不得擅自修改审查合格的施工图。对重大设计变更，变更设计文件应送原施工图审查机构审查，经审查合格并加盖审查专用章后方可提交施工单位施工。

（6）进一步健全工程勘察设计后期阶段现场服务制度。工程勘察设计单位要切实加强现场服务工作，认真做好施工图设计文件交底，及时掌握施工现场情况，解答和处理存在的问题，发现实际情况与勘察报告不符或者出现异常情况时，应当及时会同建设、勘察、施工、监理、监测等单位研究解决，必要时应当提出补充勘察要求和修改设计文件。

3 地下区间隧道结构设计

3.1 区间隧道设计的主要要点

3.1.1 衬砌结构设计要点

3.1.1.1 设计标准

(1) 工程结构的安全等级按一级考虑；

(2) 结构抗震设防烈度为 7 度；

(3) 结构设计按 6 级人防荷载验算；

(4) 衬砌结构变形验算：计算直径变形$\leqslant 2\text{‰}D$（D 为隧道外径）；

(5) 管片混凝土结构允许裂缝开展，但裂缝宽度$\leqslant 0.2$mm；

(6) 结构抗浮安全系数施工阶段$\geqslant 1.05$，使用阶段$\geqslant 1.10$；

(7) 主体结构设计使用年限为 100 年。

3.1.1.2 衬砌结构形式

必须根据隧道的使用目的、地质条件和施工方法等选择衬砌的材料强度、结构、形式、种类等。

根据所用的材料，有混凝土、钢、铸铁和由这三种材料组合制成的管片，它们各有特点。

混凝土管片具有耐久性和耐压性，在土压和千斤顶推力作用下，很少被压坏。另外，这种构件的刚性大，防水性能也较好。但是，由于它的重量大，抗拉强度低，构件角部易破损，故在脱模、运输和施工时需特别注意。见图 3-1。

图 3-1　混凝土管片

钢管片的材质均匀,强度较大,具有良好的焊接性,由于重量比较轻,易于施工,在现场进行加工和修理也较容易。但与混凝土类的管片相比,钢管片易变形,当千斤顶推力和回填注浆压力过大时,会产生过大的变形。另外,当不修筑二次衬砌时,需采取防腐蚀措施。见图 3-2。

图 3-2　钢管片

球墨铸铁管片（以下简称铸铁管片）与其他管片相比,价格虽高,但延性好,强度高,质量好,耐腐蚀性强。

应根据这些特征选择适合于隧道使用目的、地质条件和施工方法等的管片形式和种类。目前,上海的盾构隧道绝大部分采用混凝土管片,仅在特殊情况下（如需从隧道内垂直顶升出水管或水平开设旁通道时为满足构造或受力之需）局部地用上几环或几块钢管片而已。

3.1.1.3　衬砌的接缝构造和连接螺栓

管片的接头构造应根据拼装的准确性和便于施工的要求确定。

如果接头构造选择得不正确,不仅难以拼装成可靠性高的衬砌环,而且易降低作业效率,施工不便,甚至导致破坏接头机能,成为衬砌薄弱环节的原因。故在决定接头构造时,应使接头能充分发挥其机能,全面地进行研究,尤其必须注意拼装的正确性和施工的方便性。

当把具有螺栓连接的衬砌环作为等刚度的圆环时,考虑到错缝拼装,一般采用与纵向接头相同构造的环向接头。

如果螺栓的直径比螺栓孔直径大得过多,将产生较大的错位,从而成为施工荷载加大的原因之一,对此必须予以注意。采用螺栓连接时,螺栓孔径的标准比螺栓大 3～6mm。

环向接头应根据施工时的荷载、地震时的影响等,并根据为保持隧道纵向的连续性的要求进行布置。

目前,国内外隧道工程界常用的螺栓连接有以下三种形式:弯螺栓、直螺栓和斜螺栓。

图 3-3 为管片环、纵缝构造。

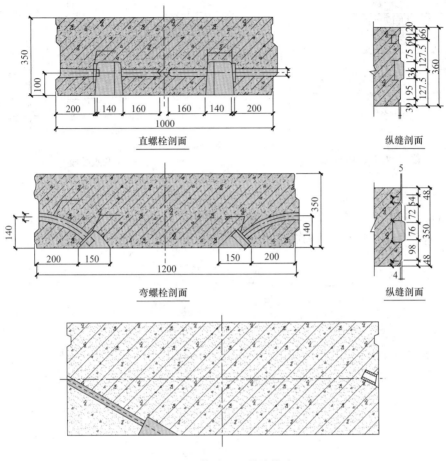

直螺栓剖面

纵缝剖面

弯螺栓剖面

纵缝剖面

图 3-3 管片环、纵缝构造

3.1.1.4 衬砌圆环类型

地铁区间隧道的线路是由直线与曲线（圆曲线及缓和曲线）所组成，为了满足盾构隧道在曲线施工要求，需设计楔形衬砌环。目前，国内外采用的衬砌环类型主要有三种（表 3-1）。

国内外采用的衬砌环类型

表 3-1

序　号	衬砌类型
1	楔形衬砌环与直线衬砌环的组合
2	楔形衬砌环之间相互组合
3	通用型管片（万能管片）

（1）楔形衬砌环与直线衬砌环的组合

该组合采用直线环、左转弯环、右转弯环 3 种管片形式。在直线段均采用直线环管片拼装，在曲线段上采用转弯环和直线环先后的排列顺序进行线路拟合。见图 3-4、图 3-5。

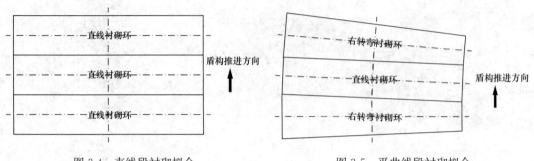

图 3-4　直线段衬砌拟合　　　　　图 3-5　平曲线段衬砌拟合

(2) 楔形衬砌环之间相互组合

该组合采用左转弯环、右转弯环 2 种管片形式,即比第 1 种类型减少了直线环管片。在直线段通过左转弯和右转弯衬砌环组合形成直线。见图 3-6。

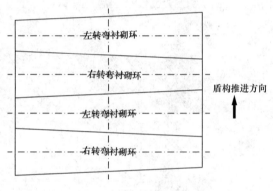

图 3-6　直线段衬砌拟合

(3) 通用型衬砌 (万能管片)

该型管片采用 1 种类型的楔形衬砌环。在盾构推进过程中,管片衬砌环可以按模数进行 360°旋转,即在曲线段通过不断旋转管片,调整楔形量来拟合实际曲线。见图 3-7、图 3-8。

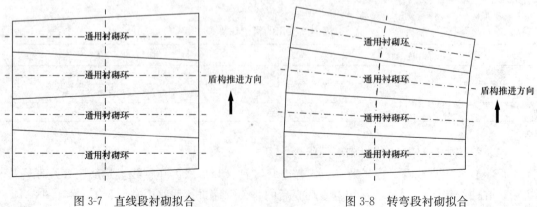

图 3-7　直线段衬砌拟合　　　　　图 3-8　转弯段衬砌拟合

（4）各种衬砌类型的比较（表3-2）

通用环与直线及楔形环比较表　　　　　　　　　　表3-2

序　号	项　目	通用环	直线和楔形环	备　注
1	管片制作、管理	钢模少、利用率高，管片易于管理	钢模类型多、利用率低，管片管理要求较高	
2	线路拟合精度	轴线偏差小，精度高	轴线偏差稍大，精度较低	
3	环面止水效果	渗漏水环节少	环面需贴设石棉橡胶板，增加了渗漏水环节	
4	千斤顶行程	全部长行程	封顶块处为长行程，其余为短行程	
5	封顶块拼装	封顶块有可能位于衬砌环下半部，拼装较困难	封顶块位于衬砌环上半部，拼装较方便	复紧管片的环、纵向螺栓，端面涂抹润滑剂，方便封顶块插入
6	管片含钢量	较少	较大	通用环约高4%～6%

3.1.1.5　管片的制作精度

现在的管片均采用高精度钢模、单块卧式生产。钢模通常采用钢板焊接结构，经立车、镗铣、卧铣等加工中心加工完成。管片的制作精度为：宽度±0.4～0.5mm、弧弦长±1mm、管片外半径0～+2mm、内半径±0.1mm、螺栓孔直径与孔位±1mm。同时，需进行衬砌圆环的三环试拼装，检验钢模的制作精度。见图3-9、图3-10。

图3-9　钢筋混凝土管片浇筑

图3-10　管片三环试拼装

3.1.1.6　相邻隧道之间的净距

在建造平行或立体交叉隧道时，作用在衬砌上的荷载不同于单根隧道的情况，为防止地表沉降、相邻隧道的变形以及保证后建隧道的安全施工，其间都必须考虑一定的间距。而所需间距（净距）与施工地点的地质情况、隧道断面大小、施工方法、施工顺序等密切相关，规范规定了一般取大于1D，但也有两条平行隧道从同一工作井内推出仅相隔2～3m的例子（辅以地基加固措施等）。

3.1.2　衬砌结构计算

3.1.2.1　正常使用极限状态验算要求

（1）结构构件按荷载效应标准组合并考虑长期作用影响计算的最大裂缝宽度应符合表 3-3 的规定。

钢筋混凝土构件的最大裂缝宽度限值 $\omega \max$　　　　　　表 3-3

类　别	部位及环境条件	$\omega_{\max}$（mm）
盾构区间隧道	衬砌结构	0.2

注：当保护层的实际厚度大于 30mm 时，裂缝宽度验算时的保护层厚度可取 30mm。

（2）盾构法隧道衬砌结构应按荷载效应准永久组合进行变形计算，其直径变形和接缝变形应符合表 3-4 的规定。

表 3-4　衬砌环直径变形、接缝变形限值　　　　　　表 3-4

类　别		限　值
直径变形		2‰D
接缝变形	最大张开	2～4mm
	最大错位	4～6mm

注：1. D 为隧道外径。
　　2. 错位指相邻管片间内弧面的高差。

3.1.2.2　单圆区间隧道计算模型

在软土地层中通缝拼装的衬砌结构，常用的计算模式是等刚度的弹性匀质圆环或弹性铰圆环（图 3-11），考虑接头部位抗弯刚度的下降，即比较成熟的 $\eta\zeta$ 法（即惯用法）进

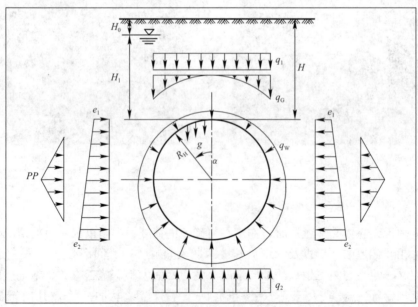

图 3-11　通缝拼装匀质圆环计算简图

行设计计算。

本计算方法将单环以匀质圆环计算，但考虑环向接头存在，圆环整体的弯曲刚性降低，取圆环抗弯刚度为 ηEI（η 为 <1 的弯曲刚度有效率），算出圆环水平直径处变位 y 后，计入两侧抗力 $PP=k \cdot y$。η 一般取 $0.5\sim0.8$。见图 3-12。

接头处内力：$M_{ji}=(1-\xi)M_i$，$N_{ji}=N_i$

(1)

管片内力：$M_{si}=(1+\xi)M_i$，$N_{si}=N_i$ (2)

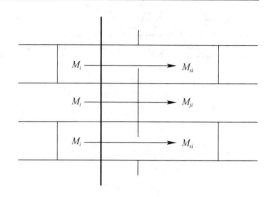

图 3-12 错缝拼装接头处弯矩分配示意图

式中，ξ 为调整系数（取 $0.2\sim0.4$），M_i、N_i 分别为匀质圆环模型的计算弯矩和轴力，M_{ji}、N_{ji} 指调整后的接头弯矩和轴力；M_{si}、N_{si} 指调整后的管片本体的弯矩和轴力。

3.1.2.3 荷载类型及组合

（1）隧道结构上作用的荷载应按表 3-5 分类。

隧道荷载分类 表 3-5

荷载分类		荷载名称
永久荷载		结构自重
		地层压力
		结构上部和破坏棱体范围内的设施及建筑物压力
		静水压力
		混凝土收缩及徐变影响
		预加应力
		固定设备重量
		地基下沉影响
可变荷载	基本可变荷载	地面汽车荷载及其动力作用
		地面汽车荷载引起的侧向土压力
		隧道的内部荷载
		水压力变化1
		水压力变化2
	其他可变荷载	人群荷载
		温度变化影响
		施工荷载
偶然荷载		地震荷载
		沉船、爆炸、锚击等灾害性荷载

（2）荷载组合见表 3-6。

荷载组合表

表 3-6

荷载类别	荷载名称	分项系数	永久荷载组合	永久荷载+可变荷载组合		永久荷载+偶然荷载组合	
永久荷载	结构自重	1.2	+	+	+	+	+
	垂直土压力	1.2	+	+	+	+	+
	水平土压力	1.2	+	+	+	+	+
	静水压力	1.2	+	+	+	+	+
可变荷载	地面超载	1.4		+	+		
	列车荷载	1.4			+		
	施工荷载	1.4		+			
偶然荷载	地震荷载	1.3				+	
	人防荷载	1.0					+
			施工阶段	使用阶段	地震工况	人防工况	

3.1.2.4　隧道结构施工和使用阶段抗浮验算的公式

$$F_f \leqslant \frac{W_s}{\gamma_s} + \frac{W_a}{\gamma_f} \tag{3}$$

$$F_f = \gamma_b \gamma_w V \tag{4}$$

式中：F_f——浮力设计值（kN/m），按（3）计算；

γ_b——浮力作用分项系数，取 1.0；

γ_w——水的重度（kN/m³），可按 10kN/m³ 采用；

V——隧道结构排开水的体积（m³/m）；

W_s——隧道结构自重标准值（kN/m）；

γ_s——自重抗浮分项系数，施工阶段取 1.1，使用阶段取 1.2；

W_a——隧道上覆土层的有效压重标准值（kN/m）；

γ_f——有效压重抗浮分项系数，施工阶段取 1.1，使用阶段取 1.2。

3.1.3　衬砌与工作井的连接要求

为减少圆隧道与工作井间存在的差异沉降，根据隧道纵向分析结果并结合国内外类似工程的成功经验，在工作井与隧道间设置进出峒特殊衬砌环，井外侧 3～4m 和 10～12m 各设两条变形缝（第二条变形缝在工作井峒门地基加固范围外），以适应一定的不均匀沉降。

刚性连接处理：特殊衬砌环应伸入工作井内 0.8～1m，将特殊衬砌环管片上的预埋钢板与工作井的联系钢筋焊接，在工作井内沿衬砌环四周浇筑钢筋混凝土。衬砌环接缝内设置加厚的防水密封垫，以提高接缝防水能力。

图 3-13 为工作井与隧道现浇接头构造。

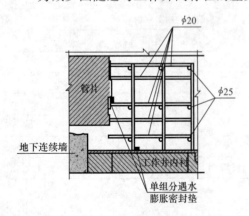

图 3-13　工作井与隧道现浇接头构造

3.1.4 盾构进出洞加固设计

根据工程及地质条件，目前盾构进出洞可以采用搅拌桩、注浆、旋喷、冻结等多种方法。但由于搅拌桩、注浆、旋喷等方法加固土体不均匀，可能存在局部薄弱带，而发生涌砂、涌水，影响盾构正常进出洞。位于黏土层或淤泥质黏土层中的进出洞加固，一般采用搅拌桩、旋喷桩等水泥系加固。位于砂土和承压水地层中盾构的进出洞加固方法，首推搅拌桩加固辅以垂直或水平冻结法，同时，辅以深井降水的风险预防措施，在盾构推进过程中如发现有渗水现象利用降水井及时进行降水。

3.1.5 联络通道、泵站设计与施工

联络通道一般位于各段区间隧道的中部，间距不大于 600m。其位置宜选在地面交通量和地下管线较少处，以减少施工时的困难。一般位于线路最低点，采用了通道与泵站合并建造的模式。

3.1.5.1 设计标准与设计原则

通道内净尺寸为：高 2.1m、宽 2.0m，与区间隧道相接的洞口尺寸为：高 2.1m、宽 1.4m。排水泵站有效容积按排水设计要求定，一般不小于 $6m^3$。

通道、泵站结构设计在满足强度和刚度的前提下，应同时满足防水要求。

控制施工中和建成后通道、泵站对区间隧道及周围环境产生的不利影响。

通道、泵站建造，应确保区间隧道的安全，控制隧道的水平、垂直变位≤20mm，隧道纵轴线曲率半径≥15000m。

3.1.5.2 实施方案

(1) 实施方案比选

在上海饱和含水软弱地层中，在刚建好的两条区间隧道间再建通道、泵站，在国外无同类条件下的工程实例。为此在设计中进行了多方案比选。主要有：

1）扁平箱涵或钢壳顶进

根据通道设计断面、隧道内顶进作业的可行性、一次顶进的可能最大距离，预制每节长约 1m 左右的钢筋混凝土扁平箱涵，实施时，将它从一条隧道内顶进至另一条隧道来构成通道。为减少顶进作业的难度，亦可先顶进钢壳，然后在其支护下再构筑通道钢筋混凝土结构。

2）类矿山法

在区间隧道施工前，预先对通道、泵站部位进行地基加固，然后以类矿山法进行施工。

经过从实施可行性、安全可靠度、施工速度、工程造价等多方面综合比选后，决定采用类矿山法来修建通道、泵站。

（2）实施步骤及要求

在有条件的情况下，应在盾构掘进前预先对修建通道、泵站处按设计要求对设定范围内的土体进行地基加固。

经加固后的土体应有很好的匀质性、自立性。不同区域内的无侧限抗压强度分别达到1.5MPa、0.8MPa，渗透系数小于 1×10^{-8} cm/s。

隧道施工时，在通道部位按设计要求拼装特殊衬砌环——开口、闭口衬砌环。其轴线施工偏差：下行线可以向上行线侧或向下、上行线可向下行线侧或向下偏移≤50mm。同时应加强该部位（包括整个地基加固范围）向环形空隙的压浆，以改善结构受力和防水性能。

通道即将施工时，应在先施工侧隧道开口环的开口部位，均匀设置不少于7个能承受拉、压力的支撑点（每点支撑能力≥500kN），予以均匀支撑（在通道施工至另一条隧道侧即将打开洞门时，亦需如此处理）。同时，还须将钢管片的环间、块间焊接牢固。

拆除通道部位的钢管片。

边开挖、边施工通道临时支护层（由间隔 1.0～1.5m 的钢拱架、钢丝网、喷射混凝土等组成）。在其保护下，设置防水层、现浇钢筋混凝土通道结构。

待通道钢筋混凝土结构达到设计强度后，拆除特殊衬砌环内的临时支撑，再次拧紧特殊衬砌环内的所有连接螺栓，并焊接固定。

在泵站部位边向下开挖，边施工临时支护层，然后浇筑泵房结构。

3.2　规范中有关设计质量、安全的条文要求

3.2.1　《城市轨道交通设计规范》（DGJ 08-109—2004）

"11.1.2　地下区间隧道的设计应根据沿线不同地段的工程地质、水文地质、环境、城市规划等具体条件，通过对技术、经济、使用效果等综合评价，来选择合适的结构形式和施工方法，并应考虑施工中和建成后对环境形成的影响，以及规划实施的可行性。"

"11.1.3　在进行隧道工程设计之前，必须进行周围环境的调查，查清工程范围内的地下管线、地下障碍物等情况。"

"11.1.7　盾构法隧道顶部最小覆土厚度、平行或立体交叉隧道间净距不宜小于隧道外径。正常运营阶段结构抗浮安全系数应大于1.1。"

"11.1.8　盾构法隧道穿越江、河时，尚应考虑江（河）水冲刷影响，并应满足规划航道要求和船舶锚击深度的要求。"

3.2.2　《地铁设计规范》（GB 50157—2013）

"10.6.1　在区间隧道和车站结构中，当因结构、地基、基础或荷载发生变化，可能产生较大的差异沉降时，宜通过地基处理、结构措施或设置后浇带等方法，将结构的纵向沉降曲率和沉降差控制在整体道床和地下结构的允许变形范围内。"

3.3 区间隧道安全质量风险因素分析

3.3.1 区间隧道自身风险

表 3-7 为盾构法隧道自身风险识别表。

盾构法隧道自身风险识别表 表 3-7

编 号	风险单元/种类	可能产生的风险事件（事故）
XQ-01	隧道轴线存在上下叠交状态（包含进出洞段）	后施工隧道对先施工隧道产生二次扰动，出现较大附加沉降变形
XQ-02	隧道最大覆土深度≥20m	盾构机上下坡和平曲线转弯时设备能力不足；设备产生故障，机头外壳被压坏
XQ-03	隧道最小覆土深度≤1D（D 为盾构隧道直径）	隧道上浮，对周边环境产生不利影响
XQ-04	单次掘进距离≥1500m	隧道轴线产生偏差，盾构机设备长距离掘进产生故障
XQ-05	隧道轴线半径≤350m	盾构机选型不当，隧道轴线偏差，拼装好的管片产生碎裂，渗漏水
XQ-06	盾构掘进断面存在⑤₄、⑥层土厚度≥2m，或分布有②₃、③₂ 和④层复合土层，或⑤₂、⑦ 和⑥层软硬差异较大的复合土层	盾构施工参数设置不当，超挖或欠挖，引起轴线较大偏差
XQ-07	盾构掘进断面存在②₃、③₂、④₂、⑤₂ 或⑦层等	盾构掘进面不稳定，盾尾密封不到位，成型隧道发生渗漏水，区间涌水涌砂
XQ-8	盾构掘进影响区域存在沼气层、古河道、暗浜等	盾构机磕头，轴线难控制，纵向发生较大差异沉降，管片碎裂

3.3.2 盾构进出洞风险

盾构在车站工作井进出洞时，需要凿除预留洞口处钢筋混凝土墙，而后由盾构刀盘切削洞口土体进入洞圈密封装置。由于此过程洞口土体暴露时间较长，且受前期工作井施工方法及其施工扰动影响，容易因加固土体或洞圈密封装置的缺陷而发生洞口水土流失或坍方。表 3-8 为盾构法隧道进出洞施工风险识别表。

盾构法隧道进出洞施工风险识别表 表 3-8

编 号	风险单元/种类	可能产生的风险事件（事故）
XQ-01	工作井无双侧施工便道	施救困难
XQ-02	盾构进出洞影响区域（距隧道轴线 10m 范围内）分布有②₃、③₂、④₂、⑤₂ 或⑦等砂、粉性土层	盾构进出洞时涌水涌砂，影响隧道本体和相邻车站、工作井安全
XQ-03	盾构进出洞加固范围内存在影响地基加固施工质量的地下障碍物，如需保护或无法清除的地下管线等	盾构进出洞地基加固方案无法实施，需做修改变更，同时增加管线保护措施及费用

编 号	风险单元/种类	可能产生的风险事件（事故）
XQ-04	端头井双轴搅拌桩或双重管旋喷桩加固距离建构筑物或管线≤5m	加固施工引起临近建构筑物或管线隆起或开裂
XQ-05	三重管旋喷桩加固距离建构筑物≤3m	加固施工引起临近建构筑物或管线隆起或开裂
XQ-06	端头井地基加固深度≥30m	超过常规搅拌桩加固极限，无法采用搅拌桩加固；如采用旋喷桩加固，随着深度加大，旋喷桩搭接偏差增大，无法确保土体加固效果，同时在超过30m深度时，可能会遭遇砂性土层、微承压水层，两者不利工况叠加，有潜在涌水涌砂风险，可采取冻结法＋水泥系复合加固措施，但不排除后期冻胀融沉，地面沉降变形超标，沉降收敛变形不易稳定的可能性
XQ-07	端头井吊装孔封闭条件下盾构进出洞	盾构推进精度受影响，轴线偏差大
XQ-08	隧道测量导线传递困难的工况，如超长隧道、超深工作井、工作井吊装孔封闭等	盾构推进轴线偏差超标
XQ-09	端头井洞门底部与底板面距离≤60cm	封洞门施工困难，井接头施工难度加大
XQ-10	端头井结构尺寸不能满足盾构正常掘进施工（吊装孔尺寸、工作井尺寸偏小）	结构尺寸偏小，设备吊装时易碰擦吊装孔边，存在施工安全隐患，工作井内净尺寸偏小，盾构机进出洞时两侧施工便道狭窄，施救困难
XQ-11	车站施工过程存在影响盾构施工的遗留问题，如锁口管遗留在盾构掘进断面内、地墙充盈系数严重超标、端头井周围土体曾发生塌方等土体扰动情况	盾构机刀盘损坏，进出洞时土体二次扰动，发生塌方、渗漏水
XQ-12	端头井地基加固采用冻结法完成的盾构进出洞施工	土体冻胀融沉，后期沉降变形加大，周边邻近建构筑物及管线发生变形破坏

3.3.3 联络通道、泵站结构

联络通道施工易产生冻结孔防喷措施不当引发钻孔漏泥冒砂；冻土帷幕不封闭导致透水失稳；临时支护强度、刚度不够，引起通道及隧道变形或坍塌；冻胀融沉引起隧道变形过大危及隧道安全。表 3-9 为联络通道、泵站工程风险识别表。

联络通道、泵站工程风险识别表   表 3-9

编 号	风险单元/种类	可能产生的风险事件（事故）
LT-01	联络通道结构顶部覆土深度≤6m	地面隆起变形
LT-02	联络通道结构顶部覆土深度≥20m	超深，一般在承压水层内施工，联络通道开挖时发生涌水涌砂事故
LT-03	两隧道轴线间距≥15m	超长联络通道，开挖时土体塌方
LT-04	两隧道轴线间距≤11m（含泵房联络通道）	泵房和隧道间冻结体厚度不足，已成型圆隧道变形
LT-05	烟斗形泵站结构	圆隧道变形

编 号	风险单元/种类	可能产生的风险事件（事故）
LT-06	超长隧道（联络通道位置与工作井水平距离＞800m）	用市电电力损失大，抢险施救困难
LT-07	大隧道（直径≥10m）的区间联络通道或泵房工程	圆隧道变形
LT-08	联络通道施工区域处于②₃、④₂、⑤₂、⑦等含砂、粉性土层	动水不利冻结，冻结壁交圈困难，冻土指标不能满足设计要求
LT-09	施工区域存在沼气层、古河道、暗浜等	冻结壁产生变形
LT-10	施工区域土体不均匀，相邻层强度、含水量等存在较大差异，砂性土与黏性土互层，如：⑤粉质黏土层和⑥黏土层	冷冻管断管
LT-11	施工区域内存在暗流等流动水，流速≥5m/d	冷量损失大，冻结壁难以形成
LT-12	地质水文无法进行详勘的	出现不利工程水文地质条件
LT-13	联络通道施工与盾构推进、区间铺轨等工序有交叉作业的	相互影响，加重工程风险，出现安全事故
LT-14	汛期施工期间车站排水系统不完善	隧道及联络通道被淹
LT-15	遇到受加固扰动的不均匀土体	打孔施工困难
LT-16	遇到土体中含有聚氨脂等保温隔热材料，且范围、分布难以确定	导热系数差，不利冻结
LT-17	施工单位无类似工程施工经验	工程施工管理不到位，未能充分预知工程风险点，未准备充足的应急预案，发生风险时抢险不及时；工程质量达不到设计要求
LT-18	炎热夏季、高温季节从事冻结法施工的	不利冻结

3.3.4 隧道穿越建（构）筑物环境影响风险

采用盾构法在软土层中建造隧道，会引起地层移动而导致不同程度的地面和隧道沉降。尤其是在市中心修建地铁隧道，如果区间隧道埋深较浅，地表建筑及地下设施较多，隧道施工对周围环境的影响较大。地层变形可能导致地表建筑物倾斜，甚至开裂、倒塌，地下管线被破坏；地层水平位移可引起地下桩基偏移、管线与通道错位等，进而导致其承载力下降并影响到其正常使用，甚至毁坏。

区间隧道穿越建（构）筑物可根据上部建（构）筑物结构形式、基础形式等分为几种类型。

第一类建（构）筑物因其重要性，或者使用功能的要求，或者建造年代较长，房屋结构及基础能够承受的附加变形影响能力有限，受损后难以修复或修复困难，属于沉降敏感类建筑。主要为文物保护建筑或者优秀历史建筑，多为浅基础或者短木桩基础。

第二类建（构）筑物为轨道交通、城市道路高架立交桥、越江隧道等重要构筑物以及近年来建造的商住楼。盾构穿越临近桩基，引起桩身水平或垂直位移超过一定限度而影响桩基承载安全，引起上方建筑物沉降、开裂甚至失稳。重要交通设施（轨道交通、越江隧道等）如果产生过大不均匀变形，会严重威胁城市交通命脉的运营安全；商住楼如果产生过大不均匀变形，直接影响人民生活及生命财产安全，对社会产生较严重的后果。

第三类为地下管线，上水、煤气、原水箱涵等管道为城市重要生命线，数量众多，且其走向、埋深、年代、管材、接头形式等变化较多，其允许变形较小且具有较大不确定性，盾构穿越这些重要地下管道可能引起其沉降弯曲而泄漏或燃爆，影响管道的安全使用。

因此盾构掘进施工环境风险主要为轴线两侧 1 倍中心埋深范围内存在下列建（构）筑物：

（1）存在居民住宅、保护建筑、共同沟及其他重要建（构）筑物或沉降敏感区域等；

（2）存在已运营或已建成的轨道交通设施；

（3）存在城市主干道、城市高架桥或下立交；

（4）存在上水、原水、燃气、航油管等压力总管或干管、市政排水总管（合流总管）、110kV 以上高压电缆、军缆、通信等重要管线；

（5）存在高速铁路、高速公路、机场跑道或大型越江隧道工程；

（6）穿越大江大河；

（7）存在已建成的采用定向钻技术埋设的管线。

3.3.5　隧道立体交叉区段

按照规范要求，两条隧道间的净距不宜小于 1D（D 为隧道外径）。当两条隧道间的净距小于 1D 时，后施工的隧道对已建隧道的应力、变形均有一定的影响，表现为隧道周围土体的变位和已建隧道结构内力的变化。隧道立体交叉时下部隧道施工将引起上部已建隧道地基承载力下降，造成上部隧道产生较大的结构变形、不均匀沉降。因此，当隧道下方地基过大扰动时，一定要考虑其对已建隧道纵向沉降、结构内力、变形、道床稳定的影响，以免其威胁隧道的安全和地铁的正常营运。

随着盾构法施工技术的不断发展进步，上下近距离重叠隧道设计施工已有不少成功实施先例。上海轨道交通建设针对上下近距离重叠隧道设计施工，制定了相应的设计控制标准以及施工技术措施，可以保证类似工程在施工、运营阶段各种工况条件下有足够的安全度和耐久性。表 3-10 为上海轨道交通区间隧道立体交叉情况表。

上海轨道交通区间隧道立体交叉情况表　　　　　　　　　　表 3-10

序　号	地铁线路	区间穿越情况	斜交角度	两线最小净距	备　注
1	2 号线	人民广场站—河南中路站区间	90°	1m	
2	4 号线	宜山路站—停车场区间上穿 4 号线	20°	1m	
3		张杨路站—浦电路站区间下穿 2 号线	25°	1.2m	
4		南浦大桥站两侧区间上、下行线重叠	0°	2m	
5	6 号线	蓝村路站—龙阳路站区间下穿 4 号线	21°	1.3m	
6	8 号线	曲阜路站—人民广场站区间上穿 2 号线区间	76°	1m	
7	7 号线	沪南路站—白杨路站区间下穿 2 号线世纪公园—龙阳路	45°	1.24m	
8		昌平路站—静安寺站区间下穿 2 号线	90°	2m	
9	10 号线	上海图书馆站—陕西南路站上穿 1 号线常熟路—衡山路	63°	2.11m	
10		上海图书馆站—陕西南路站区间上穿 7 号线常熟路—东安路区间	79°	3.85m	
11		豫园站—南京东路站区间下穿地铁 2 号线	90°	1.9m	
12	13 号线	马当路站—卢浦大桥站区间上穿 4 号线	90°	3m	

3.3.6　隧道施工风险控制设计要求

表 3-11 为区间隧道施工控制标准。

区间隧道施工控制标准		表 3-11
1. 区间下穿浅基础（区间下穿是指建筑物及其基础位于隧道外边线两侧 3m 区域内的工况）		
区间隧道与浅基础底竖向距离 h	$6m≤h<10m$	$10m≤h<15m$
设计标准	≤3‰地层损失率控制，需二次注浆	≤5‰地层损失率控制，视情况进行二次注浆
允许沉降变形量	地面沉降≤10mm，建筑物整体倾斜≤2‰	
2. 区间下穿桩基础（区间下穿是指建筑物及其基础位于隧道外边线两侧 3m 区域内的工况）		
区间隧道与桩基础底竖向距离 h	$2m≤h<6m$	$6m≤h<10m$
设计标准	≤3‰地层损失率控制，需二次注浆	≤5‰地层损失率控制，视情况进行二次注浆
允许沉降变形量	地面沉降≤10mm，建筑物整体倾斜≤2‰	
3. 区间侧穿桩基础建筑物（桩尖位于隧道上方）（区间侧穿是指建筑物及其基础位于隧道外边线两侧 3m 区域外的工况）		
区间隧道与桩底水平距离 S	$3m≤S<6m$	$S≥6m$
设计标准	3‰地层损失率控制，视情况进行二次注浆	5‰地层损失率控制
允许沉降变形量	地面沉降≤10mm，建筑物整体倾斜≤2‰。砌体承重结构基础的局部倾斜≤1‰，相邻柱基沉降差≤1‰L（L 为相邻柱基的中心距离）。建（构）筑预警值为：变形控制标准的 0.7 倍	
4. 区间侧穿桩基础建筑物（桩尖位于隧道下方）（区间侧穿是指建筑物及其基础位于隧道外边线两侧 3m 区域外的工况）		
区间隧道与桩基水平距离 S	$3m≤S<6m$	$S≥6m$
设计标准	4‰地层损失率控制，视情况进行二次注浆	6‰地层损失率控制
允许沉降变形量	地面沉降≤10mm，建筑物整体倾斜≤2‰。砌体承重结构基础的局部倾斜≤1‰，相邻柱基沉降差≤1‰L（L 为相邻柱基的中心距离）。建（构）筑预警值为：变形控制标准的 0.7 倍	
5. 重叠区间隧道段及穿越既有轨道区间		
两隧道净距 S	$2m≤S<3m$	$3m≤S<6m$
设计标准	≤2‰地层损失率控制，需二次注浆	3‰地层损失率控制，视情况进行二次注浆
允许沉降变形量	1）后施工隧道推进时，对先推进隧道附加沉降≤5mm，水平位移≤5mm，管片附加纵、横径变形≤5mm。 2）后施工隧道推进时对先推进隧道引起的附加曲率半径应大于 15000m，相对弯曲＜1/2500。 3）根据监测数据视实际情况对叠交段范围进行二次注浆	
6. 区间下穿防汛墙（有桩基）		
允许沉降变形量	3‰地层损失率控制，沉降≤10mm，防汛墙水平位移≤5mm	
7. 其他一般环境		
允许沉降变形量	根据区间隧道埋深、地质条件按 6‰～10‰地层损失率控制，地面沉降≤30mm，隆起≤10mm	

3.4　与设计相关的安全质量事故案例及分析

3.4.1　台北地铁某通风竖井发生涌水、涌砂事故

1981 年 4 月，台北地铁某通风竖井发生涌水、涌砂事故。

该通风竖井为内径 23.6m 的圆形断面结构，井深 35m，井壁为 1.2m 厚的连续墙，连续墙深度为 64.5m，竖井与盾构隧道间采用柔性连接。

事故经过：当天上午，正在施工洞口防水层时，隧道扩挖处右侧仰拱部出现大量涌水，施工人员立即设法止水，但水流量及水压甚大而无法遏制，竖井周围土壤随涌水不断流入井内，并沿已施工完毕的隧道线倒灌至邻近的接收井，造成土壤流失及地层下陷。

据调查，影响范围为通风井南侧 57～75m 之间，六栋房屋受损，临近管线破坏，路面产生裂缝。而工程本体已完成的上行隧道有 23 环遭挤压、变形，通风竖井、已完成线上下行隧道及邻近的接收井遭水土淹埋。

3.4.2　广州地铁泥水盾构越江施工塌方处理

广州地铁 3 号线沥大区间隧道工程采用 2 台 ϕ6260 泥水加压盾构施工，穿越宽 312m 的三枝香水道，江底覆土厚度为 7.4～8.6m。河水深度为 6.5m。

掘进的断面为上软下硬地层，岩石（中风化岩层）的抗压强度为 7.0～8.3MPa。

左线盾构机于 2004 年 9 月 5 日凌晨 1：20 刚刚进入江面时（741 环）发生塌方事故，范围约 8m×8m，同时造成河堤下陷。

事故处理措施：

(1) 对塌陷区回填 C20 水下混凝土 130m³。

(2) 采取堆筑沙包、安装钢支顶等措施进行江堤加固。

(3) 24h 值班对塌方区进行地表观测。

(4) 对右线左侧采取隧道内补充注浆和隧道内位移监测。

(5) 9 月 6 日 20：35，待回填混凝土初凝后，重新启动盾构。

(6) 9 月 13 日凌晨，掘进至 744 环，又有发生第二次江底塌方，范围 11m×5m，停机。随即对塌方处进行黏土回填，多次累计 150m³。

(7) 9 月 14 日～19 日，掘进 745～755 环时，为防止压力波动，停止反复正逆洗疏通管路，采取逆洗掘进通过塌方区。

(8) 整个事故处理至 9 月 21 日基本结束。

3.4.3　上海地铁某区间隧道盾构磕头事故

3.4.3.1　事故情况

盾构掘进至下行线 632 环（切口在 638 环）时由于地质突变，盾构机叩头出现整体下

沉；掘进至650环（切口在656环）时盾构掘进姿态恢复可控；到670环与新设计线路拟合，盾构恢复正常掘进。

由于盾构下沉，隧道轴线较设计线路偏低。经线路取中调整后，形成615～645环隧道偏高，最高点634环轴线偏高330mm；646～670环偏低，最低点656环轴线偏低216mm。部分管片破损较大；635环～648环隧道上方为6层无桩基老建筑物，施工处理中房屋沉降较大。

3.4.3.2 事故原因分析

根据对事故段地质进行补勘得到的报告，盾构下部约三分之一处于⑤1a和⑤2层砂性土体中。

⑤1a层具有松散、微承压水和承载力低等特性，在动水压力差的作用下易产生渗流液化，流砂和突涌等不良地质情况，⑤1a不良地质对盾构施工及该段隧道后期运营有较大影响。

3.4.4 上海地铁某区间隧道盾构始发引起污水管破裂、地面塌陷

3.4.4.1 事故情况

上海某地铁线溧阳路—曲阳路区间隧道下行线区间隧道在盾构机完成＋5环施工后，洞圈与翻板之间大量渗水导致附近路面部分沉降。经潜水员探摸，主要原因为距离端头井7m位置有ϕ2460合流污水管的管节脱落，项目部立即启动应急预案，主要完成下列应急工作：

（1）对坍塌区域的修复；

（2）已坍塌区域附近路面的空洞情况探摸及加固处理；

（3）车站内回灌水；

（4）临排管敷设。

3.4.4.2 事故修复方案

经多方案比选后确定采用明挖基坑方案，在受淹盾构机周边范围采用SMW工法桩围护结构，将受淹盾构机拖至车站端头井的方案，然后恢复盾构区间隧道的施工。基坑内边线范围大致为盾构机两侧外扩1.6m，盾构机前外扩2.0m。基坑长约14.1m，宽约11.55m，开挖深约12.9m，局部挖深约16.2m，基坑围护体系采用ϕ1000@700SMW工法桩密插型钢900mm×300mm×16mm×28mm，桩长29m。见图3-14、图3-15。

3.4.5 上海地铁某线过江区间中间风井盾构进出洞风险事故

3.4.5.1 工程背景

上海地铁某线越江段工程需穿越黄浦江，上行线全长1739.358m，下行线全长1732.725m，

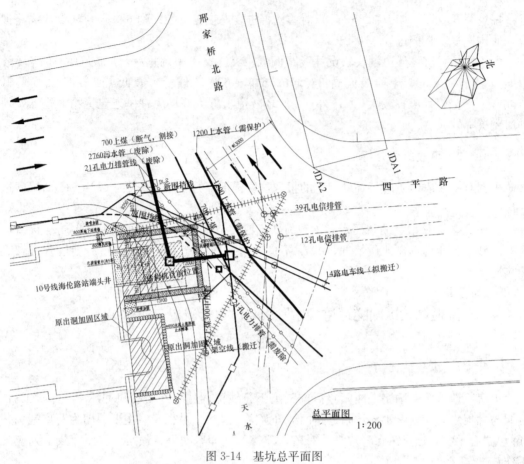

图 3-14　基坑总平面图

盾构需穿越中间风井。风井采用气压沉箱法施工。

3.4.5.2　事故情况

中间风井在采用气压沉箱法施工后，产生了一些不利于盾构施工的情况。

（1）由于开挖和下沉，不可避免地造成气压变化，导致基底平衡破坏，进而造成风井周边土体严重扰动；

（2）由于风井封底时仍然维持气压，因此导致气体残留在土体和井底内，进而造成周边土体积压气包和风井结构不稳（风井封底后结构上抬 48mm）。

盾构进洞加固方案：根据中间风井的实际情况，针对性地采取进洞地基处理措施。主要采取注浆＋冻结的加固方案。

注浆加固方案：考虑风井气压沉井后周边土体扰动且沉降较大，因此先实施地面注浆措施。

冻结方案：风井处盾构进洞地基处理主要依靠冻结法。冻结法分垂直冻结和水平冻结，其中垂直冻结为主，加固洞圈外土体；水平冻结为辅，辅助封闭洞圈底部土体。

进洞事故过程：

1 月 4 日 15：15，盾构鼻尖距风井外井壁 30cm，洞门混凝土剩余 300mm 厚。

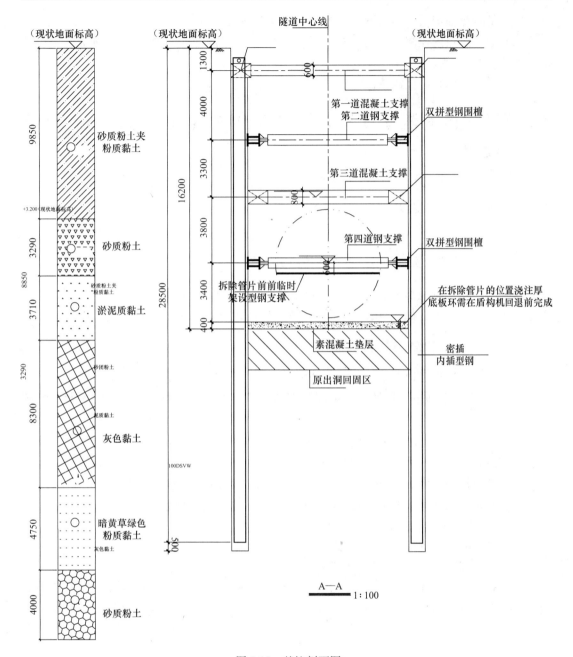

图 3-15　基坑剖面图

洞门中心大量高压气体喷出，持续约 3、4min 后，变为泥水涌出。

洞圈喷涌后地面迅速沉降。

盾构姿态及隧道高程发生变化。

3.4.5.3　应急抢险措施

（1）焊接钢板堵漏，但洞门为素混凝土，无法封堵牢固；

（2）压注双液浆、聚氨脂，效果并不明显；

（3）随着渗漏加剧，洞门混凝土板块发生开裂迹象；

（4）通过隧道内监测，盾构也发生下沉，同时考虑防止隧道上部土体继续流失，在地面也实施注浆；

（5）盾构机内和地面注浆。

3.5　强化区间隧道结构设计中安全质量风险防治的对策及建议

3.5.1　设计专业技术发展

3.5.1.1　特殊地质情况下地下工程的施工技术

近年来，在上海地下工程领域，新的施工技术主要有：MJS加固技术、气压沉箱施工工艺、矩形顶管技术、都市核心区的微扰动盾构掘进技术、盾构水中进洞技术等。

3.5.1.2　地下工程的风险管理技术

（1）城市轨道交通地下工程初步设计风险管理内容，主要包括：

1）分析和识别地下工程的自身风险和环境风险，提出具体的工程实施方案和风险控制措施；

2）对全线地下工程风险进行分级，说明工程自身及环境影响风险控制指标；

3）针对工程初步设计中潜在的重大风险，制定初步设计专项风险控制方案；

4）建立设计变更风险管理方法，确定初步设计风险的第三方审查制度。

（2）城市轨道交通地下工程施工图设计风险管理内容，主要包括：

1）工程施工风险源的识别、分级与风险评估；

2）核准初步设计风险分级，提出工程环境影响风险控制指标；

3）重大风险源的专项分析，建议风险控制措施；

4）施工图设计风险管理的主要目标是：考虑到施工误差、结构变形和位移、系统运营工程需求等风险因素，确保地下工程设计满足结构安全、施工工艺及使用功能要求，建立风险监控标准，提供风险控制及应急处置方案。

3.5.2　设计管理技术强化

3.5.2.1　开展设计所需的外部资料

（1）业主提供的资料主要有：设计委托书、规划红线和蓝线图、地形图、工程地质勘察报告、物探（地下管线）资料、前阶段设计文件、评审意见、批文等。当与周边构、建筑物相邻时，还应收集周边建（构）筑物的相关资料。

（2）总体设计单位提供的资料主要有：设计原则、设计技术要求、设计文件组成与内容等。

（3）系统设计单位提供资料主要有：线路、限界、车辆、接触网、轨道、供电、照明、防迷流、通信信号、防灾报警及机电设备监控、屏蔽门（或安全门）、环控、给排水及消防、人防工程等。

3.5.2.2 区间隧道与其他专业的接口（表 3-12）

区间隧道与其他专业的接口 表 3-12

相关专业	接口类型	接口资料内容	备 注
建筑	受资	隧道建筑横剖面图，连接通道平、剖面图，江中泵房平、剖面图	
线路	受资	线路平、纵剖面图	
限界	受资	隧道限界图	
设备专业	受资	预留孔洞和管线	
工程勘测	受资	岩土工程地质勘察报告（详勘）	
物探	受资	物探资料	
防水	受资	衬砌结构接缝构造	
防水	提资	衬砌结构模板图、连接通道结构图、特殊衬砌结构图	

3.5.2.3 强化设计图纸的会签

设计会签分为内部会签（工点会签）和外部会签（系统会签）。内部会签的时机是在校对之后，外部会签的时机是在审核之后。会签专业应包括建筑、水、电等所有提供结构专业互提资料的专业和所有相关的有影响的专业。

4 地下结构防水设计

4.1 对防水等级标准的片面理解及其对安全的不良影响

4.1.1 国内外的地下工程防水等级分级标准

4.1.1.1 我国的地下工程防水等级标准及相应的工程类型

（1）地下工程防水等级标准（表4-1）

《地下工程防水技术规范》中的地下工程防水等级标准　　表4-1

防水等级	标　准
一级	不允许渗水，结构表面无湿渍
二级	不允许漏水，结构表面可有少量湿渍。 工业与民用建筑：总湿渍面积不应大于总防水面积（包括顶板、墙面、地面）的1/1000；任意100m² 防水面积上的湿渍不超过1处，单个湿渍的最大面积不大于0.1m²。 其他地下工程：总湿渍面积不应大于总防水面积的2/1000；任意100m² 防水面积上的湿渍不超过3处，单个湿渍的最大面积不大于0.2m²；其中，隧道工程还要求平均渗漏量不大于0.05L/(m²·d)，任意100m² 防水面积上的渗漏量不大于0.15L/(m²·d)
三级	任意100m² 防水面积上的漏水点数不超过7处，单个漏水点的最大漏水量不大于2.5L/d，单个湿渍的最大面积不大于0.3m²
四级	有漏水点，不得有线流和漏泥砂。 整个工程平均漏水量不大于2L/(m²·d)；任意100m² 防水面积的平均漏水量不大于4L/(m²·d)

（2）地下工程防水等级的适用范围（表4-2）

地下工程防水等级的适用范围　　表4-2

防水等级	适用范围	附：工程类型
一级	人员长期停留的场所，少量湿渍会使物品变质、失效的贮物场所及严重影响设备正常运转和危及工程安全运营的部位，极重要的战备工程	医院、餐厅、旅馆、影剧院、商场、冷库、粮库、金库、档案库、通信工程、计算机房、电站控制室、配电间、防水要求较高的生产车间指挥工程、武器弹药库； 铁路旅客站台、行李房、地下铁道车站、城市人行地道
二级	人员经常活动的场所，在有少量湿渍的情况下不会使物品变质、失效的贮物场所及基本不影响设备正常运转和工程安全运营的部位，重要的战备工程	一般生产车间、空调机房、发电机房、燃料库掩蔽工程； 电气化铁路隧道、寒冷地区铁路隧道、地铁运行区间隧道、城市公路隧道、水泵房

防水等级	适用范围	附：工程类型
三级	人员临时活动的场所，一般战备工程	电缆隧道； 水下隧道、非电气化铁路隧道、一般公路道
四级	对渗漏水无严格要求的工程	取水隧道、污水排放隧道； 人防疏散干道、涵洞

注：1. 地下工程的防水等级，可按工程组成单元划分。

2. 对防潮要求较高的工程，除应按一级防水等级设防以外，还应采取相应的防潮措施。

（3）我国分级标准的特点

1）一级标准：不允许渗水，结构表面无湿渍。

2）二级标准：提出隧道工程总湿面积不应大于总防水面积的 2/1000，与任意 $100m^2$ 内防水面积的湿渍不超过 3 处，单个湿渍最大面积不大于 $0.2m^2$ 的说法，基本是合理的。"整体"与"任意"的关系，同样分别为 2～4 倍，考虑到隧道的总内表面积通常较大，故定为 3 倍。

3）设计人员可提出比国标规定要求高的规定量。

4.1.1.2 国外分级标准及从中得到的启示

（1）德国的防水等级标准（表 4-3）

德国铁路隧道及地下工程防水等级 表 4-3

防水等级	隧道状况	适用区域	定义	容许渗漏水量 $[L/(m^2 \cdot d)]$	
				10m 区间	100m 区间
1	完全干燥	贮藏室、作业室、休息室	衬砌内壁观察不到渗水痕迹	0.02	0.01
2	基本干燥	有霜冻危险的交通隧道区域，地下车站	衬砌内壁可以观察到渗水痕迹，用干的手触摸湿斑无水分渗出之感，但用吸墨纸或者报纸帖附到壁上，可观察到局部有吸湿但不致产生变色现象	0.10	0.05
3	由毛细现象产生的湿迹	没有必要达到防水等级 1 或 2 的隧道区间，房间	在衬砌内壁上可以局部观察到明显渗水现象。在明显呈现湿迹的范围内，可以将吸墨纸或者报纸大部分吸附，发生变色，但无水分滴落现象	0.20	0.05
4	若干滴水点	交通或市政管线隧道	个别地方，容许滴水现象	0.50	0.20
5	有滴漏点	下水隧道	个别地方，容许滴水现象	1.0	0.50

（2）国外分级标准的特点

国际常例，隧道工程即使 1～2 级防水都应提出 $L/(m^2 \cdot d)$ 的渗漏量指标，隧道工程中的渗漏量等于湿渍对应的渗水量加上底部测到的积水量之和。

湿渍与漏量的关系应结合气温、空气湿度、风速最终来建立这种关系。

4.1.2　防水等级分级检测及计算方法

4.1.2.1　防水等级分级检测法

介绍两种主要的渗漏水量的检测法：

（1）集水井积水量测。

（2）有流动水的隧道设水堰量测：

1）隧道内设集水井积水量检测法（以某道路隧道江中段为例）（表4-4）：

隧道内设集水井积水量检测法（以某道路隧道江中段为例）　　表4-4

观察部位	积水池面积（m²）	积水池分管面积（m²）	渗漏水						备　注
			观察时间		水　位		渗漏水量（L/d）	每平方米昼夜漏水量[L/(m²·d)]	pH值
			起止时间	累计时间	高度（mm）	Δh（mm）			
江中段	14.85	21041	10：40-翌日 10：40	24h	—	220	3267	0.16	7

2）有坡度隧道设水堰量测（图4-1）：

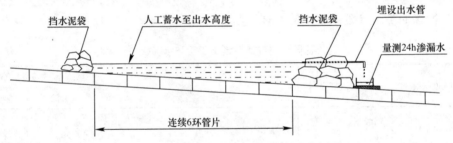

图4-1　隧道内设贮水堰积水量检测示意图

检测每天、每平方米的出水量为 Q_1。

邻近贮水堰处，放设一个面积为 $1m^2$ 的混凝土盛水储盘，同样，经24h，测得储盘蒸发的水量 Q_2。

由于储盘与贮水堰所处的工况条件几乎一致，故可将此蒸发量看作贮水堰中贮水蒸发量。该范围内的实际漏水量：

$$Q_3[L/(m^2 \cdot d)]：Q_3 = Q_1 + Q_2$$

3）点滴的检测：

（A）点漏的检测最为简单。点漏以有刻度的玻璃量杯、量筒为容器，量测漏点每分钟滴水。

（B）难以用容器测的，也可以 5～6滴/mL 计。

4.1.2.2　渗漏量的计算

（1）计算原则：漏水量为贮水检测量与湿迹换算量之和

国内外专家早已建立的共识是：规定单位面积的渗漏量（单位时间）为 $100mL/(m^2 \cdot d)$

和（单个湿渍面积×湿渍数）100m²，这样就撇开了工程断面和长度，客观性和可比性强。这也是设计人员应该坚持的方法。

（2）换算方法：湿迹用洒水造湿方法检测与近似换算

1）洒水造湿的地点，应在湿迹的附近，湿度、温度、风速相近。

2）洒水涂抹形成湿迹的潮湿程度与渗入湿迹接近。

4.2　地下车站结构防水设计中影响安全的关键点

4.2.1　车站防水混凝土结构设计中的"常见病"

4.2.1.1　混凝土结构形式与防水、耐久性关系的理解之正误

在研究地下车站部分包覆防水方案和全包防水方案优劣利弊时，必须结合埋深、地层水文、地质条件、施工条件等综合权衡比较。

（1）车站侧墙为叠合结构等形式与防水效果的关系

（A）非腐蚀性地层，叠合结构在整体评价上的优势；

（B）叠合结构半包防水方式的优缺点。

1）地铁地下车站叠合墙结构与防水设计叠合墙结构的特点

叠合结构是外墙围护结构与主体结构内衬墙体通过钢筋连接器（又称接驳器）连接，同时新旧混凝土间凿毛咬合所形成的整体受力结构，由于永久受力构件外侧混凝土直接接触外界各种介质，因此在设计围护结构时需考虑其保护层厚度及混凝土的密实性。同时，因外墙围护结构通常是地下连续墙等排桩结构，桩间接头的整体性与防水性需采取加强措施。

衬墙与围护结构间的有效连接：结合面的剪应力应超过 0.7MPa，在围护结构与内衬墙的混凝土板处设置足够的接驳器以保证叠合面之间可以传递拉、压、剪力，同时在顶、中、底板的连接点处可以传递弯矩。叠合后两者变形协调一致，可视为整体墙（车站底板处于微承压水层时，需设置底板防水层，防水层以能与底板混凝土咬合为好）。

2）叠合墙车站防水构造（图 4-2）

3）叠合结构的长处与不足

（A）优点：

（a）两墙合一，受力合理，省工省料，增加建筑面积；

（b）底板不施工防水层（7 层、5 层承压水、微承压水地层除外），对饱和含水软弱地层而言，减少基坑暴露时间长引起的位移风险；

（c）侧墙虽无防水层，但硕大地下墙可视为刚性挡水体。

（B）缺点：

（a）混耐久性凝土相对复合墙全包防水弱，尤其在腐蚀性地层；

（b）由于内外墙间约束大，内衬侧墙温度裂缝相对较多，漏水概率高。

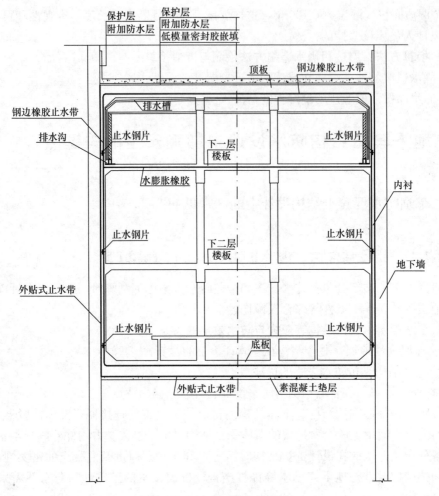

图 4-2　叠合墙车站防水构造

（2）车站侧墙复合结构或单墙结构形式与防水效果的关系

1）复合结构全包防水方式的优缺点

复合结构施工阶段围护结构单独承受侧向水土压力，使用阶段的土压力由围护结构和主体结构共同承受，水压力由主体结构承受。

采用复合结构时，主体结构往往需设置底板桩或顶板压顶梁解决抗浮问题。

（A）优点：复合结构增加了附加防水层，隧道主体结构混凝土直接接触外界腐蚀性介质的机会相对较小，混凝土耐久性也较强。从长远分析，其安全性较强。京、津、穗等市轨道交通用得较多。

图 4-3 为复合墙与叠合墙的结构受力与防水方式之差异。

（B）缺点：两墙分别承压水土压力，总的墙体厚，占有空间多，且覆土小时，常需用抗拔桩或压顶梁抗浮。另外，防水层在支撑接头处不宜施工，质量欠佳。

2）单墙结构及局部防水方式在结构耐久性上的缺点（图 4-4）

（A）在泥浆中，尤其膨润土泥浆中浇筑无振捣混凝土质量难与模筑混凝土同日而语；

（B）单墙结构在板墙连接处防水难处理，墙体无外防水层；

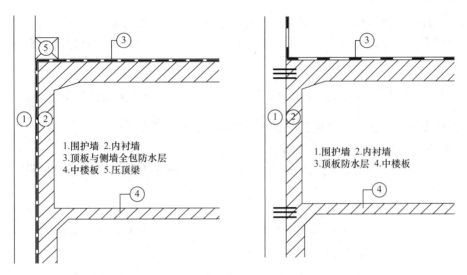

图 4-3　复合墙与叠合墙的结构受力与防水方式之差异

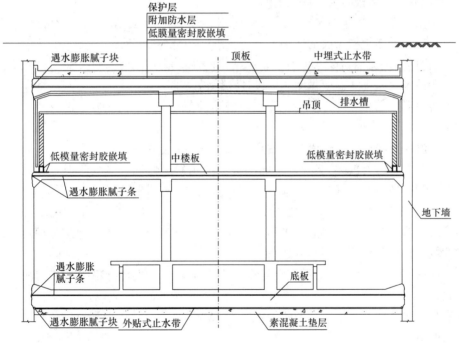

图 4-4　单墙车站防水结构

（C）在侵蚀性地层中混凝土地下墙耐久性弱突出。

目前，上海地铁 1、2、4、8 号线均有部分单墙结构车站，新建地铁原则上不考虑单墙结构了。

(3) 分离墙结构是力保车站防水等级一级的方法

（A）优点：结构受力与防水体系的关系清晰，分离墙结构使全包防水容易，质量有保证。

（B）缺点：在寸土寸金的城市市区较难实施，工时与造价也多耗。国内少实施。

综上所述，在研究地下车站部分包覆防水方案和全包防水方案到底哪个更好、权衡利弊时，要结合埋深、地层水文、地质条件、施工条件等综合比较。应避免对防水方式的片面、简单地肯定与否定。

4.2.1.2 混凝土结构防水与结构耐久性设计的关系与技术要点掌握不足

(1) 地铁混凝土结构耐久性日趋重视下的错误认识

1) 地铁混凝土结构耐久性日渐重视

（A）轨道交通地下车站与区间隧道的防水等级分别定为一级与二级，并明确要求工程主体结构设计使用年限为 100 年；

（B）混凝土结构耐久性认知的加深以及相关国家标准《混凝土结构耐久性设计技术规范》（GB/T 50476—2008）、《普通混凝土长期性、耐久性测试方法的规定》（GB/T 50082—2009）等的颁布执行；

（C）混凝土耐久性的技术指标的检测也陆续展开，各地轨道交通工程混凝土结构的耐久性正在逐步被重视。

2) 地铁混凝土结构耐久性认识上的错误

（A）存在把混凝土自防水与混凝土结构耐久性隔离、对立的现象，有把前者看作防水的需要、后者看作结构需要的错误；

（B）"搞防水的只需讲防水混凝土，搞结构的才讲混凝土结构耐久性"，"只有腐蚀性地层、严寒地区混凝土才需要做耐久性设计"等错误见解。

（C）片面认为《混凝土结构耐久性设计技术规范》（GB/T 50476—2008）是推荐性规范，不必实施。

(2) 对混凝土结构耐久性设计应贯穿在工程设计的全过程认识不足

1) 未掌握工可设计、初步设计中的混凝土结构耐久性设计（应体现工程设计使用年限、环境类别、环境作用等基本要求），未理解它们与施工图设计内容与要求上的差别；

2) 未掌握施工图设计中的混凝土结构耐久性设计的深度（主要结构的主要部位的环境作用等级、裂缝允许宽度、混凝土强度等级、最小胶凝材料用量、保护层厚度，以及各项耐久性技术指标及检测频度与方法）；

3) 编制耐久性设计时，有偏重车站结构混凝土的耐久性，忽略区间结构混凝土耐久性的现象。

渗透与扩散是地下水土腐蚀的两种主要方式。渗透量与结构埋深对应，扩散量与介质的浓度梯度对应。

图 4-5 为隧道混凝土结构耐久性退化简图。

(3) 工程混凝土所处环境类别与环境等级未能正确划分

1) 单个项目混凝土结构耐久性设计中共性与个性的差异。

2) 同一条地铁线，不同地区地层隧道混凝土耐久性要求的差别会很大；同一地铁同一地区地层，因不同施工方法差别也会不小（如地铁区间用矿山法与盾构法，前者环境作用等级ⅠB，后者ⅠC，因为矿山法衬砌设夹层防水层全包，初衬加二衬的总厚度足够大）。上海地铁车站环境作用等级为Ⅰ-B级。

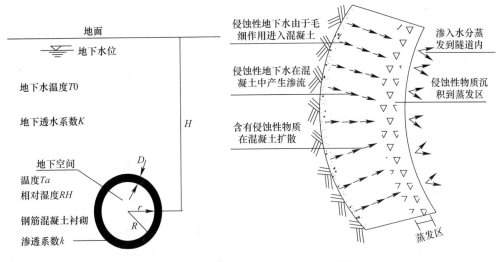

图 4-5 隧道混凝土结构耐久性退化简图

（4）混凝土保护层专用定位件——高强度垫块设计不足

1）高强度垫块特点

（A）混凝土耐久性设计与施工中，保证钢筋保护层厚度的专用垫块改变了过去的普通水泥砂浆垫块尺寸误差大的缺点，也克服了绑扎钢筋用铁丝易腐蚀的弱点；

（B）由于采用独特的生产工艺，经蒸养、水养和自然养护而定型，有比结构混凝土更高的抗压强度与抗渗、防腐蚀要求。

2）高强垫块的类形

图 4-6 为国外各类钢筋保护层定位件。

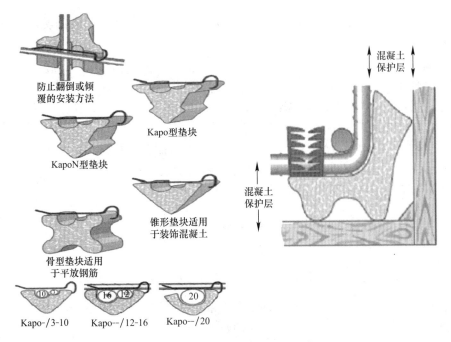

图 4-6 国外各类钢筋保护层定位件

3）高强度垫块设计与应用中应注意的问题

（A）定位件与工程结构浇筑的混凝土无缝隙，严防空气、水等通过定位件与浇筑混凝土界面渗透而引起的钢筋锈蚀。

（B）改进定位件生产工艺，使之规模化，提高加工效率；加强绑扎用金属丝和固定用夹件的研究，在满足耐腐蚀性要求，优化构造，降低成本。

（C）确定不同的最合适形式的保护层定位件。

（D）随着应用的扩大，宜尽早编制暂行规程。

4.2.1.3　混凝土结构防水与耐久性能若干技术指标的设计与检测的纰漏

（1）申通混凝土耐久性设计文件中关于混凝土胶凝材料等的理解

《地下工程防水技术规范》要求水泥用量不宜小于 $260kg/m^3$；粉煤灰（优于Ⅱ级灰）用量宜为胶凝材料总量的 $20\%\sim30\%$，水胶比小于 0.45 时，可适当增加。目前，应强调混凝土的水胶比。由于硅酸盐水泥、普通硅酸盐水泥的广泛应用，同样指一定量的水泥，普硅、纯硅水泥可相差多达 15% 的矿物掺合料，故同样是 $260kg/m^3$ 水泥，实际意义也很不同。另外，在地下工程中，双掺粉煤灰、粒化高炉矿渣微粉对低水胶比（如 0.45）的混凝土而言，对提高耐久性有好处。因此，车站混凝土中单掺或双掺量为凝胶材料总量的 $30\%\sim50\%$ 也很正常（目前上海的用量达 40%）。

设计较低水胶比的混凝土时，应采用减水剂，其混凝土的砂浆减水率应至少大于 15%。

至于有人把上面"要求水泥用量不宜小于 $260kg/m^3$"，设计成"不应小于 $260kg/m^3$"，则不符合规范原意了。

施工上述防水混凝土时，浇灌后一定要在混凝土达到充分强度再脱模，但是养护应及时，可在混凝土初凝及未脱模前即开始。

（2）《混凝土结构耐久性设计规范》与别的国标在混凝土保护层与耐久性指标上的差别与原因

1）《地下工程防水技术规范》规定"防水混凝土"迎水面钢筋保护层不应小于 50mm；

2）《地铁设计规范》规定盾构隧道管片混凝土氯离子扩散系数不宜大于 8×10^{-9} cm^2/s，涂外防水涂层后规定不宜大于 $2\times10^{-9}cm^2/s$（另外，规定了管片混凝土渗透系数的值）。

在 21 世纪初，《地铁设计规范》就提出了这两项耐久性指标，较领先。但因经验有限，指标偏高，难达到，也未强调是用自然扩散法的检测值。在即将颁布的新规范中将有整改。另外，混凝土渗透系数在新的混凝土性能检测标准中已去除，不应再要求。

4.2.2　车站结构防水构造设计及其"常见病"

4.2.2.1　车站及其出入口通道结构细部构造防水设计的"常见病"

（1）车站变形缝、诱导缝防水构造设计不当

1）变形缝、诱导缝止水带材料与形式的不当

（A）诱导缝环向止水带与水平施工缝止水带（条）的材料应尽量牢固搭接与叠合。

（B）变形缝嵌缝构造与嵌填材料性能的不当。至于在内防水嵌缝密封胶上再加涂柔性涂料，完全无济于防水。

2）变形缝环向止水带与水平施工缝止水带交汇处

（A）垂直施工缝、变形缝的中埋式止水带与侧墙水平施工缝采用的钢板止水带会有交汇；

（B）优化止水带全密封十字形防线，带-带、条-条、带-条及其辅助措施的组合，寻求合二为一的最佳组合。

（2）车站施工缝防水材料组合设计之正误

1）钢板止水带、钢板腻子止水带与注浆管或遇水膨胀止水材料的组合；

2）注浆管与遇水膨胀止水材料的相互组合；

3）其他几种接缝防水材料组合。

（3）水平施工缝与垂直施工缝设计之比较

1）接缝表面预处理上之差异

水平施工缝容易凿毛及水泥砂浆"接浆"，垂直施工缝尤其强调界面剂处理。

2）水平、垂直施工缝用防水材料之不同

水平施工缝不提倡用橡胶止水带，用膨胀类材料应注意预膨胀，而止水条固定较方便；垂直施工缝适用膨胀止水胶。

4.2.2.2　车站结构防水层选材与应用设计的"常见病"

（1）车站侧墙叠合墙、单墙、复合墙与防水层选用的不匹配问题

（2）几种刚性或刚柔结合型防水材料设计的不当

1）水泥基渗透结晶型防水材料及其应用上的问题

底板位置干粉洒在垫层上与在浇筑抹平混凝土时干粉洒抹的优劣：因底板钢筋密集，前者不易均匀，局部还有死角，但处于迎水面；后者抹压均匀，且不露在表面，有利于渗透，虽洒、抹在背水面，但只要裂缝不贯通，腐蚀影响小。但顶板只设一道防水层时应采用柔性防水层。

2）聚合物水泥涂料的类型及其应用上的问题

注意其材料只有Ⅱ型、Ⅲ型适合地下工程。

图4-7为管片错缝拼装及其外防水涂层。

（3）几种常用柔性防水材料设计的不当

1）预铺反粘卷材防水层在侧墙、底板上应用的

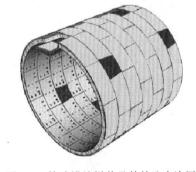

图4-7　管片错缝拼装及其外防水涂层

问题：高分子类（Y类）用于底板时宜不设保护层，用于侧墙要充分注意平整度。预铺卷材铺设在侧墙面先衬木板是可借鉴的做法，其好处如下：

（A）基面平整度有保证，减少卷材浇混凝土时扯伸破裂；

（B）不会因围护墙与底板沉降不均匀使卷材粘结面扯开。

2）膨润土防水毯防水层在底板、侧墙、顶板上应用的问题：未注意侧墙、顶板防水层要予以充分的侧压力、垂直压力。此外，还应重视雨天施工时防水毯的保护。

3）喷涂聚脲喷涂橡胶沥青类等喷涂防水涂料在顶板上时基面处理剂是关键。

图 4-8 为某地下工程高分子聚乙烯自粘胶膜卷材底板施工。

图 4-8　某地下工程高分子聚乙烯自粘胶膜卷材底板施工

4.3　地下区间隧道结构防水设计中影响安全的关键点

4.3.1　盾构隧道衬砌及其设防易误解的问题

4.3.1.1　管片设防要求与各项措施理解上的偏差

（1）设计单道密封垫还是双道密封垫；

（2）内衬或局部内衬的设置；

（3）衬砌设防的后备措施（如注入密封剂）。

地铁管片通常只设单道密封垫，并不设内衬或局部内衬；至于衬砌设防的后备措施正在加强。

4.3.1.2　对管片外防水、防腐蚀涂层设置的理解

（1）采用管片外防水防腐蚀涂层的目的。即使混凝土质量有保证，上海地区地铁管片也并非一定不需要涂外防水防腐蚀涂层。

（2）管片混凝土抗渗实验与单块管片检漏（图 4-9）各自的意义。混凝土抗渗实验判断混凝土材料的密实性；单块检漏判断具体管片的抗渗性，也反映了制作质量。两者检验压力不同。

图 4-9　管片混凝土单块管片检漏

4.3.1.3　管片外防水涂层的材料种类

管片外防水涂料宜采用环氧或改性环氧涂料等封闭型材料。

水泥基渗透结晶型或硅氧烷类等渗透型材料，前者封闭性好，涂后抗水分渗透、抗有害离子扩散很有效；后者施工性好，作业简便，雨天、潮湿无

碍；偶有碰损不影响。

(1) 对管片外防水涂料的主要要求

1) 作为管片外涂料最重要的特性是混凝土在涂层涂刷前后渗透系数、氯离子扩散系数等的差异，一定要有这方面的数据（据知，目前正在检测）。此外，耐磨等管片专用涂层的技术指标也应列入。

2) 不单注重材性，对施工中的涂刷厚度，涂刷方式的择取也应有理论上与实际的证明。表 4-5 是国际著名的管片外防水涂层（环氧类）的指标表。

Sikagard 65W 性能指标　　　　表 4-5

项　目		未涂刷涂料	涂刷的混凝土	提高比率	测定方法
水蒸气透过率	水渗透	－0.7MPa 压力（24h）		—	DIN 1048
	透过量	<0.545gm/m²	0.376gm/m²	—	
	渗透系数	<0.97×10⁻¹⁴ m/s（渗入－6.3mm）	优异，已无法检出	—	
	水渗透	－1MPa 压力		—	TEL 法
	渗透系数	<1.05×10⁻¹³ m/s	优异，已无法检出	—	
氯离子表观扩散系数		<7.84×10⁻¹³ m²/s	<3.36×10⁻¹³ m²/s	57%	ASTM C1202
电通量		<653C	<282C	57%	
氧扩散试验		<1.87×10⁻⁸ m²/s	<1.15×10⁻⁸ m²/s	37%	

高渗透型环氧管片外涂料兼有渗透浸润入混凝土内部增加密实性、表面涂覆封闭防水层双重功效，显然有良好前景。

(2) 管片外防水防腐蚀层的设置依据、材料选用及其布设范围

1) 管片外防水防腐蚀层与埋深、地层的腐蚀性的关系（埋深，单位时间渗透量大；腐蚀介质浓度高，扩散速度快）。

2) 水泥基渗透结晶材料与改性环氧（包括渗透型环氧）的特性、指标及适用性的基本差异。

3) 管片外防水防腐蚀层布设的范围。不仅在管片背面，还包括密封垫外侧，设计不可疏漏。

4.3.2 盾构隧道管片接缝防水上容易误解的问题

4.3.2.1 管片接缝密封垫材质、性能、接缝张开、拼装错位对渗漏的影响

(1) 遇水膨胀类材料（包括聚醚聚氨酯弹性体）设计的膨胀率过高及预膨胀对密封的影响。膨胀率过高，后期性能易下降，预膨胀要通过缓膨胀剂解决，但目前仍无缓膨胀率的检测标准。

(2) EPDM 多孔密封垫设计孔、槽的多少与大小对长期密封防水的影响。

(3) 复合类密封垫复合形式（叠合、嵌合）与工艺（热压硫化、微波硫化）对止水效果的影响。

目前，上海盾构区间隧道管片所设密封垫的材质主要为三元乙丙橡胶（EPDM）。

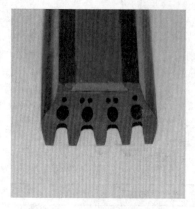

图 4-10 密封垫复合形式

4.3.2.2 EPDM 类密封垫复合形式（叠合、嵌合）与工艺（热压硫化、微波硫化）对止水的影响

图 4-10 为密封垫复合形式。

（1）复合成形，一次挤出方式

1）由于生产加工方式从模压变成挤出，膨胀橡胶配方需作调整，以满足性能要求；

2）两类材料微波硫化速度不一，三元乙丙胶配方和膨胀橡胶配方的硫化体系必须匹配，保证两者能共硫化；

3）尤其需配备特殊的生产设备，成本较高。近年国内已有厂家经攻关，获解决。

（2）从机械或人工嵌合方式到同步微波硫化方式

与遇水膨胀橡胶复合的多孔、多脚弹性密封垫也是国内盾构隧道管片接缝防水密封考虑的材料与方式。

密封垫表面设槽，遇水膨胀橡胶薄片人工嵌入的方法，费人工，更因嵌合的缺陷，发生膨胀橡胶薄片脱出、坠落的情况，影响接缝防水。一次挤出成型工艺是新技术。

（3）技术难点

1）在解决一次成型工艺难点、提高接缝防水性的同时，对复合型密封垫实际使用寿命的研究尚待深化；

2）角件的模压复合成型技术与直条一次挤出成型连接的均一性。

4.3.2.3 密封垫水密性试验与有限元解析为基础的管片接缝弹性密封垫

（1）断面的密封垫弹性橡胶不同构造（图 4-11）

（2）密封垫水密性试验

密封垫应进行一字缝或十字缝水密性的试验检测，以验证它满足在规定水压、规定的环纵缝张开值（包括一定错缝量）下，不渗漏。

《高分子材料·第 4 部分：盾构法隧道管片用橡胶密封垫》已将一字缝或十字缝水密性的试验规定在标准中了。

（3）盾构隧道接缝密封垫有限元解析研究

1）有限元解析研究

衬砌接缝张开一定量情况下弹性密封垫有限元应力计算是设计密封垫的关键，其核心是控制密封垫各部位在不同受力状态下接触面的压应力。而密封垫水密性实验的结果是有限元分析计算的基础。

2）重视"密封垫闭合压缩力"概念的引入

密封垫被完全压密至密封垫沟槽内，即接缝闭合（张开 0mm）时的密封垫单位长度所承受的压力，单位为 kN/m。闭合压缩力指标对管片拼装质量至关重要。密封垫闭合压缩力过大，影响纵缝压密及封顶块插入；闭合压缩力过小，无疑使水密性降低。目前，地铁管片密封垫闭合压缩力应小于或等于 60kN/m。

过去解决封顶块插入困难的措施如下：

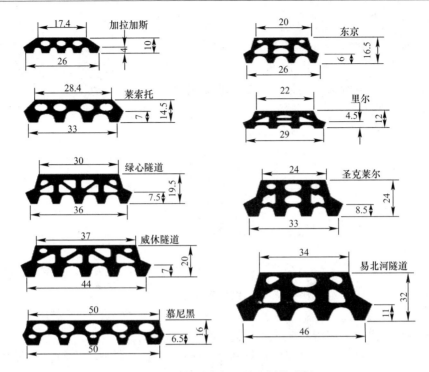

图 4-11　弹性橡胶密封垫的不同构造断面

（A）在密封垫橡胶表面衬纤维布或尼龙绳，牵扯它的伸张；

（B）涂刷减摩剂使密封垫径向容易插入，减摩剂为羧甲基纤维素（CMC）、硅脂、十六烷基磺酸钠（俗称"洗洁净"）；

（C）摒弃了过去的方法采取在橡胶表面喷涂硅烷类成膜材料的工艺，光滑而坚硬，大大减小了插入阻力，改善挤出成疙瘩的状态，质量可靠，功效稳定。

但以上措施较被动，唯在设计中控制好闭合压缩力较有效。

4.3.2.4　低价中标影响密封垫质量

防水材料、防水施工招标中低价中标，以致影响工程质量的现象时有发生，确保防水材料质量与耐久性为当务之急。

（1）橡胶密封垫以次充好行径全力防止

以管片接缝橡胶密封垫为例，密封垫的质量问题值得关注。

由于橡胶生产价格与石油市场价格实际挂钩，这几年石油价格飙升，但橡胶密封垫的工程招标价位几乎一直不变，甚或还有压低趋势，这种背离施工定额、有悖优质优价原则的橡胶密封垫低价中标方式（尽管工程施工总包企业并非是低价中标的），势必使个别生产供应方造"假"（如原料中多掺再生胶、填料等）。数十年后甚至不足十年，隧道管片接缝密封材料老化、损坏的恶果或会全面暴露，后果堪忧。

（2）从管片接缝弹性密封垫成本分析看质量

地铁盾构隧道管片接缝弹性密封垫三元乙丙橡胶，原材料市场报价一度高达 50000 元/t（如 2011 年）；按密封垫的设计含胶率为 35% 计算，则每公斤密封垫的 EPDM 费：50×

0.35＝17.5 元/kg，弹性密封垫的另 65％含量材料，以全部为炭黑计，炭黑原材料市场价 10 元/kg，则每公斤密封垫的炭黑填充料原材料费：10×0.65＝6.5 元/kg。弹性密封垫原材料成本合计：为 17.5＋6.5＝24 元/kg。可见，当时某城市地铁弹性密封垫招标中，竟有以 22 元/kg 为中标价很是离谱。总之，成品招标价，不应一成不变，而宜随原材料市场价格波动适当调整。

(3) 应从业主与设计方开始重视

1）改变招标项目中低价中标的方式；

2）设计中加强设计指标的正确与完整；

3）改进抽检方式与速快检测方法。

4.3.2.5　接缝嵌缝材料坠落对行车安全的影响

(1) 坠落的危害

1）作为柔性、弹性密封胶条类嵌缝材料，因长期运营有下坠致接触网的可能；

2）坠落绕缠受电弓造成供电短路、机车停运。

(2) 防坠的要素

1）嵌缝槽的设计（嵌缝槽应在满足管片制作脱模条件下，内大外小）；

2）嵌缝料的设计定型类（利用形状构造特点）与未定型类（利用粘结与膨胀特性）的防外脱关键。

嵌缝作业以拱顶部原则上不嵌为方针。

4.3.2.6　管片防水辅助材料的应用纠错

（1）接缝挡水条及其形式与设置目的相悖。

正确的做法是设聚氨酯弹性体、膨胀橡胶挡水条或海绵挡水条，在外沿兜绕成框或成"L"形，阻挡地层与盾尾注浆的泥沙和压注的盾尾油脂流入。其中，海绵条以挡泥沙为主，而前两种膨胀材料还要求有挡水的功效。总之，挡水条的硬度也不宜大。图 4-12 为挡水条下落影响防水与拼装。

图 4-12　挡水条下落影响防水与拼装

（2）接缝传力衬垫设计随意而无序。

目前，接缝传力衬垫设计中存在随意现象。承压垫片往往贴满，无丝毫空隙。其实，粘贴的面积虽然很难从理论上正确核算，但国内外实践表明，若达到环面面积的 2/5～3/5 也能避免应力集中。全断面满粘的做法无必要。

（3）螺孔密封圈设置不当。

4.3.3　盾构隧道联络通道、隧道洞口防水的关键技术

4.3.3.1　圆隧道与联络通道接头防水

（1）钢管片复合管片密封垫的防水；

（2）钢管片外弧面与通道圆断面相贯线的密封防水。

4.3.3.2　联络通道本体防水

图 4-13 为联络通道本体及与隧道接头防水构造

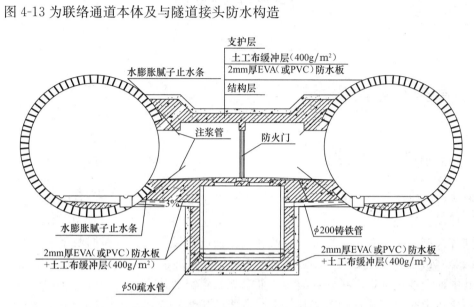

图 4-13　联络通道本体及与隧道接头防水构造

（1）夹层防水层及分区注浆系统防水的关键点；
（2）抗融沉注浆管穿墙接头的密封防水。

5 高架结构设计

5.1 高架车站结构

5.1.1 车站结构设计特点

城市高架轨道交通系统作为一种快速、大运量的公共交通设施，具有快捷、安全、舒适、环保、经济等综合优势，因此发展很快，近年来，随着中国城市化步伐的加快，在我国各大城市纷纷兴建。目前，城市轨道交通的敷设方式一般根据城市总体规划的要求，结合城市现状及规划情况、工程地质、环境保护等条件来选择，有地下线和地上线，其中地上线包括地面线和高架线，而高架轨道交通作为一种经济、实用、高效、安全的快速轨道交通模式，相对于其他走行方式的优势在于：高架轨道交通造价低，建设周期短。

（1）相对于地下线，高架线路造价为地下线的 1/3，高架车站的建设费用为地下车站的 1/9，运营费用是地下线的 1/3。建设一条地下线的资金可以建三条同样长度的高架线。

（2）由于高架线是在地面上建设，建造速度快，适应了大城市发展的需要。

（3）相对于地面线，高架轨道交通与地面道路交通没有冲突，更为高效和实用。

（4）相对于道路交通，高架轨道交通在完全封闭的系统中运行，安全性更好。

当然，高架线路还要结合城市建成区的建筑空间、密度、周围环境、道路红线等要求敷设，一般设置在城市的郊区地段。

目前在上海的轨道交通 1 号线北延伸段、3 号线、4 号线、5 号线、6 号线、7 号线北延伸段、8 号线二期、9 号线、11 号线均设有高架线路。此外，北京地铁 5 号线、八通线、房山线，重庆轨道交通 2 号线、3 号线，宁波轨道交通 1 号线，深圳轨道交通 3 号线、4 号线、5 号线以及广州地铁 4 号线，武汉轨道交通 1 号线等全国各大城市轨道交通线路中也设置了高架线。

高架车站作为高架轨道交通的重要组成部分，是城市轨道交通路网中一种重要的建筑物，它不同于一般的房屋建筑，它既有列车通过又有列车制动停留在站内的工况，是桥梁和房建融汇一起的结构体系。高架车站设计中存在以下几个特点：

5.1.1.1 工程地质环境复杂

例如，上海、深圳、宁波等沿海城市或南方城市的工程地质、水文地质条件复杂多变，地铁线路经过多种地貌单元，常位于软硬交错地层，或者遇到断裂破碎带、溶洞等特殊环境构造，穿越或邻近河道，地下水丰富、水位高。

5.1.1.2　工程周边环境复杂

轨道交通线路穿行于城市交通要道和人口密集区域，建筑物、构筑物、桥梁、隧道、道路、管线等周边工程环境复杂，不可以预见因素较多。

5.1.1.3　工程技术复杂

高架车站结构设计中，由于涉及房建和桥梁两个不同的结构专业，其中桥梁专业采用的是容许应力法验算，房建专业采用的是极限应力法验算，而车站很多关键性构件的设计需要同时满足两个专业的规范，因此设计难度大。

5.1.1.4　工程协调量大

高架车站是土建及机电设备复杂的综合性系统工程，专业多，环节多，接口多，作业时空交叉，组织协调量大。设计过程中，除与参建单位包括建设、勘察、施工、监理、质检等单位沟通外，还需与工程周边环境的权属与管理单位进行协调，因此沟通协调量大。

5.1.1.5　控制标准严格

城市轨道交通工程属于一个城市的永久性标志工程，其主体结构设计使用年限为100年，作为百年大计的重点工程，对工程的设计及施工监控等也提出了很高的要求。

5.1.1.6　安全风险大

前面的工程特点决定了轨道交通工程施工安全风险较大，风险关联性强。如周边环境不清，措施准备不充分，很容易出现安全质量事故和险情，造成人员伤亡和经济损失。

5.1.2　现有设计技术标准局限性分析

5.1.2.1　结构体系设计的技术标准局限性

高架车站从结构受力体系，可区分为"建—桥合一"型车站及"建—桥分离"型车站。

"建-桥分离"的结构体系是把车站房建和高架桥分离成两个完全独立的受力系统，其优点是受力明确、简捷，但桥与建分离体系需增加柱网，柱子设置较多，且设缝较多，较难满足作为公共交通建筑的车站所需大空间要求。

"建-桥合一"的结构体系是把桥墩作为房屋框架结构的一部分，框架纵、横梁对桥墩均能起到约束作用，减少了桥墩计算高度，降低了线路标高和建筑标高，且柱网简单，柱子设置较少，便于使用，能更好地满足建筑大空间的要求。因此从目前的使用情况看，"建-桥合一"结构形式已更多地应用在高架车站中。

由于"建桥合一"结构没有现行统一的规范与标准可循，设计时，必须对不同的构件采用房建、桥梁这两种不同的规范进行综合分析，结构受力及计算颇为复杂。设计过程中，一般高架车站设计需要房建专业和桥梁专业两个结构专业共同设计，如两个专业的人员都仅限于本专业的知识，对对方专业知识结构存在缺陷，将会造成对车站总体设计的把握无法做到全面性。

目前在车站设计中，房建、桥梁两个专业需将本专业的规范结合《地铁设计规范》、《城市轨道交通工程项目建设标准》、《城市轨道交通技术规范》、上海市《城市轨道交通设计规范》等国家及地方轨道交通规范综合使用，这样就涉及对多个规范的理解和使用，由于各规范的强条和抗震方面内容较多，在设计中往往容易疏忽，从而造成设计中的安全隐患。以下就高架车站中需注意的规范条文和抗震设计要求做进一步探讨。

（1）《地铁设计规范》（GB 50157—2013）第 1.0.7 条

地铁的主体结构工程，设计使用年限为 100 年。

一般的房建结构，其设计使用年限为 50 年，而高架车站主体结构的设计使用年限应采用 100 年。

此外，根据《城市轨道交通工程项目建设标准》（建标 104—2008）第五十八条规定：主体结构及其相连的重要构件，其安全等级应为一级，按可靠度理论设计时，设计基准期为 50 年，结构耐久性设计应符合结构设计使用年限为 100 年的要求。

（2）《地铁设计规范》（GB 50157—2013）第 1.0.15 条

地铁工程抗震设防烈度，应根据当地政府主管部门批准的地震安全评价结果确定。

一般的工业与民用建筑，包括高层建筑，只需要按照国家标准中国地震动参数区划图（即《建筑抗震设计规范》附录 A）所规定的地震动参数进行抗震设计。而对重大建设工程和可能发生严重次生灾害的建设工程，根据《中华人民共和国防震减灾法》第十七条规定，应当按照国务院有关规定进行地震安全性评价，并按照经审定的地震安全性评价报告所确定的抗震设防要求进行抗震设防。

（3）《地铁设计规范》（GB 50157—2013）第 9.1.9 条

高架结构墩台基础沉降应按恒载计算。

对于外静定结构，其总沉降量与施工期间沉降量之差，不应超过下列容许值：

墩台均匀沉降量：50mm；

相邻墩台沉降量之差：20mm。

对于外静不定结构，其相邻墩台不均匀沉降量之差的容许值还应考虑沉降对结构产生的附加影响来确定。

上述规定中的基础沉降计算采用恒载，与房建结构采用准永久值要求不同，同时对墩台沉降要求较房建结构严格，也与铁路桥涵规范的具体要求有所区别。

（4）《地铁设计规范》（GB 50157—2013）第 9.5.10 条

车站高架结构应按现行《建筑抗震设计规范》进行抗震设计及设防。轨道梁桥与车站完全分开布置时，轨道梁桥应按现行国家标准《铁路抗震设计规范》进行抗震设计。

上述条文对车站结构的抗震设计中需采用的规范要求做了具体规定。

（5）《地铁设计规范》（GB 50157—2013）第 9.5.5 条

"桥-建"组合体系中，轨道梁、支撑轨道梁的横梁、支撑横梁的柱等构件及基础，应按现行铁路桥涵设计规范进行结构设计。当轨道梁简支于横梁布置时，内力分析可按平面刚架假定进行；当轨道梁与横梁刚结布置时，内力分析宜按空间刚架假定进行，由活载产生的内力，应根据影响线加载计算得到。

该条文对"桥-建"组合体系中各构件设计需采用的规范、方法做了具体要求。

(6)《上海城市轨道交通工程技术标准（暂行）》(STB/ZH-000001—2010) 第13.1.8条

车站结构为框架形式时应符合以下规定：

1）应按抗震设防烈度7度、重点设防（乙类）建筑进行抗震设计，并采取相应的抗震构造措施。

2）车站建筑结构的安全等级应为一级。

3）抗震缝、伸缩缝的设置应综合考虑，宽度应同时满足抗震缝及伸缩缝的要求。当满足第13.1.4条规定的构造要求时，伸缩缝最大间距可适当增大。

该条文对上海地区的框架形式高架车站抗震设计做了明确要求。

(7)《建筑抗震设计规范》(GB 50011—2010) 第6.1.5条

甲、乙类建筑以及高度大于24m的丙类建筑，不应采用单跨框架。

由于高架车站的建筑抗震设防类别为乙类，对采用框架形式的独柱及双柱车站，因不满足该条文要求，需进行相关的抗震专项论证工作。

(8)《上海城市轨道交通工程技术标准（暂行）》(STB/ZH-000001—2010) 第13.1.14条

最大裂缝宽度限值 ω_{lim} 应符合以下规定：

1）承受列车荷载的构件同区间桥梁；

2）其余钢筋混凝土构件为0.30mm；

3）部分预应力混凝土（B类）构件为0.1mm。

该条文对高架车站上部结构中不同类型构件的裂缝控制要求做了具体规定。其中承受列车荷载的构件的最大裂缝宽度限值如下：

1）主力作用下时为0.20mm；

2）主力加附加力作用时为0.24mm；

3）U形梁桥道板为0.10mm。

(9)《建筑抗震设计规范》(GB 50011—2010) 第3.7.1条

非结构构件，包括建筑非结构构件和建筑附属机电设备，自身及其与结构主体的连接，应进行抗震设计。

建筑非结构构件一般指以下三类：

1）附属结构构件，如：女儿墙、雨篷等。

2）装饰物，如：贴面、顶棚、悬吊重物等。

3）围护墙和隔墙。地铁车站是人流密集区，因此应重视并处理好非结构构件和主体结构的关系，防止附加灾害，减少损失。

《建筑抗震设计规范》第13章对非结构构件设计做了具体要求，车站抗震设计时应符合相关要求。

(10)《建筑结构荷载规范》GB 50009—2012 第3.2.5条

可变荷载考虑设计使用年限的调整系数应按下列规定采用：

楼面和屋面活荷载考虑设计使用年限的调整系数应按表5-1采用。

楼面和屋面活荷载考虑设计使用年限的调整系数 γ_L 表5-1

结构设计使用年限（年）	5	50	100
γ_L	0.9	1.0	1.1

注：1. 当设计使用年限不为表中数值时，调整系数 γ_L 可按线性内插确定；

　　　2. 对于荷载标准值可控制的活荷载，设计使用年限调整系数 γ_L 取 1.0。

高架车站主体结构设计使用年限为 100 年，设计时，其民建楼、屋面活荷载应根据上述要求考虑设计年限的调整系数 1.1。

(11)《建筑抗震设计规范》（GB 50011—2010）第 3.9.2 条

该条对结构材料做了具体要求，其中对钢筋和钢结构钢材要求如下：

抗震等级为一、二、三级的框架和斜撑构件（含梯段），其纵向受力钢筋采用普通钢筋时，钢筋的抗拉强度实测值与屈服强度实测值的比值不应小于 1.25；钢筋的屈服强度实测值与屈服强度标准值的比值不应大于 1.3，且钢筋在最大拉力下的总伸长率实测值不应小于 9%。

钢材的屈服强度实测值与抗拉强度实测值的比值不应大于 0.85；钢材应有明显的屈服台阶，且伸长率不应小于 20%；钢材应有良好的焊接性和合格的冲击韧性。

(12)《上海城市轨道交通工程技术标准（暂行）》（STB/ZH-000001—2010）第 13.1.5 条）

车站结构在施工和使用阶段应满足强度、刚度和稳定性计算及耐久性要求。建桥分离车站房建部分的耐久性按《混凝土结构耐久性设计规范》的规定进行。

高架车站主体结构的设计使用年限为 100 年，因此应重视其耐久性设计。车站耐久性除满足上述规定外，尚应符合现行《混凝土结构设计规范》或《铁路混凝土结构耐久性设计暂行规定》的相关要求。

5.1.2.2　政策法规局限性分析

我国的基础建设正处于前所未有的快速发展阶段，很多政策和法规、规范会根据实际情况不断地修订和完善，因此会有政策的不稳定性、变化大等情况，而城市轨道交通工程通常建设期较长，一般一条地铁线从前期到开通都需要 5～10 年时间，因此会给车站设计带来一定的政策风险。

5.1.3　设计源头安全质量风险因素分析

高架车站设计阶段涉及的专业多、接口多，因此要求设计在各个阶段做好与相关专业的协调工作。

以下结合以往的设计经验对车站设计中可能存在的质量风险进行分析阐述：

5.1.3.1　车站设缝处理

车站结构设计中，因各种原因设缝是不可避免的，而设缝位置应结合车站使用功能要求合理布置。

一般对纵向较长的车站，结构设计时会根据规范要求在结构中部设缝，设缝位置应避开变电所等有设备房屋，否则会因缝处漏水而导致变电所内设备无法使用，影响运营安全。此外，设缝位置不宜布置在公共楼梯中部，影响公共区的美观。

车站轨道梁、站台箱梁等桥梁结构之间的设缝，以及桥梁结构与车站房建结构之间的设缝，应做好两个结构之间的设缝处理，如缝之间防水处理不好而导致渗水，将影响车站的正常使用。

5.1.3.2 车站沉降的处理

高架车站的荷载与房屋建筑一般所受荷载完全不同，活载占的比重大且受载点不断变化，主体结构受荷不均，易造成结构的不均匀沉降，特别是在地质条件不好的地段，一旦发生基础不均匀沉降将损坏结构，而且修复困难。因此，应重视基础的不均匀沉降计算。

位于软土地区的高架车站基础沉降是一个突出的问题。国内外工程实践和理论研究表明：在软土地基上桩基础是首选的基础形式。桩基可以将上部荷载有效地传递到压缩性小的深层土层中去以满足上部结构物对基础承载力和变形的要求。桩基能有效地承受横向水平荷载，其抗震及抗动载性能好。经验表明，在设计中选择合适的桩基持力层以及桩径、桩长、桩间距参量可以使各桩基的总沉降量大致相等。对建桥合一结构，因车站纵横梁对立柱下基础的沉降能起调节作用，所以只要合理地选用了桩基持力层以及桩径、桩长、桩间距，各立柱桩基础在沉降过程中的沉降差就能被控制在很小的范围内。而对建桥分离结构，因房建结构基础与桥梁结构基础分开设置，沉降差较建桥合一结构难于控制，如两者沉降相差较大，将导致两个结构在站台或站厅等公共区衔接处产生高差，影响使用。因此设计时应重视房建结构与桥梁结构间的差异沉降问题，两个结构桩基的持力层宜保持一致，桩径、桩数则根据上部荷载情况并结合沉降计算情况合理选用。

5.1.3.3 车站预应力张拉结构的计算

车站建筑设计时，考虑到在布置车站的各种功能和设施时需要有足够的空间，因此往往会根据上述要求采用横向跨距较大的形式或者独柱形式，这也要求建造时车站结构体系采用预应力技术，这样不仅能有效地减少结构高度、降低车站造价，而且可以增强结构的整体刚度、提高结构的抗裂性。在实际设计中，车站的站台下夹层的大跨度横向盖梁或者独柱大悬臂盖梁通常会采用预应力结构。

车站盖梁预应力结构设计不同于一般民建预应力结构，为便于施工，其上荷载往往不是一次性加载在预应力盖梁上的。如支承在下夹层结构上的站台层结构、简支在预应力盖梁上的轨道梁结构，一般上述结构在下夹层结构施工完成后方才开始施工或者吊装，因此应结合各施工阶段的荷载情况，对预应力钢束进行分批张拉，同时为保证车站预应力结构施工时的实际受力情况与计算分析相一致，在设计图中应对上部结构的施工顺序、预应力结构的分批张拉顺序等做详尽的说明以指导施工。

5.1.3.4 路中车站设计中应注意的问题

由于城市轨道交通工程的线路走向多为城市中心区或人口密集区，高架线路穿行城市不可避免会牵涉到拆迁问题，而路中车站较路侧车站而言，因其设置在道路中间，仅出入口、管理用房设置在路侧，涉及的拆迁量相对较小，所以近年来高架线路越来越多地选择了路中布置方案。但在路中车站设计过程中，存在以下几个问题需要引起重视：

尽管路中车站涉及的拆迁量较小，但由于车站墩柱一般设置在路中绿化带、机非隔离带内，而车站墩柱尺寸较大，尤其是对独柱车站，墩柱在绿化带宽度方向为其主受力方向，其长度相应较大，墩柱可能会牵涉到道路绿化带加宽而导致道路宽度相应需要加宽的问题。此外道路的管线一般都集中在绿化带、机非隔离带内，与车站墩柱下基础位置有可能冲突，因此在设计阶段应搜集车站所在道路的管线、地下障碍物等的相关资料，落实路中管线搬迁改移的可实施性，同时道路管线迁改费用一般比较多，因此概算设计时应重视这部分费用的预估，避免因漏算、少算而导致后期投资增加。

路中车站因墩柱设置受道路布置所限，一般垂直线路方向只能设置独柱或双柱，使得车站采用独柱大悬臂结构或双柱单跨结构，根据《建筑抗震设计规范》（GB 50011—2010）第 6.1.5 条要求：甲、乙类建筑以及高度大于 24m 的丙类建筑，不应采用单跨框架结构。对独柱、双柱的框架结构，无法满足上述要求，需进行相关的抗震专项论证，以保证结构的安全性。

路中车站的基础宽度较大，部分承台已在道路的车道范围内，由于车站基础沉降小，道路路面一般为常规地基处理，对软土地区，久而久之，承台范围内的道路沉降将明显小于周边无承台的道路，从而导致路面起伏影响道路行车安全。为避免上述不利因素，对路中车站的承台，其埋深建议不小于 1.5m。

5.1.3.5　车站雨篷的设计

为达到经济、美观的效果，目前高架车站屋面多采用轻钢结构体系，但屋面结构设计时，过于追求美观，对其安全性、实用性等方面的考虑还有欠缺。

车站屋面雨篷的造型设计时，如侧向开敞或顶部部分开敞，雨篷包裹范围应考虑足够大，以免雨天侧向飘雨进入站台，导致站台湿滑使乘客滑倒。

雨篷屋面板一般为轻质结构，在台风等恶劣的天气下，易被掀起而影响运营行车安全，同时在雨雪天易因为防水不好、连接节点处理不好而导致渗漏等问题，因此在选材时应考虑有足够的刚度、耐久性、防水性，同时设计时应加强屋面防水节点及薄弱环节的处理，以保证屋面整体性能及排水、防水性能良好。

5.1.3.6　车站与区间设计的协调

高架车站不是一个独立的建筑，它与两侧的区间结构紧邻。高架车站设计过程中，设计人员通常对车站本身的设计比较重视，而忽视了与区间结构的设计协调工作。

车站端头与区间结构连接处，敷设于区间结构两侧挡板上的高架段通信信号等设备管线也由此引至车站站台下夹层电缆通道内，由于高架区间段一般为敞开结构，遇多雨天气，区间段的积水量较大，因此在进行车站及区间排水设计时，应重视两者连接处的处理，防止区间雨水因排水不及而倒灌至车站内，从而影响车站正常使用和管线维护检修工作。

因车站与区间结构紧邻，结构设计时应考虑车站与区间的不均匀沉降，两个结构桩基的持力层宜保持一致，桩径、桩数则根据上部荷载情况并结合沉降计算情况合理选用。

5.1.3.7　设计与施工的协调

由于城市轨道交通工程的施工难度大、控制因素多、受外界环境影响敏感等原因，要求车站结构设计过程中，除结构体系、构件计算等满足现行规范要求外，还应结合车站建筑布局、线路标高、站位布置情况采用合理的施工工艺。同时对施工中可能存在的需要重点关注的风险点，要在图纸中做必要的交待。

车站结构设计中，轨道梁与其下的盖梁铰接时，应对轨道梁的施工工艺做必要的比选，如轨道梁采用预制结构，应根据周边情况考虑施工吊装的可行性。

由于车站一般跨度大、承受荷载大，相应车站梁的高度大、自重重，因此支模时，支架的承载力应能承受施工中可能出现的最大施工荷载，而且稳定性要好。模板支撑的地基必须坚实、稳定可靠，绝不可发生沉陷。尤其是软土地基，应要求施工单位在车站支架搭设前做好必要的地面硬化工作，以防止因地面不均匀沉降导致上部结构未达到一定强度而产生过大变形。

路中车站施工时，由于车站支架搭设于既有道路上，如道路上行驶的车辆撞击支架，可能会引起支架垮塌而造成施工人员伤亡以及道路行驶的不安全性，同时也会对车站上部结构尤其是悬臂构件造成不可预估的不利影响。因此，路中车站设计时，应要求施工单位对车站支架搭设做必要的防护、防撞等安全措施。

此外，施工配合阶段，设计人员应认真做好设计交底工作，针对设计图纸的主要内容、重点关注的风险点等进行说明，使施工单位更加明确设计的意图和要求。工程施工过程中可能会遇到与原设计不相符的工程地质条件、管线情况，设计单位应及时跟踪施工进度，针对施工过程中遇到的难点和问题调整设计方案，指导施工。

5.1.4　强化车站结构设计中安全质量风险防治的对策及建议

（1）设计专业技术发展

在城市轨道交通工程的设计阶段，由于其线路的走向会对客流和城市发展产生较大影响，设计方案对周边建筑、道路导改、乘客乘车的便捷度等社会因素产生较大影响，设计人员的经验和设计成果的质量对工程的建设质量和工程的投资会产生较大影响，因此要求设计重视各阶段设计工作，重大的技术方案不能因为工期紧张或者想当然地凭经验进行设计，因为一旦重大技术方案的实施出问题，对城市轨道交通工程往往产生毁灭性的、重大安全性的影响。应当针对设计难点、控制点做好必要的研究工作，对重大的技术方案应进行专项评审，在设计过程中不断开拓思路，总结经验，发展自身的专业技术水平。

（2）设计管理技术强化

城市轨道交通工程是一项系统工程，由于牵涉的专业多，在设计阶段，如果设计人员的设计经验不足，各个专业缺少必要沟通或者很多分包设计单位的设计资质或能力不够，都会出现设计的错误或遗漏、考虑设计条件不充分的问题，因此要重视并加强设计的内部管理、加强各级校审制度、加强各专业资料互提和会签管理。

国家政策、规范等法规性质的规定发生变化会对城市轨道交通的设计产生非常大的风险，因此要求设计单位要与时俱进，对专业设计人员及时做好新规范、新政策的培训、宣传、贯彻等工作。

目前城市轨道交通设计受非技术风险因素的影响越来越大，主要集中在与政府审批或审核等相关部门的沟通过程中，业主未完全取得相关行政主管部门的审批而开始直接进入设计阶段，由此会导致设计方案的颠覆风险。设计人员应尽可能劝阻业主的不合理要求，如果不能达到目的，建议采用书面文件让业主确认要求、说明情况来转移设计风险。

同时，设计单位应重视后期设计服务工作，通过施工配合及时研究并解决现场的设计问题，并建立现场快速研究解决设计问题的工作体系，以弥补设计缺陷，完善和优化施工图设计，全过程履行设计责任和义务，提供设计服务质量。

5.2　高架区间桥梁结构

5.2.1　高架区间桥梁结构设计特点

1990 年，上海地铁 1 号线破土动工，1995 年建成投入运营，实现了上海轨道交通零的突破。从此上海城市轨道交通步入了飞速发展期。2007 年以来，上海轨道交通建设继续推进。洋山深水港区三期工程、浦东国际机场二期扩建工程、虹桥国际机场扩建工程相继建成运营。虹桥综合交通枢纽投入使用，京沪高速铁路上海段、沪宁城际铁路、沪杭客运专线、金山铁路建成通车，轨道交通运营线路从 2007 年的 263km 增加到 2012 年的 468km。长江隧桥、外滩地区综合交通改造工程、崇启通道和一批黄浦江越江工程相继建成。"十二五"期间上海还将建设 9 号线三期、5 号线二期、17 号线（原青浦线）、11 号线迪士尼段等新线。上海轨道交通网络远景规划将达 22 条，总长超过 1000km。

城市高架轨道交通系统作为一种快速、大运量的公共交通设施，具有快捷、安全、舒适、环保、经济等综合优势，因此发展很快，作为一种经济、实用、高效、安全的快速轨道交通模式，相对于其他走行方式的优势在于：高架轨道交通造价低，建设周期短。

（1）相对于地下线，高架线路造价为地下线的 1/3，运营费用是地下线的 1/3，建设一条地下线的资金可以建三条同样长度的高架线；

（2）由于高架线是在地面上建设，建造速度快，适应了大城市发展的需要；

（3）高架轨道交通与地面道路交通基本没有冲突，更为高效和实用；

（4）相对于道路交通，高架轨道交通在完全封闭的系统中运行，安全性更好。

当然，高架线路还要结合城市建成区的建筑空间、密度、周围环境、道路红线等要求敷设，一般设置在城市的郊区地段。

目前在上海的轨道交通 1 号线北延伸段、3 号线、4 号线、5 号线、6 号线、7 号线北延伸段、8 号线二期、9 号线、11 号线均设有高架线路。此外，北京地铁 5 号线、八通线、房山线，重庆轨道交通 2 号线、3 号线，宁波轨道交通 1 号线，深圳轨道交通 3 号线、4 号线、5 号线以及广州地铁 4 号线，武汉轨道交通 1 号线等全国各大城市轨道交通线路中也设置了高架线。

高架区间作为高架轨道交通的重要组成部分，是城市轨道交通路网中一种重要的构建物，它不同于一般的桥梁结构，它既有列车通过又有列车制动、启动和停留在区间的工况，同时与铁路桥梁相似，大多情况下为单线偏载。其荷载没有铁路荷载大，但是行车密度却要高于铁路桥梁，由于轨道交通高架桥梁一般修建于大中城市，其安全性和景观要求更为突出，并应同城市道路和建筑融汇一体。综上所述，高架区间桥梁结构设计中存在以下几个特点：

5.2.1.1 工程地质环境复杂

例如，上海、深圳、宁波等沿海城市或南方城市的工程地质、水文地质条件复杂多变，地铁线路经过多种地貌单元，常位于软硬交错地层，或者遇到断裂破碎带、溶洞等特殊环境构造，穿越或邻近河道，地下水丰富、水位高。

5.2.1.2 工程周边环境复杂

轨道交通线路穿行于城市交通要道和人口密集区域，建筑物、构筑物、河道水系、航道、立交桥梁、隧道、地面道路、架空高压线、地下管线等周边工程环境复杂，不可预见因素较多。

5.2.1.3 工程技术复杂

由于涉及不同的列车制式和受电制式，对桥梁结构的要求也是多样化的，除了常规的接触网、三轨等轨道交通车辆形式，可能还会有跨座式单轨、磁浮等类型，与公路桥梁结合设置则会形成一体化的高架桥梁结构，这些变化形式对桥梁结构的构造要求和设计理论都具有特定的要求，因此设计难度大。

5.2.1.4 工程协调量大

高架区间桥梁是土建及机电设备复杂的综合性系统工程，专业多，环节多，接口多，作业时空交叉，组织协调量大。设计过程中，除与参建单位包括建设、勘察、施工、监理、质检等单位沟通外，还需与工程周边环境的权属与管理单位进行协调，因此沟通协调量大。

5.2.1.5 控制标准严格

城市轨道交通工程属于一个城市的永久性标志工程，其主体结构设计使用年限为100年，作为百年大计的重点工程，对工程的设计及施工监控等也提出了很高的要求。

5.2.1.6 安全风险大

前面的工程特点决定了轨道交通工程施工安全风险较大，风险关联性强。如果对周边环境不熟悉，措施准备不充分，很容易出现安全质量事故和险情，造成人员伤亡和经济损失。

5.2.2 现有设计技术标准局限性分析

5.2.2.1 结构设计的技术标准局限性

上海地区轨道交通高架区间桥梁结构的设计，一般采用的规范和标准有：
(1)《地铁设计规范》(GB 50157—2013)；
(2)《城市轨道交通技术规范》(GB 50490—2009)；

（3）《铁路桥涵设计基本规范》（TB 10002.1—2005）；

（4）《铁路桥梁钢结构设计规范》（TB 10002.2—2005）；

（5）《铁路桥涵钢筋混凝土和预应力混凝土结构设计规范》（TB 10002.3—2005）；

（6）《铁路桥涵混凝土和砌体结构设计规范》（TB 10002.4—2005）；

（7）《铁路桥涵地基和基础设计规范》（TB 10002.5—2005）；

（8）《铁路混凝土结构耐久性设计规范》（TB 10005—2010）；

（9）《铁路部分预应力混凝土梁设计及验收规定》（TBJ 106—91）；

（10）《铁路结合梁设计规定》（TBJ 24—89）；

（11）《铁路工程抗震设计规范》（GB 50111—2006）（2009 年版）；

（12）《跨座式单轨交通设计规范》（GB 50458—2008）；

（13）《城市轨道交通设计规范》（DGJ 08-109—2004）；

（14）《上海市工程建设规范 地基基础设计规范》（DGJ 08-11—2010）；

（15）《地下铁道建筑结构抗震设计规范》（DG/TJ 08-2064—2009）；

（16）《上海城市轨道交通工程技术标准（试行）》（STB/ZH-000001—2012）。

参考的规范有：

（1）《公路桥涵设计通用规范》（JTG D60—2004）；

（2）《公路钢筋混凝土及预应力混凝土桥涵设计规范》（JTG D62—2004）；

（3）《城市桥梁设计规范》（CJJ 11—2011）；

（4）《城市桥梁抗震设计规范》（CJJ 166—2011）；

（5）《公路桥梁抗震设计细则》（JTG/T-01—2008）；

（6）《公路交通安全设施设计细则》（JTG/T D81—2006）；

（7）《预应力混凝土结构设计规程》（DGJ 08-69—2007）；

（8）《城市轨道交通设计指南》；

（9）《新建铁路桥上无缝线路设计暂行规定》；

（10）《混凝土结构耐久性设计规范》（GB/T 50476—2008）。

从上述规范和标准的罗列可以看出轨道交通高架区间桥梁设计的多样性和复杂性，现有的技术标准均有其局限性，无法找到一本普遍适用的规范和标准。设计人员必须对不同的规范和标准进行系统学习和甄别，针对特定的结构构件，采用与之相适应的规范进行综合设计分析，结构受力及计算才更为准确。

5.2.2.2　政策法规局限性分析

我国的基础建设正处于前所未有的快速发展阶段，很多政策和法规、规范会根据实际情况不断地修订和完善，因此会有政策的不稳定性、变化大等情况，而城市轨道交通工程通常建设期较长，一般一条地铁线从前期到开通都需要 5～10 年时间，因此会给桥梁结构设计带来一定的政策风险。

5.2.3　设计源头安全质量风险因素分析

高架区间桥梁结构设计阶段涉及的专业多、接口多，因此要求设计在各个阶段做好与相关专业的协调工作。

以下结合以往的设计经验对高架区间桥梁结构设计中可能存在的质量风险进行分析阐述：

5.2.3.1 设计风险

（1）结构构造设计

1）腹板过薄，同时局部预应力钢束及钢筋集中，混凝土无法浇筑振捣，导致该处混凝土麻面，甚至局部空腔；

2）底板厚度不够，钢筋较少，底板预应力处易出现纵向裂缝；

3）箱梁顶板厚度过小，忽视局部抗剪计算，抗剪刚度不够；

4）梁高度过小，满足强度要求，但端部抗剪及主拉应力易超限；

5）U梁梗肋处厚度过小或没设梗肋，易出现裂缝；

6）U梁底板过薄，横向计算未考虑预应力削弱；

7）预应力齿块处预应力弯曲半径过小，齿块保护层不够，容易导致齿块开裂；

8）单线桥支座间距小，如声屏障高度较高，易导致横向稳定性超限；

9）承台厚度不够或者钢筋较少，易导致承台开裂，可能使部分桩基承载超限；

10）钢桥横向自振频率过小，通车后轻则影响乘客舒适性，重则可能导致列车脱轨等。

（2）结构计算

1）二期恒载未充分考虑各专业荷载，取值过小；

2）单线桥漏算横向稳定性；

3）钢梁未检算横向自振频率；

4）未作横向验算；

5）未进行接触网局部验算；

6）特殊形状桥墩忽视局部验算，如花瓣形桥墩顶部中间凹槽；

7）忽视承台验算。

（3）施工工艺要求

1）结构定位坐标、标高的校核；

2）图纸的校核验证，有无缺少、冲突、不一致图纸；

3）支座安装工艺要求不细致，未强调可能出现的风险，施工单位易忽视，导致支座未灌浆或灌浆不密实，使支座变形或转角超限，承载能力减少甚至丧失；

4）预应力灌浆要求，真空灌浆；

5）混凝土振捣要求；

6）桥墩模板及支架的强度和稳定性；

7）钢筋连接方式及位置未交待清楚；

8）灌注桩基础施工，混凝土浇筑高度，声测管埋设等。

5.2.3.2 设计不当

（1）主体结构

1）预应力钢束间距和保护层不满足规范要求，对耐久性有影响；

2）钢筋保护层不满足规范要求；

3) 箱梁板厚不满足规范要求（＞20cm）；

4) 构造钢筋间距不满足规范要求（＜15cm）；

5) 桥墩刚度不满足规范对纵向线刚度的要求；

6) 桥墩未考虑箍筋加密，加密间距、范围及肢数不满足抗震要求；

7) 特殊形状桥墩忽视局部验算，如花瓣形桥墩顶部中间凹槽，支座间距较大时为受拉状态，钢筋不够时易出现裂缝；

8) 桩基未考虑加密区域，不满足抗震要求；

9) 桩基间距不满足要求，承载力有削弱。

（2）附属结构

1) 未考虑附属结构作用；

2) 未预埋或遗漏接触网预埋件或者位置不对、空间不足等；

3) 未预埋声屏障预埋件；

4) 伸缩缝两端未翘起导致漏水；

5) 支座选用错误。

（3）与相关专业的接口

1) 未满足轨道专业要求，在道岔范围内设缝；

2) 未按杂散电流专业要求对钢筋焊接提出要求；

3) 电缆支架间距不满足通信、信号专业要求；

4) 渡线处承轨台插筋不足、遗漏、位置偏离等；

5) 与车站建筑、结构未会签，导致结构不满足功能需求、冲突、景观差等。

5.2.4　与设计相关的安全质量事故案例及分析

5.2.4.1　支座病害（图 5-1）

图 5-1　支座病害

支座未灌浆、支座方向安装错误导致支座破坏、更换支座等。

对冬季施工支座安装重视不够，应在设计图纸中加强支座安装工艺的描述。交底时多次强调。

5.2.4.2 预应力齿块开裂（图 5-2）

齿块构造尺寸不足，防崩钢筋设置范围不足，容易导致预应力张拉后钢束移位造成保护层不足以致混凝土开裂。

5.2.4.3 梁腹板蜂窝麻面（图 5-3）

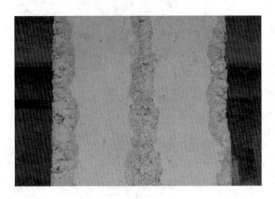

图 5-2 预应力齿块开裂

图 5-3 梁腹板蜂窝麻面

40m 跨小箱梁，腹板厚度 18cm，跨中处 4 排预应力，导致混凝土无法振捣，增加了梗肋后基本解决。

5.2.4.4 曲线桥变形

某立交位于深圳市四条主要交通干道交汇处，是一座五叉路口三层全互通的大型立交，其中第三层为两座定向式左转匝道，称为 A、B 匝道。2000 年 6 月 3 日 15：30 左右，A 匝道桥第三联桥突然产生向曲线外侧的整体位移和转动，致使交通中断。当时室外气温高达 37℃，其变形之大为国内罕见，引起市民议论纷纷，各大新闻媒体争相报道，谓之"太阳把桥晒跑"。

该立交 A 匝道桥全长 415.943m，分四联，每两联之间采用隐盖梁连接。其中第三联 A5～A1 为六孔预应力混凝土连续曲线梁桥，桥梁中线曲线半径为 255m，全长 239.751m，跨径组成为 22.813m＋35m＋55m＋39.938m＋55m＋32m。梁的截面为单箱单室，梁高 2.2m，箱梁顶宽 9.0m，底宽 5.0m。设计支座布置：联间共用墩 A5 及 A11 各采用两块板式橡胶支座，中心距为 3.6m，梁端桥中线处设有一抗震锚栓，直径 5cm，伸入主梁 60cm，在盖梁上埋深 20cm。中间 A8 墩采用单向活动盆式橡胶支座（施工时变更为双向活动盆式支座），切向固定，径向活动。其余各墩均采用双向活动盆式支座。A6、A10 设预偏心，分别偏向外侧 0.4m 和 0.45m。

曲线桥，尤其是钢曲线桥，在温度下的变形应该引起重视。

5.2.4.5 桥梁倾斜（图 5-4）

设计满足规范要求，但应该在满足规范的前提下，尽量在不增加很多投资的情况下提高结构的安全系数。应该说本桥设计考虑不是特别周全，尤其是在采用了钢结构的情况下没有引起重视，增加一些支座或者支座间距再大些，投资不会增加很多，但安全系数可以提高很多。

5.2.4.6　支架坍塌

上海 16 号线一在建工地脚手架坍塌（图 5-5），致 2 死 4 伤。

图 5-4　桥梁倾斜　　　　　　　　　　图 5-5　上海 16 号线一在建工地脚手架坍塌

南京地铁工地箱梁支架坍塌（图 5-6），7 人被埋。

施工单位未按规范进行支架搭设、计算，钢管、扣件材料不合格，扣件力矩不足，地基基础承载力未验算，施工工序错误，未与建筑物牢固连接等。

很多施工单位计算能力不足，仅根据经验进行支架搭设，应对支架搭设交底时提出相应要求。

2012 年 12 月 31 日 21 时许，上海轨道交通 12 号线 1 期金桥停车场地面检修库房浇筑平台坍塌（图 5-7），酿成 5 人死亡、17 人受伤的事故，事发当时该检修库正在进行混凝土浇顶。

图 5-6　南京地铁工地箱梁支架坍塌　　　图 5-7　上海轨道交通 12 号线 1 期金桥停车场
　　　　　　　　　　　　　　　　　　　　　　　地面检修库房浇筑平台坍塌

5.2.5 强化高架区间桥梁结构设计中安全质量风险防治的对策及建议

5.2.5.1 设计专业技术发展

在城市轨道交通工程的设计阶段，由于其线路的走向会对客流和城市发展产生较大影响，设计方案对周边建筑、道路导改、乘客乘车的便捷度等社会因素产生较大影响，设计人员的经验和设计成果的质量对工程的建设质量和工程的投资会产生较大影响，因此要求设计重视各阶段设计工作，重大的技术方案不能因为工期紧张或者想当然地凭经验进行设计，因为一旦重大技术方案的实施出问题，对城市轨道交通工程往往产生毁灭性的、重大安全性的影响。应当针对设计难点、控制点做好必要的研究工作，对重大的技术方案应进行专项评审，在设计过程中不断开拓思路，总结经验，发展自身的专业技术水平。

5.2.5.2 设计管理技术强化

城市轨道交通工程是一项系统工程，由于牵涉的专业多，在设计阶段，如果设计人员的设计经验不足，各个专业缺少必要沟通或者很多分包设计单位的设计资质或能力不够，都会出现设计的错误或遗漏、考虑设计条件不充分的问题，因此要重视并加强设计的内部管理、加强各级校审制度、加强各专业资料互提和会签管理。

国家政策、规范等法规性质的规定发生变化会对城市轨道交通的设计产生非常大的风险，因此要求设计单位要与时俱进，对专业设计人员及时做好新规范、新政策的培训、宣传、贯彻等工作。

目前城市轨道交通设计受非技术风险因素的影响越来越大，主要集中在与政府审批或审核等相关部门的沟通过程中，业主未完全取得相关行政主管部门的审批而开始直接进入设计阶段，由此会导致设计方案的颠覆风险。设计人员应尽可能劝阻业主的不合理要求，如果不能达到目的，建议采用书面文件让业主确认要求、说明情况来转移设计风险。

同时，设计单位应重视后期设计服务工作，通过施工配合及时研究并解决现场的设计问题，并建立现场快速研究解决设计问题的工作体系，以弥补设计缺陷、完善和优化施工图设计，全过程履行设计责任和义务，提高设计服务质量。

6 通风空调设计

通风空调系统对轨道交通全线车站及相应区间隧道内温度、湿度、风速、噪声和空气质量进行全面控制，并在事故工况下控制和排、防烟气，为人员安全疏散和救援创造条件，以保证乘客安全和舒适，满足设备对室内环境的需求。

6.1 概述

6.1.1 通风空调设计特点

（1）城市轨道交通的车站和区间隧道除出入口和风井等少数部位与室外大气沟通外，基本上与外界隔绝，需要采取机械通风或空调措施才能满足乘客的舒适性要求和机电设备的工艺要求；

（2）由于轨道交通存在明显的早、晚高峰客流，车站的通风空调最大负荷往往出现在晚高峰时段或早高峰时段，而室外环境温度对负荷的影响主要体现在新风负荷的波动；

（3）列车运行时产生的"活塞风效应"，若不能利用，会影响列车的安全运行，干扰车站的气流组织，并影响车站的负荷；

（4）当地下车站或区间发生事故，尤其是发生火灾事故时，将导致环境恶化，不易救援，往往要采取机械排烟措施。

6.1.2 通风空调设计原则及标准

（1）高架车站设计原则：采用自然通风为主；

（2）地下车站设计原则：地下车站内设置制冷空调系统，按远期预测高峰小时客流量和通行能力进行设计，通风空调系统的设置和运行应具可调供风、供冷功能；

（3）区间隧道通风设计原则：应充分利用列车动力形成的活塞通风对地下区间通风换气，不足时，采取机械通风；

（4）新风量标准：地下车站空调季新风量按客流量取早、晚高峰最大值，总新风量不少于空调送风量的10%，并能有效抵御各种渗风影响；

（5）防排烟设计标准：火灾事故按区间隧道、车站公共区及设备管理用房同一时间只有一处火灾发生来考虑，区间阻塞和火灾时两座机械风井之间按滞留一列车设计。

6.1.3 通风空调系统功能与组成

6.1.3.1 通风空调系统功能

通风空调系统的主要功能是满足轨道交通系统各种运行工况下的功能要求：

（1）正常运行工况：控制轨道交通系统内（车站和区间隧道）的空气温度、湿度、速度及质量，为乘客提供过渡性舒适的乘车环境；

（2）阻塞运行工况：列车阻塞在区间隧道时，对该区间隧道进行机械通风，提供列车空调系统运行所需的空气冷却能力，以维持列车内乘客可以接受的热环境；

（3）火灾运行工况：地铁系统内发生火灾时，根据火灾发生的具体情况，采取有效的排烟和控烟措施，诱导乘客安全撤离火灾区域，创造疏散和救援环境。

6.1.3.2 通风空调系统制式分类及选择

地铁通风空调系统制式一般分为三种形式：开式系统、闭式系统和屏蔽门系统。

开、闭式系统：开、闭式系统一般既可作闭式运行，又可作开式运行。开式运行时，利用通风井、车站出入口、两端峒口及机械通风与室外大气沟通，进行充分的通风换气，排除地铁产热。闭式运行时，关闭所有能关闭的通风口，地铁内部基本上与外界大气隔绝，仅供给满足乘客所需的新鲜空气量。

屏蔽门系统：车站站台边缘安装全封闭的屏蔽门，区间隧道的气流与车站基本分隔。

通风空调系统制式的选取主要取决于线路的远期客流和当地气象条件，在上海地区，目前除个别运营线路（2号线）采用闭式系统外，其他地下线路基本采用屏蔽门制式。

在屏蔽门系统制式条件下，通风空调系统由五部分组成：区间隧道活塞/机械通风系统、车站轨区排热通风系统、车站公共区通风空调及排烟系统、设备管理用房通风空调系统和空调制冷系统。屏蔽门系统制式的通风空调主要设备构成及功能如表6-1所示。

通风空调系统构成及功能   表6-1

系统名称	主要设备构成	主要功能
区间隧道活塞/机械通风系统（兼排烟）	·活塞/机械风井 ·可逆转耐高温轴流风机 ·射流风机 ·联动组合风阀 ·消声器等	1. 正常工况：控制隧道内温度、风速、活塞风压、空气品质等在合理水平，实现地铁系统的安全、健康、节能运行； 2. 阻塞工况：对阻塞区间进行机械通风，形成一定风速，保证列车空调设备正常运行，维持列车内乘客可以接受的热环境； 3. 火灾工况：有效控制火灾区间烟气流向，诱导乘客安全疏散、协助救援； 4. 地铁早晚换气及季节性蓄冷
车站轨区排热通风系统（兼排烟）	·排风井 ·排热风机 ·联动组合风阀、防火阀 ·消声器 ·排热风口、风道等	1. 正常工况：就地排除停站列车散热部件产热，控制隧道内温度、空气品质； 2. 火灾工况：承担轨区及所辖辅助线区域事故排烟；当站台火灾时辅助站台排烟； 3. 协助隧道通风系统组织气流

续表

系统名称	主要设备构成	主要功能
车站公共区通风空调及排烟系统	· 新风井、排风井 · 组合式空调机组 · 回/排风机 · 新风机 · 各类风阀、风口 · 消声器等	1. 正常工况：控制车站公共区温度、湿度、风速、空气品质，为乘客提供过渡性舒适的乘车环境； 2. 火灾工况：有效排除火灾区域烟气，并防止烟气向其他区域扩散，创造疏散和救援环境
设备管理用房通风空调及排烟系统	· 新风井、排风井 · 空气处理机组 · 小回/排风机 · 小新风机 · 各类风阀 · 消声器 · 多联分体空调等	1. 正常工况：满足工艺设备对空气环境的要求，为工作人员提供一个舒适、安全的工作环境； 2. 火灾工况：能有效排烟，防止烟气扩散，协助疏散、救援或配合自动灭火系统灭火排气
空调冷源	· 水冷冷水机组 · 冷冻水泵、冷却水泵 · 冷却塔 · 各类阀门等	为车站空调末端设备提供冷冻水

在闭式系统制式条件下，通风空调系统由四部分组成：区间隧道活塞/机械通风系统、车站公共区通风空调及排烟系统、设备管理用房通风空调系统和空调制冷系统。

6.1.4　通风空调系统的安全要素

6.1.4.1　通风空调系统的主要安全要素

通风空调系统的安全要素存在于工程土建方案选择、通风空调设计方案、通风空调施工及竣工验收阶段、通风空调运营期之中。

土建方案选择的安全要素有：地下区间中间风井设置位置，地下车站新风井、排风井、活塞风井之间的安全防护距离和卫生防护距离等；

通风空调设计方案的安全要素有：防排烟系统模式合理性、系统设计方案可靠性等；

通风空调施工及竣工验收阶段的安全要素有：设备供货延后、施工现场是否具备安装条件、设备现场运输条件、设备安装空间、是否具备单机无负荷调试条件、系统联调条件、设备调试出现故障、现场防火封堵不到位、安装部件脱落等；

通风空调运营期的安全要素有：通风空调设备故障、制冷主机冷媒泄漏、新风井进风受污染、空调制冷效率下降、设备维护保养不到位等。

6.1.4.2　通风空调系统的安全因素分析

（1）土建方案选择的安全性诱因有：

1）地下区间中间风井设置位置不合理：由于地面规划、线路穿越江河岸堤、地下物探等原因，使得区间中间风井位置更改或偏离原设计方案；

2）地下车站新风井位置不合理：由于地面规划、地面风井出口存在局地污染源，离排风井、活塞风井或其他排风设施太近，离冷却塔等散热设备太近；

3）排风井位置不合理：由于地面规划，地面风井出口离新风井、活塞风井或其他进风设施太近，离各类建筑疏散出口太近；

4）活塞风井位置不合理：由于地面规划，地面风井出口离新风井、活塞风井或其他进风设施太近，离各类建筑疏散出口太近。

（2）通风空调设计方案的安全性诱因有：

1）防排烟系统模式不合理：排烟风口设置位置不合理、补风条件不具备、烟气影响范围扩大；

2）系统设计方案可靠性差：设备配置不合理、管路设计不合理、阀门布置不合理。

（3）通风空调施工及竣工验收阶段的安全性诱因有：

1）设备供货延后：厂家生产能力不足、生产指令发布不及时；

2）施工现场不具备安装条件：土建工期延后、现场条件与原设计不符；

3）设备现场运输条件不具备：区间未按期完成铺轨、设备吊装和运输路径不具备；

4）设备安装空间不够：土建施工误差、现场条件与原设计不符；

5）不具备单机无负荷调试条件：现场电源不具备，系统安装不合理、不正确，进度延后；

6）不具备系统联调条件：控制系统施工调试延期、部分设备管路工期延误、由于季节原因导致制冷系统不具备调试条件；

7）设备调试出现故障：设备自身缺陷、设备和管路安装缺陷、配电系统故障、控制系统故障；

8）现场防火封堵不到位：防火墙防火门分隔不合理、孔洞封堵不严密、封堵材料达不到耐火等级；

9）安装部件脱落：管道保温材料破损、部件安装不牢固。

（4）通风空调运营期的安全性诱因有：

1）通风空调设备故障：设备部件连接件松动老化、安装基础松动振动超标、设备锈蚀、维护保养不到位；

2）制冷主机冷媒泄漏：冷媒管破损、排气压力过高；

3）新风井进风受污染：新风井道受到有毒有害易燃易爆物质污染；

4）空调制冷效率下降：室外出现极端气象条件；

5）设备维护保养不到位：未按规定周期进行维护保养、仪表未及时和规范化校准。

6.2 地下区间隧道烟气控制

6.2.1 主要标准

正常运行时，夏季最高平均温度≤40℃（屏蔽门系统），冬季最低温度≥5℃；夏季最高平均温度≤35℃（闭式系统），冬季最低温度≥5℃。

阻塞运行时，列车周围空气平均温度≤40℃，列车顶部最不利点温度≤45℃。

列车阻塞时，区间断面风速≥2.0m/s，并不得大于11m/s。

列车在隧道内发生火灾时，火灾区间隧道断面风速≥2m/s，有效控制烟气逆流，但排烟风速不得大于 11m/s。

区间隧道两座机械风井之间按一列车火灾进行设计和控制。

区间隧道排烟风机和烟气流经的辅助设备如风阀及消声器等，应保证在 150℃时能连续有效工作 1h，当参与公共区排烟时应保证在 250℃时能连续有效工作 1h。

6.2.2　区间火灾及阻塞设计要素

区间隧道通风系统运行模式非正常工况主要有两种：阻塞工况和火灾工况。

当列车由于种种原因阻塞在区间隧道内时，阻塞列车周围温度会逐渐升高，为保持列车空调冷凝器的持续运转，以维持列车内可接受的热环境，需要向阻塞区间提供一定的新风量。

列车堵塞在隧道内时，一般由该区间前后车站两端的事故风机联合运行，在区间隧道产生风速大于 2m/s 的气流进行排热。通风气流方向与行车方向一致。

当列车在区间隧道内发生火灾时，首先应尽一切可能将事故列车行至前方车站，通过车站进行人员疏散。当列车失去动力等原因停于区间内时，车内乘客可通过列车前后端门进行疏散；当区间内设置有纵向疏散平台时，也可通过疏散平台进行疏散。根据列车火灾位置确定人员疏散方向，当火源靠近列车头部时，人员向列车后方车站疏散；当火源靠近列车尾部时，人员向列车前方车站疏散，通过开启该事故区间前后车站的两端事故风机联合运行，在区间隧道产生风速大于 2m/s 的气流进行纵向排烟，通风气流方向始终与乘客疏散方向相反，乘客迎着新风疏散。

当火灾位置位于车站轨区时，可通过开启车站排热风机，通过上排热风管将烟气就地排离轨区。

6.2.3　影响区间通风控烟效果因素

区间火灾工况时，最重要的控制指标是区间的事故通风纵向风速。事故风速必须大于烟气发生逆流的临界风速，同时需满足不小于 2m/s 并小于 11m/s 的规范要求。

通风临界风速的影响因素主要包括：列车的火灾规模、区间隧道的横截面积、区间高度、坡度等。

对于一定的区间，开启风机形成的风速的大小还取决于如下因素：区间长度、区间曲率半径、壁面摩擦系数、区间截面当量直径、列车长度、阻塞比、列车局部阻力系数、前后车站风机的风量、风压等。

6.2.4　隧道通风设备及其他影响因素

区间隧道机械通风兼排烟采用耐高温可逆转 TVF 风机和相应的风阀、消声器、喷嘴等。TVF 风机送风气流通过喷嘴可提高气流的指向性，一般隧道通风机房内设置有 2 台 TVF 风机，两台风机可并联对一条区间隧道通风、排烟，也可 2 台风机互为备用，以满足区间隧道正常、阻塞、火灾各工况运行要求。

对于闭式系统的车站，除上述设备外，为控制站台活塞风风速，减少活塞风对候车区温度场和流场的冲击，在车站站台层两端区间隧道中隔墙处设置迂回风道，面积约为 1.5 倍区间隧道断面积，迂回风道内设置旁通风阀，系统闭式运行时，列车活塞风可通过迂回风道进行释放。

可逆转耐高温轴流风机用于区间隧道内早、晚时段及列车阻塞、火灾时通风和排烟，根据运行模式的要求给隧道排风或向隧道内送风，即正转或反转。主要技术要求：

（1）要求在火灾工况时能满足在 250℃ 条件下连续运转有效工作 1h；

（2）风机叶片的翼形断面设计应保证整机正反转具有基本相等的性能（正反风的性能偏差不应大于 3%）；

（3）风机的设计工作点应远离喘振区，其按圆面积计算的全压效率应大于 73%，风机静压比应大于 70%；

（4）风机应满足快速启动的要求，在 60s 内能完成从正转到反转的切换；

（5）风机应能耐周期性列车活塞风冲击，冲击间隔一般为 2min；

（6）风机应有防喘振措施，并能满足风机正反转的双向防喘振要求；

（7）风机应配备轴承温度检测装置（含传感器）、电机过热保护装置（含传感器）和报警装置、电机防潮电加热装置。

6.3 车站防排烟

6.3.1 主要标准

地铁的下列部位应设机械防、排烟系统：

地下车站公共区和长度大于 300m 的区间隧道。

地下车站同一防火分区内设备及管理用房总面积大于 200m² 或面积超过 50m² 且经常有人停留的单个房间。

长度超过 20m 的封闭内走道和连续长度>60m 的地下通道、出入口通道应设置机械排烟，排烟口距最不利排烟点不应超过 30m。

不具备自然排烟条件的高架车站公共区、长度大于 300m 的全封闭声屏障区间。

车站公共区需划分防烟分区，每个防烟分区的建筑面积不宜超过 2000m²，且防烟分区不得跨越防火分区。排烟量按 60m³/(h·m²) 计算，当排烟设备负担两个防烟分区时，设备按同时排除两个防烟分区的烟量配置。

当车站站台发生火灾时，应保证站厅至站台楼梯口和扶梯口处有不小于 1.5m/s 的向下风速。

设备管理用房排烟系统担负一个防烟分区时，应按该部分总面积 60m³/(h·m²) 计算排烟量；担负两个或两个以上防烟分区排烟时，应按其中最大防烟分区面积不小于 120m³/(h·m²) 计算排烟量。设备最小排烟量不应小于 7200m³/h。

通风及空调管道在穿越防火分区的防火墙及楼板处、每层水平干管与垂直总管交接处、穿越变形缝、进出通风机房隔墙处及气体保护设备间隔墙等处应设置防火阀。

地下车站公共区和设备管理用房排烟风机和烟气流经的辅助设备如风阀及消声器等，应保证在250℃时能连续有效工作1h。

高架车站设备管理用房排烟风机和烟气流经的辅助设备如风阀及消声器等，应保证在280℃时能连续有效工作0.5h。

6.3.2　防排烟系统设计

对于屏蔽门系统的车站，车站火灾分为站厅火灾、站台火灾、设备管理用房区火灾及长出入口通道火灾等。

火灾工况时应及时排除烟气，防止烟气扩散。

车站的防排烟系统一般和通风空调系统兼用，主要包括车站两端的组合式空调机组、回/排风（兼排烟）风机及相应的管道、风道、新风井（亭）、排井（亭）和各种阀门等。当车站设有长通道或出入口通道时，还包括通道通风、排烟及空调设备。

车站火灾的系统运行模式：

当站厅发生火灾时，车站送风系统关闭，车站排风系统转入排烟模式，仅从站厅排烟；当站厅划分有2个或2个以上防烟分区时，当其中一防烟分区火灾，仅对该分区排烟，其余区域空调通风系统关闭。通过出入口进行自然补风。

当站台发生火灾时，车站排风系统仅从站台排烟，同时可借助排热风机通过风阀转换，从站台屏蔽门内侧候车区辅助排烟，共同形成站台负压，保证厅/台楼梯口有>1.5m/s的风速，一般可通过出入口进行自然补风，当自然补风条件差时，车站送风系统可向站厅补风。

对于非气体保护类设备管理用房发生火灾时，通风空调系统迅速转入相关火灾模式。排烟风机对火灾区域排烟，并补充50%新风。

对于受气体保护房间发生火灾时，系统的运行模式按气体灭火程序进行，分为喷气阶段和排气阶段。在喷气阶段，事故房间的通风排烟管道需全部关闭，对房间进行隔绝灭火；在排气阶段，打开送、排风阀，对灭火后房间进行通风排气。

6.4　空调通风系统的降温和除尘

6.4.1　重要机电用房的降温

轨道交通机电类用房主要包括弱电类机房和强电机房，是非常重要的设备用房，房内布置有轨道交通信号设备、通信设备、变配电设备、综合监控设备等等，这些设备对保障地铁各系统正常安全运转至关重要。机电类设备对于工作环境的要求比较高，主要是对室内的温湿度环境和空气含尘浓度的控制，由此对应空调通风系统的正常运行也就显得非常重要了。

弱电机房空调通风系统：主要服务于车站设备集中端的通信、信号、民用通信等机房，多数情况下同时还负担车控室、站长室等管理用房。该系统由风机、空气处理机组、风阀、风管、风口或多联机系统组成。

　　强电机房空调通风系统：主要服务于车站牵引变电所、降压变电所或混合变电所等产热量比较多的机电用房。该系统由风机、空气处理机组、风阀、风管、风口等组成。

　　车站设备区各类用房的需求有个性化要求，一般强电机房、弱电机房、管理用房及各类通风机房等应分设系统，由于设备的防护等级问题，严禁空调水管进入机电用房。因此，房间通风空调的形式采用全空气集中空调系统，并应确保全年有效运行。

6.4.2　重要机电用房的除尘

　　常规的全空气空调处理系统仅在空气处理机组内设置初效过滤网，室内空气洁净度达不到电子类机房的要求，由此导致设备故障率上升，系统维护成本增加。因此，对于机电类用房，空气处理机组内需分别设置初效过滤和中效过滤段，过滤段设置有压差报警装置，当过滤器集尘达到一定程度时，产生报警信号，对过滤器进行清洗或更换过滤器。

7 给水排水消防设计

7.1 给水排水消防系统在轨道交通工程中的设计要点

7.1.1 给水系统

每座轨道交通车站应有两路市政给水管道引入（见图7-1），对车站的消防供水形成安全可靠的两路水源，在一根进水管发生故障时，另一根给水管应保证100％的进水水量。在两路进水管上都应设置防污隔断阀。

图7-1 两路市政给水管道

车站内的生产、生活给水系统总管为枝状管网布置，主要供给厕所用水、各类泵房间冲洗用水、车站公共区用水、环控系统的冷冻循环水补水和冷却循环水补水等。消火栓给水管网为环状布置，主要供给车站和区间消火栓用水。

如车站站厅层、站台层公共区和商业开发部分设有自动喷水灭火系统的供水总管为枝状布置。

7.1.2 排水系统

每座轨道交通车站应设有完整的排水系统，在车站的站厅层、站台层设有地漏，出入口与站厅层连接处设有横截沟（见图7-2）。

收集废水通过线路明沟排入车站废水泵房，在车站最低点设有废水泵房（见图7-3）。

图7-2 车站出入口处横截沟

图7-3 车站废水主排水泵房和集水池

厕所附近设有污水泵房（见图7-4）。

各出入口、风井底处设有排水集水池（见图7-5），内设排水泵。

图7-4 车站污水泵房　　　　　图7-5 敞开车站出入口处设横截沟

区间废水通过线路明沟排入设在区间最低处废水泵房（见图7-6）。通过泵的提升将地下车站及区间最低处的污、废水排出进入市政雨、污管道。图7-7为区间隧道排水结构示意图。

图7-6 区间废水泵房

7.1.3 消防系统

轨道交通车站及地下区间内设置消火栓灭火系统，地下车站站厅层公共区的消火栓箱主要嵌设在两侧离壁式隔水墙内。一般两侧交错布置，单侧间距宜为45m左右，箱内设单口单阀消火栓一只及水枪、水带等配套设施（见图7-8）。

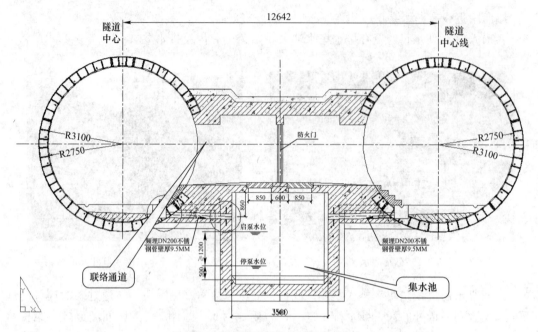

图 7-7　区间隧道排水结构示意图

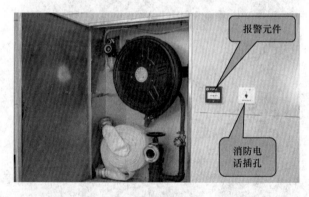

图 7-8　消火栓箱

　　岛式车站站台层箱内采用两个单头单阀消火栓及配套设施；侧式车站站台层，两侧均应设置消火栓。地面、高架侧式车站站台层消火栓箱内宜配置两个单头单阀消火栓及配套设施，消火栓箱间距不大于 50m；地下侧式车站站台层消火栓箱内宜设一个单头单阀消火栓及配套设施，消火栓间距不大于 30m。

　　设备区的通道、环控机房及长度大于 25m 的地下出入口应设置消火栓箱及配套设施。

　　消火栓箱内栓口的直径为 65mm，栓口安装高度为 1.10m。箱内配置喷嘴口径为 19mm 的多功能水枪和长度为 25m、直径为 65mm 的水龙带。消火栓箱内均宜配置 $\phi25$ 自救式消防软管卷盘。

　　地下车站的两端，应分别引两根消火栓管到上、上行地铁区间，将车站和区间的消火栓系统联网。

　　消火栓干管上每隔五个消火栓设置蝶阀一个，在消火栓系统的最高点设置放气阀，并在区间隧道变坡的最低点设置泄水阀。

地下区间隧道每隔 50m 仅设单口单阀消火栓，不设消防箱。

设有消防泵房的地下车站，在出入口或风亭等明显位置应设水泵接合器，并在其 15～40m 范围内设置相配套的地上式室外消火栓。在车站范围内有可利用的市政消火栓时应计入配套消火栓的数量内。

高架区间所经过的区域如无市政消火栓时，宜在高架区间投影下方的检修道边设置区间消防管，并按市政消防设施的要求设置室外消火栓。当高架区间投影下无通道时，可在高架区间上设置消防给水设施，且应采取防冻措施，消火栓的间距应按地下区间的要求设置。

7.1.4 自动喷水系统配置

轨道交通车站内设有商铺总面积超过 500m²、地下车站超过三层的站厅、站台公共区，地下、半地下的车辆基地，上盖有物业开发的停车列检库和检修库，以及车辆基地库房内可燃、难燃的高架仓库、高层仓库，应设置自动喷水灭火系统。

7.1.5 灭火器

轨道交通车站管理用房、设备用房，站厅、站台层均设有共用灭火器（见图 7-9）。灭火器的配置按严重危险级设置。对于要求保护较大面积的保护区可用推车式灭火器。

7.1.6 气体灭火系统

轨道交通车站地下车站的环控电控室、通信设备

图 7-9 灭火器

室（含电源室）、信号设备室（含电源室）、公网机房、降压变电所、牵引变电所、站台门控制室、蓄电池室，控制中心各系统设备机房、电源室等无人值守的重要电气设备用房，地下变电所的变压器室、控制室、补偿装置室、配电装置室、蓄电池室、接地电阻室、站用变电室等重要电气设备房均设置全淹没组合分配式气体灭火系统（见图 7-10）。一个组合分配系统所保护的防护区不应超过 8 个。

图 7-10 IG541 气体自动灭火系统

7.2　轨道交通工程中给水排水系统设计质量通病分析

7.2.1　给水系统

（1）在轨道交通工程给水系统设计中，经常纠结的是从一根市政给水管上接出两根进水引入管，这样的接法是不是可以。针对这个问题，首先应确定这根市政给水管是否市政环状管网的一部分，如满足要求就可在车站两根引入管之间的市政给水管上设置阀门井。当一路进水管发生故障时，可以通过关闭中间阀门，确保另一路进水的安全。但如果不是环状管网或没有设置中间的阀门井，就不能起到这样的作用，不能保证进水的安全可靠。

图 7-11　消防给水管经过重要
电气设备用房内

重要设备电器用房内不应有消防给水管经过

（2）轨道交通工程给水系统设计中另一个常被忽视的问题：将车站内的生产生活给水管或消防给水管布置在电气设备用房内（见图 7-11），一旦这些管道发生爆管或漏水将会对轨道交通电气设备产生破坏，进而影响整个轨道交通工程的安全运营。

（3）在轨道交通工程给水管道设计上，没有对不锈钢波纹管的安装采用相应的固定支架，在管道的安装过程中还常为解决管道错位无法对接的问题，用不锈钢波纹管来代替弯头等管配件，由于波纹管只能承受轴向的拉伸，不能承受剪切力，当管道内压力发生波动时，波纹管很容易断裂，发生爆管漏水事件。

7.2.2　排水系统

（1）在轨道交通工程排水系统设计中最常见的通病是：在地下车站的最低处没有考虑排水设施，由于地下车站的结构渗入水进入是无法避免的，所以不管有无给水设施或雨水进入，在车站的各个最低点处都必须考虑排水设施；

（2）在车站的茶水间、清扫间漏设水斗、地漏等给排水设施，给运营管理带来不便；

（3）污水泵房的透气管错误地接到地下车站内的排风口，风机停运时，臭气通过排风口回到车站内，造成空气污染。

7.2.3　消防系统

（1）轨道交通工程的消防系统中经常发生的设计通病是：在出入口通道内布置一只消火栓单栓箱，当出入口或站厅公共区发生火灾时，为防止火灾蔓延，会关闭连接出入口的防火卷帘门，这样就不能保证出入口的火灾点有两股水柱参与灭火的基本要求了；

（2）消防系统中的另一个常见错误是：站厅公共区的喷淋系统，喷头没有布置到各个相连接出入口的接口外，这不满足规范要求。

7.3　给水排水消防系统设计质量通病的危害性分析

给水排水消防系统设计过程中发生的错误，会给轨道交通工程的运行带来危害及隐患。

如给水引入管不安全，有可能造成消防时没有水；水管穿越电器房间，有可能漏水造成轨道交通全线故障；波纹管的错用，有可能造成爆管，酿成水灾。

地下工程中结构渗漏水的进入是无法避免的，如在地下车站的最低点没有考虑排水设施，那必将会造成最低点处积水，这种情况在已建的地下车站内常常发生，有的积水深度达到十几厘米，给运营管理带来极大困难。

图 7-12　茶水间地漏

茶水间、清扫间没有水斗和地漏，造成这两间房间经常是污水流淌、臭气熏天，管理人员打扫困难。（见图 7-12）

地下车站内厕所与污水泵房内的透气管接到排风口，如果风机正在运行，可以将臭气排出，但一般情况下风机是不会连续运行的，风机停运时，臭气就不能排走，通过风口又回到车站，造成车站内空气污浊。

轨道交通工程的消防系统设计中发生的一些通病，会使设计不满足规范的要求，也会使消防时不满足使用要求。

7.4　给水排水消防系统设计质量通病的防治措施

设计人员应该加强业务学习，熟练掌握给水排水专业的知识，加强责任心培养，经常对自己设计的工程进行回访，及时总结经验，改正缺陷。

7.5　典型案例分析

（1）在工程安装中，波纹管的安装相当重要，由于管道存在热胀冷缩，经过计算在间隔一定的距离后就要设置不锈钢波纹管，采用不锈钢波纹管作为热胀冷缩的补偿，在安装波纹管时两端应按照要求设置固定支架和导向支架，当周边环境发生突然变化时，能起到补偿作用。如安装不当（与管道不保持在一条轴线上），波纹管承受不了轴向压力，将发生爆裂，就会造成大量水进入隧道，影响轨道交通的正常通行。从下面的照片（见图 7-13）上可以看出波纹管的安装上常存在的安全隐患。

类似的事故在轨道交通工程中也发生过，某座轨道交通车站在站台与区间的相接处，消火栓总管在此处也安装了一只不锈钢波纹管，当区间结构与工作间之间发生不均匀沉降

图 7-13　波纹管扭曲、错位

时，波纹管被拉断，大量自来水进入区间隧道，不久就将区间的最低处淹没，幸亏事故是发生在夜间地铁停运时，经连夜抢修后，才恢复正常。

不锈钢波纹管是由薄壁不锈钢管压出波纹来成为可伸缩的管段，在使用波纹管时，必须按照其技术要求，在水流的上游一定距离内安装固定支架，使其在发生作用的过程中一端固定，在波纹管的另一头具体位置上要设置导向支架，使整个波纹管也只能沿轴向伸缩一定的距离，通过上述两起事故可以看出，在给水管上使用不锈钢波纹管，必须严格按照使用要求设置支架。

（2）2012 年 7 月 29 日，8 号线的周家渡车站一出入口施工过程中，因将站外的一根 $DN300$ 给水管挖断，造成了大量自来水涌入地铁，很快将区间最低处淹没，水积到齐腰深，凌晨才被发现，地铁运营部门、市排水公司、消防局等部门出动大量排水力量，但由于地铁区间内部的排水能力较小，靠外部的排水设施又使不上劲，只能依靠区间废水泵房 $Q=10L/s$ 的两台潜水泵排水，外加几台消防排水泵接力排走部分积水，经过 8h 连续不停地排水才将积水排走。

通过这个事故，给我们的教训是为了确保轨道交通工程的安全运营，市政给水管绝不能在地铁的车站或区间里穿过，在轨道交通工程的施工过程中，经常会将影响到工程施工的地下给水排水管线进行临时搬迁，有时会有几轮搬迁，在此过程中常会有部分管节遗漏接通，甚至还会与轨道交通工程的风井、出入口等相交，这就会给轨道交通工程的安全埋下极大的隐患。

（3）轨道交通曹杨路站是一个三线换乘车站，施工过程中抢工期的现象非常严重，导致该站的渗水情况非常严重，在最下层的风机房内积满了水（见图 7-14），风机房本身与外界没有连通，且风机房也不处在轨道交通的最低位置，设计过程中就没有考虑排水设施，但施工过程中在

图 7-14　机房积水严重

风机房与行车道之间设置了门槛，这就使风机房的积水无出路可排，造成整个风机房内积水达十多厘米。目前正在对此进行改造，填出集水坑，设置潜水泵。

这个案例给我们的经验和教训是，在地下工程中，水是无孔不入的，而且水总是会汇集在最低处的，每一处可能成为最低点的位置都必须设置排水设施。

（4）喷头安装错误：主要表现在喷头安装时，喷头离集热面未保证 75～150mm 的距离（见图 7-15），往往距离过大，有的甚至远离集热面。

一旦发生火灾，喷头不能及时收集到膨胀玻璃泡需要的工作温度，从而失去自动喷水灭火系统的应有作用。

（5）轨道交通工程给水管道支架应考虑防火要求，应采用金属防火等材料组成，不能采用其他材料（见图 7-16）。

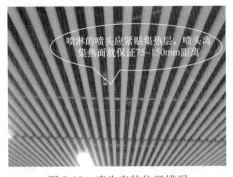

图 7-15 喷头安装位置错误

图 7-16 管道支架不应用非防火材料

如采用非防火材料一旦发生火灾就会产生有毒、有害气体，不利于人员安全疏散。

（6）水泵进、出水管的配管及阀件应按水力计算进行配置。不能随意更改，如果一旦更改（见图 7-17），增加水泵进、出水的水头损失，对整个消防供水系统会产生供水不足或水压不够，直接影响灭火效果。

（7）轨道交通工程中的气体灭火系统，主要保护重要电气设备用房，一般设计和安装都能按规范认真执行，但对于气瓶内的储气量往往会忽视（见图 7-18）。

图 7-17 水泵进、出水管的配管及阀件不匹配

图 7-18 瓶头压力表已为零

一旦瓶头压力表为零，就证明该瓶内已无灭火剂，需要及时充装，如果不及时充装，一旦某间重要电气设备用房发生火灾，就无法进行灭火，导致列车无法正常运行。

8 线路、车辆基地设计

8.1 线路

8.1.1 线路设计的主要要点

8.1.1.1 线路专业的重要性及基本特点

线路设计在城市轨道交通工程设计中具有重要的地位。线路设计是整个工程设计的"龙头"，它把握着项目的总体布局，是整个工程设计的灵魂；线路设计的优劣直接影响到工程投资、运营期客流量、运营成本、实施难易、与城市规划的衔接、与周边环境和景观的协调等。实践表明，论证充分、设计到位的线路方案是经得起历史考验的。

根据线路专业在轨道交通工程的地位和作用，总结线路专业的基本特点：是轨道交通工程的"大工艺"专业，是工程设计的"龙头"专业，是"无实物工程量"的专业；线路方案具有灵活性、相对性、异样性；专业信息量大、协调内容多、接口多。

8.1.1.2 线路设计应重视的若干问题

（1）把握各阶段线路规划设计的侧重点

在不同的设计阶段，把握线路设计的侧重点是很重要的，要善于抓住重点，提高工作效率和质量，通过不同的设计阶段，逐步由浅入深，进行研究与设计，从而确定线路在城市三维空间的最佳准确位置。

可行性研究阶段最主要的工作是线路总体方案研究，即线路总体布局研究，应重点把握功能定位、接驳换乘、客流效益。在广泛收集资料和协调的基础上，通过线路多方案比选，完善线路走向、路由、敷设方式，确定车站、辅助线等的分布，提出设计指导思想、主要技术标准、线路平纵剖面及车站的大致位置等。

总体设计阶段主要是深化可行性研究阶段的研究结论。根据可行性研究报告及审批意见，通过方案比选，初步确定线路平面位置、车站位置、辅助线形式、不同敷设方式的过渡段位置，提出线路纵剖面的标高位置等，初步稳定线、站位。

初步设计阶段最重要的任务是"走通线路"。根据总体设计文件及审查意见，完成对线路设计原则、技术标准等的确定，确定线路平面位置，基本确定车站位置及站、线纵剖面设计，基本稳定线、站位并使工程具备可实施性。

施工图设计阶段的主要任务是三维空间的精确定位。根据初步设计文件及审查意见、有关专业对线路平纵剖面提出的要求，对部分车站位置及个别曲线半径等进行微调，对线

196

路平面及纵剖面进行精确计算和详细设计，提供施工图纸及说明文件。

（2）重视现场踏勘，广泛收集资料

现场踏勘是线路设计人员最基础的工作，通过现场踏勘，感性认识沿线情况，了解熟悉工程建设条件，如线路沿线地形、地貌、客流分布条件、道路状况及交通流量、穿越的主要建（构）筑物、文物保护点、在建工程项目、沿线环境景观等。特别是近年城市基础设施建设速度快，城市变化日新月异，应定期跟踪沿线地形、地物的变化，并将变化情况及时反映到设计中去。

基础资料是开展线路设计的边界条件和前提。要广泛收集各类基础资料，如线网规划、建设规划、城市规划、电子地形、道路红线、工程水文地质及客流资料、河道、立交桥、铁路、地下管线、高压线、沿线穿越的建（构）筑物、文物、人防等资料，若是延伸线路，还需收集既有线的主要技术标准、接轨点的平纵剖面资料、运营技术经济指标及客流统计资料、车辆配备及技术参数等。对基础资料进行深入分析后，才能使线路位置的确定论证充分、成果可靠、方案比选优缺点分析透彻，有说服力，也为下一步工程设计打下坚实的基础。

（3）加强外部协调和内部沟通，学会总体表达思维

线路专业协调工作量大，可分为内部协调和外部协调。内部协调主要是与相邻专业的接口关系。外部协调包括与规划部门、沿线各行政区、沿线重要企事业单位、文保、环保、交管、人防、供电、铁路、水务、地块开发以及相关市政工程等，征求并平衡各方面意见和建议。只有通过这些协调工作，线路总体布局才能比较稳定，得到多方面认可。

正因为线路设计协调工作多、方案汇报频繁，因此线路专业人员应具备一定的协调沟通能力，要善于把自己的想法和主张表达出来，学会总体表达思维：复杂问题简单化、原则问题具体化、技术方案条例化、专业问题通俗化。

（4）熟悉并认真分析城市规划

线路专业是"半个规划专业"，轨道交通的功能主要是疏解城市交通和支撑城市的发展。建立城市规划概念，就是线路总体布置要与城市建设、规划相结合，并建立城市交通一体化理念。

线路规划设计工作是紧扣城市规划来开展的，线路总体方案的研究确定，涉及城市规划的各方面。要了解熟悉城镇体系规划、土地利用规划、沿线区域规划、交通枢纽规划、重大项目规划、地块开发详细规划、旧区改造规划、道路网规划、立交高架桥规划、河道规划、地下空间规划、管线规划、绿化规划、电力规划、景观规划等。在熟悉这些规划并了解规划实施计划的基础上，才能将线路总体布置与城市建设、规划紧密结合起来，支撑城市规划的实施，提高轨道交通工程的可实施性和建成后的运营效益。

交通一体化规划是城市总体规划的一部分，就是通过对城市交通需求量发展的预测，为较长时间内城市的各项交通用地、交通设施、交通项目的建设和发展提供综合布局与统筹规划，并进行综合评价。经验证明：在大城市建立以轨道交通为骨干，以公共交通为主体，与对外交通、个体交通一体化规划、一体化建设、一体化运行的交通体系是发展方向。

（5）建立网络化设计理念

单条轨道交通线路设计是在轨道交通网络规划的基础上进行的，要分析网络并了解网络建设规划情况，从网络全局出发筹划设计方案，充分实现网络资源共享。线路设计应与车辆段、行车组织设计紧密结合，充分体现运营需求，以运营为核心，扩展到网络化运营的设计理念。主要抓住以下几点：

1）站在网络的高度，合理确定线路建设的起终点。线路起终点的确定与建设规模密切相关，应从网络建设规划、城市发展规划、客流吸引、车辆段（停车场）接轨、交通枢纽的短驳衔接等角度综合分析确定。

2）进行线路走向调整时，要分析局部轨道交通网络布局是否均衡，是否改变了网络规划的意图，是否能优化局部网络布局。

3）本线路是否与其他线路有共轨运营需求，或是否有必要为照顾某重要区域，临时采用修建双线联络线实现过轨运营，有主、支线的线路如何合理选择主支线接轨点等。

4）要充分实现网络资源共享，如车辆及车辆基地、控制中心、主变、机电系统、换乘站等，并结合现场建设条件，设置合理的联络线，连通路网中相关线路，为实现资源共享创造条件。

5）处理好本线与网络内其他线路相交的关系。是区间相交的，应在线位和标高上做好预留。是车站换乘的，首先要考虑换乘的便捷性，另外要做好预留方案，远期建设的线路一般预留接口或采用通道换乘，以节省初期工程投资，并预留远期线路调整的灵活性；是近期建设的线路，特别是在建设条件复杂、对交通和环境影响大的地段，换乘站宜同步实施，避免两次施工造成对交通、管线、环境的重复影响。

（6）扩展知识面，精于本专业，了解熟悉其他相关专业

线路专业是总体性很强的专业，为做好线路设计，需在把握好线路本专业设计的基础上，积极拓展知识面，对相关专业设计有一定的了解。很多专业知识是确定线路方案的基本因素，若不了解熟悉其他相关专业的知识，则确定线路总体方案无从下手或阻力重重，只有对规划、客流、轨道交通制式及车辆选型、运营、限界、轨道、建筑、结构等知识有基本的理解，才能得心应手。轨道交通的功能最终是由运营实现的，因此，线路专业人员特别要学会对客流预测成果的分析和使用，了解运营知识，使线路设计适应运营需求，充分体现运行的经济性和灵活性。

8.1.2　线路主要技术标准及线路设计

8.1.2.1　线路主要技术标准

参见《地铁设计规范》。线路设计的主要标准是最高运营速度、线路平面最小半径、线路纵断面最大坡度等控制性标准。

8.1.2.2　线路总体方案的比选及优化

线路总体方案研究是工可阶段线路工作的重点内容。在早期进行的轨道交通线网规划和建设规划中，关于单条线的线路走向、敷设方式、车站分布等一般已经有了较粗略的规划。然而随着时间的推进，在城市建设过程中相关条件会发生一些变化，例如城市用地性质调整、建设时序的变化、大的客流集散点的重新选址等，这些变化不可避免对已经规划的线路总体布局产生影响。因此，工可阶段需对下列问题加以重点研究。

（1）线路走向与路由研究

线路走向及路由选择要考虑的主要因素包括线路的功能定位、线网规划的线路走向、客流分布和客流方向、城市道路网分布状况、隧道主体结构施工方法、城市经济实力、城市发展与改造计划、城市的地理环境、现场具体建设条件等。

对于规划线位附近的特大型客流集散点，线路必须照顾到。但当其离开规划线位较远时，线路路由有多个选择方案，包括路由绕向特大型客流集散点，采用支线连接，延长车站出入口通道，并设自动步道，调整路网部分线路走向，由其他线路兼顾等。

线路走向比选的主要内容包括吸引客流条件、与规划结合程度、线路布线条件及技术条件、实施难易程度、对城市的影响、工程造价、运营效益等。在某些场合下，还有一些其他因素有时会对线路走向产生决定性的影响，如政治需要、战备要求、与一些重要设施的衔接要求等。

（2）线路敷设方式

线路敷设方式分为地下线、高架线和地面线（含路堑、路堤）三种方式，不同的敷设方式对工程投资规模和城市的影响都是巨大的。

在城市中心城区，受建设条件限制，为保护环境和景观一般采用地下线路。地下线路的埋设深度的选择应根据地质条件、地下构筑物情况、拟采用的施工工法、与其他线路的换乘形式等进行选择，施工工法包括明挖浅埋、盾构、矿山法等。明挖浅埋一般造价较低，如能妥善解决地下管线迁改方案且对地面及地下建筑影响较小时，尽可能选用。

地面线投资最省，但对城市的干扰较大，特别是城市道路均被切断，需要采用立交，一般敷设在城市郊区，穿越市中心区的线路一般很少设置为地面线。在连接中心城与卫星城之间的线路或位于城市边缘地带的线路，应尽可能创造条件设置地面线，以降低工程造价。

高架线对城市道路干扰小，工程造价低，但目前国内外对穿越城区的高架线存在一些争议，认为高架线主要有三方面的缺点：破坏城市景观、影响市容；噪声和污染对环境有不良影响；对沿线居民隐私权有所侵犯，易引起纠纷。一般认为城市道路红线宽度在60m以上时，应优先考虑设置高架线，采取一些减振降噪措施能够满足城市环境的要求。

（3）车站分布

车站分布是否合理直接影响吸引客流的效果。影响车站分布的主要因素包括大型客流集散点分布、城市规模大小、城区人口密度、线路长度、与其他线路的换乘、站间距离、旅行速度目标等。车站站间距应根据实际需要确定，在市区宜为1km左右，在市区边缘或城市组团之间一般为2km左右，甚至更大。

站位设置应考虑的主要因素有：方便乘客使用，便于吸引客流，与城市道路网及公交网密切结合，与其他轨道交通线及其他交通方式换乘便捷，与旧城房屋改造和新区土地开发结合，方便施工、减少拆迁、降低造价，兼顾各车站间距离的均匀性等。

8.1.2.3 线路平纵断面设计

（1）线路平面设计

线路平面设计是在确定线路总体布置方案后，对线路平面位置、车站位置以及辅助线进行详细分析和计算，以最终确定线路的准确位置。

线路尽可能沿城市道路布置。当线路位于规划道路红线外时，如果线路上方建筑物较多，会带来较大的拆迁量，或者在施工时需采取特殊的处理措施；若线路穿越地块，需要与地块开发方案协调、结合。

地下车站一般以跨路口设置为宜，高架车站宜设于路口一侧。位于道路红线外的站位有各种各样的设置方案，典型的有：设于火车站站前广场或站房下，以利于客流换乘；与城市其他建筑同步实施，和新开发建筑物相结合；结合城市交通规划，建设城市综合交通枢纽等。这些站位一般都需要结合城市的其他设施建设统一规划、统一考虑。

辅助线按功能不同，分为车站配线、出入段线、联络线三种。确定车站配线一般先根据运营组织方案确定折返线的位置，再根据规范要求分布存车线或渡线，有些情况下折返线的确定还需考虑现场是否有设置折返线的条件，若条件不许可，可考虑在相邻车站设置。出入段线一般在车站接轨，并连通上下行正线；与正线交叉时，宜采用立体交叉；出入线设置单线或双线，应根据远期线路的通过能力和运营要求计算确定，尽端式车辆段出入线宜采用双线，贯通式车辆段出入线宜采用"八"字线，停车场规模较小时，出入线可采用单线。联络线是网络内实现资源共享的需要，一般根据网络资源共享规划考虑设置位置。

进行线路平面曲线设计时，考虑以下几点：线形力求顺直，尽可能减少曲线的数量；尽可能采用较大的曲线半径，尽量避免设置最小半径曲线；区间中部曲线半径尽可能满足最高运营速度需要，如采用 80km/h 的钢轮钢轨系统，采用 450m 或以上曲线可达最高运行速度；尽量避免曲线进入车站，简化车站设计施工，利于运营；单洞双线的矩形隧道和高架线一般上下行线曲线设计为同心圆，方便结构计算和施工，并节省工程量。

（2）线路纵断面设计

线路纵断面设计是在平面设计的基础上进行的，同时又可对平面设计进行检验和调整，最终确定线路在城市三维空间的位置。

纵断面设计首先应确定不同敷设方式过渡段的位置，并对地形地貌变化及控制高程点进行分析。地下线路高程控制因素主要有地质条件、地下构筑物、地下管线、河道、车站拟定埋深、施工方法要求等，高架线高程控制因素主要是桥下净空要求、景观需要、车站标高等，地面线主要是防洪水位标高等。

完成以上分析工作后，可以进行拉坡设计。拉坡是很有"学问"的，体现在它具有灵活性，在满足以上控制点要求和设计规范的情况下，可以拉出各种各样不同的纵断面，但一个优良的纵断面设计可以提高运营的安全性和效率，提高乘客的舒适度，节约能源，简化设计施工的复杂性，减少工程量，改善高架线路的景观效果。

纵断面的坡段不宜太短、太碎，以保证列车安全平稳地运行，提高乘客的舒适度；采用暗挖施工的地下线路尽可能设计成节能坡型；明挖线路，一般采用平缓坡道，减少区间隧道的埋深，同时区间尽可能不产生最低点，避免需要设置泵站，以节省投资；高架线路坡度尽可能平缓，坡长尽可能长，增强桥梁的流线美，另外桥梁不宜太低，避免产生压抑感；两个大的坡度不宜对接，以免降低运营时的舒适性和安全性；车站采用明挖、区间采用盾构施工的地段在拉坡条件允许情况下竖曲线尽可能不要伸入盾构井，以防盾构进出洞姿态难以精确控制，同时可以简化车站设计。

8.1.3 与线路设计相关的工程质量安全案例及分析

8.1.3.1 案例一：南昌1号线（卫东大道—滨江大道）过赣江段线路方案（图8-1）

本案例主要阐述说明线路选线涉及的风险有：过于靠近行政中心设站的政治政策风险、环保风险，过于靠近大型客流集散广场（秋水广场）的人流疏散安全风险，以及斜穿赣江的工程实施风险，斜穿增长区间隧道通风排烟影响列车通过能力的风险等。

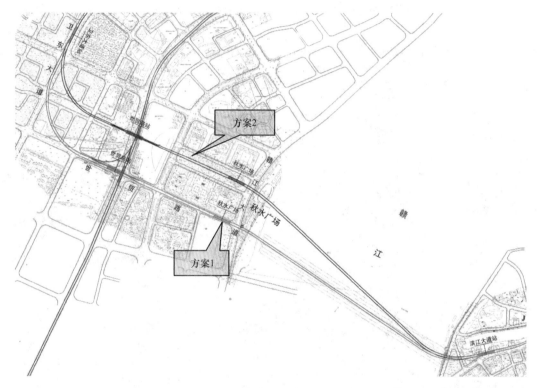

图8-1 案例一：南昌1号线卫东大道站—滨江大道站段线路走向方案

根据红谷滩中央商务区规划，本段线路研究了两个走向方案：世贸路方案和红谷滩中央商务区东西主轴线方案。比选分析如下：

（1）方案1：世贸路（红谷五路）方案（原规划方案）

该方案线路出卫东大道站后，沿卫东大道向东南转向进入世贸路，至丰和大道路口设世贸路站，与2号线换乘；出站后继续沿世贸路往东，在赣江大道西侧的世贸路下设秋水广场站。

（2）方案2：红谷滩中央商务区东西主轴线方案

本方案线路出卫东大道站后转向东南下穿待开发地块进入红谷滩中央商务区东西主轴线，至丰和大道设丰和大道站，该站与2号线换乘；出站后线路穿越绿地中央广场（原世贸中心地块），过红谷大道在赣江大道西侧设秋水广场站。

方案优缺点对比分析：

1）世贸路与中轴线相隔约 250m，两个方案为该区域服务功能基本相当。

2）两个方案线路长度基本相当。

3）规划方案 1 线路顺直、线形好；过江线路与赣江基本垂直，且不用设置中间风井。

4）方案 2 提出的主要意图是想考虑与中轴线局部地下空间开发结合。但：

（a）方案 2 线形差；

（b）秋水广场站过于靠近行政办公区，对该区域行政办公环境干扰较大；

（c）线路斜穿赣江，过江区间线路长，需增设中间风井，有难度，工程造价增加；

（d）中轴线上已经建设的绿地中央广场等地块没有考虑预留地铁走行的地下空间位置，经协调，两工程在建设时序难以衔接。

因此，该两个方案从车站服务功能、技术条件、工程实施条件及风险、投资等方面综合比较，方案 1 优于方案 2，经专题征求市规划部门意见，推荐采用方案 1。

8.1.3.2　案例二：上海徐家汇枢纽 9 号线线路方案（图 8-2）

本案例主要介绍线路设计过程中涉及规避的风险有：软土地区穿越既有三层车站地下连续墙的工程实施风险、对顶级商业中心商业和环境影响的风险等。

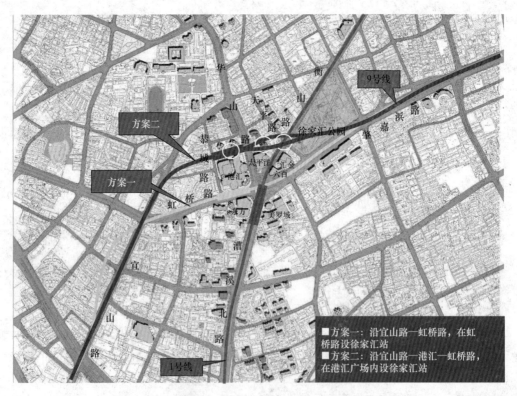

图 8-2　案例二：上海徐家汇枢纽 9 号线线路方案

9 号线徐家汇站西接宜山路站，东连东安路站，宜山路站至徐家汇站区间线路呈先北后东走向。徐家汇站至东安路站区间线路呈西东走向。

以往在研究徐家汇站线路布置时，均将车站布置在虹桥路下，即虹桥路方案，其优点是显而易见的，即与1号线换乘距离较短。但是也带来两大问题，其一为线路下穿1号线徐家汇站北端设备用房区域，导致车站埋深大增或影响1号线运营；其二为车站施工期间将对业已十分繁忙的虹桥路交通带来重大影响，管线搬迁、交通疏解难度很大。

为克服虹桥路方案的上述缺点，经现场调查研究，另择站位和地铁通道，将车站设于港汇广场地下室内，形成港汇广场方案。两方案简述如下：

(1) 虹桥路方案

线路出宜山路站后沿宜山路北上，然后向东转向虹桥路，在地铁1号线徐家汇站西侧虹桥路下设徐家汇站，下穿1号线后，沿肇嘉浜路东行在东安路口设东安路站，与7号线相交换乘。

据此本线车站埋深可有两种选择，其一为地下四层，但须在1号线车站结构底板下方的连续墙上开洞以及拔除设备区下方的桩基础，以供车站东端区间隧道通过；其二为地下六层，东端区间从连续墙底下穿过，无需对1号线进行处理。

(2) 港汇广场地下室方案

线路出宜山路站后，沿宜山路北上，过虹桥路后，以 $R = 450m$ 曲线折向东，下穿交大新村住宅区后，上、下行线分别从港汇广场⑰～⑱轴和⑱～⑲轴间的地下室内通过，并在此设9号线徐家汇站。过地下室后，上、下行线分别从格如大厦南、北两侧东行，穿徐家汇公园后进入肇嘉浜路，接本线东安路站。

因徐家汇站设在港汇广场地下室内，其地下室立柱柱距为11.4m，柱径1.0m。考虑车站东端曲线限界加宽，确定采用13m宽岛式站台，以避免托换立柱。

由于工程实施风险及对徐家汇商业区的环境保护，最终推荐采用港汇广场地下室方案。在既有地下室设站在我国地铁建设史上是首先尝试，为9号线穿越徐家汇枢纽减少了施工风险和社会影响风险。

8.1.3.3 案例三：南昌1号线八一广场段线路方案比选（图8-3）

本案例线路方案比选过程中作为优缺点权衡的风险有：大面积穿越建筑物的施工风险、运营后环保风险及穿越省政府的政治社会风险等。

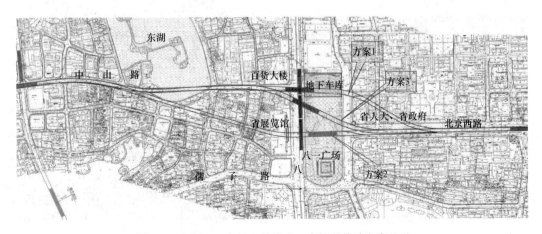

图8-3 案例三：南昌1号线八一广场段线路方案比选

根据线路穿越条件和站位设置，比选了 3 个线位方案：

方案 1：线路沿中山路，穿越东湖，继续沿中山路，在百货大楼旁的中山路、八一大道交叉口设站，后线路穿越八一广场、省人大、省政府，进入北京西路。

方案优缺点：站位与周边商业结合紧密，客流吸引较好；但东端区间线路线形差，为一组 350m 的反向曲线，且穿越省人大、省政府大片建筑，施工期间和建成运营后对其有一定影响，比较敏感；需改造地下车库和省政府地方人防工程。

方案 2：线路沿中山路，在东湖南侧线路偏向南侧穿越大片街坊、毛泽东思想胜利万岁馆后，在广场中心设站，后往东进入北京西路。

方案优缺点：线形顺直；但线路穿越街坊多，且穿越毛泽东思想胜利万岁馆保护建筑；车站设于广场中心，易于实施但对刚改造好的八一广场破坏较大，且不利于与商业结合。

方案 3：在方案 1 基础上进行了适当调整，线路从八一大道西侧偏向南，斜跨八一大道设站，斜穿广场进入北京西路。

方案优缺点：线路穿越街坊最少，与周边环境矛盾小；车站斜跨八一大道设置，兼顾了商业衔接和广场内客流。

综合以上分析，方案 3 是线路矛盾少、实施风险较小、车站功能也较好的理想方案，故推荐方案 3。

8.1.3.4　案例四：福州 1 号线三角埕—胪雷区间线路纵断面（图 8-4）

本案例主要阐述线路纵断面设计与地质条件的关系由此引起的施工风险及处理措施。

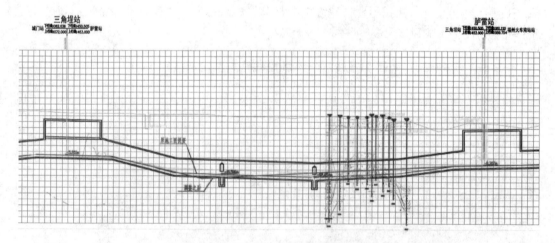

图 8-4　案例四：福州 1 号线纵断面设计方案

福州 1 号线三角埕—胪雷盾构区间隧道，施工图设计在初勘的基础上进行，详勘后发现 17C（中风化凝灰熔岩）地层和初勘不一致，后加孔做了补勘，确认 17C 地层位置，因 17C 详勘比初勘上抬了 1m 多，进入原设计区间隧道范围，但该区间已采用土压平衡盾构开始施工，而经过该区域应采用复合盾构，但施工方来不及作调整，为了工程实施安全、保证施工质量，提出调整线路纵断面，将隧道上抬至 17C 地层之上，避开该段隧道穿越的复合地层。

8.1.3.5 案例五：配线设置（图8-5）

图 8-5 是两种出入场线接轨配线形式，第一种形式出场线与正线采用平交方式，功能较差，特别是在车辆段规模较大、对出入段能力要求较高的情况下不应采用，因为出场线列车进入下行正线需切割上行正线，与上行正线存在敌对进路，影响上行线的通过能力。第二种形式采用立体交叉方式，功能较好，但需考虑出场线是否设置有进入正线前的一度停车条件，如无该条件，应在接入正线前增设安全线，确保运营安全。

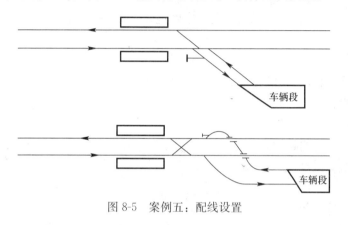

图 8-5 案例五：配线设置

8.1.4 线路设计中安全质量风险防治的对策及建议

轨道交通工程选线时除要考虑满足轨道交通功能的技术标准外，以下从城市规划、建设及运营、环保等几个方面进行小结，提出线路设计中安全质量风险因素及对策措施建议，使工程选线具有可操作性、可实施性，安全、经济、合理。

8.1.4.1 城市规划方面

（1）线路设计时要考虑的主要因素

1）城市总体规划、城市区域规划、重大基础设施规划；

2）轨道交通线网规划、轨道交通近期建设规划；

3）规划部门的规划选线方案及规划控制线；

4）沿线城市发展、沿线土地控制性详细规划；

5）城市交通规划；

6）引导城市发展和客流吸引条件。

（2）线路设计中的要求及对策措施

1）轨道交通工程选线应以城市总体规划、区域发展规划，以及轨道交通线网规划、建设规划为基本依据；

2）线路应尽可能在城市规划部门划定的控制线内走行；

3）深入分析沿线现状和控制性详细发展规划，研究确定线路在各路段的具体规划位置，复杂地段应进行多方案优化比选，寻求综合效益最优的方案；

4）选线应尽可能沿现状或规划的道路布置，尽量少穿地块或街坊，尽可能节约、整合土地资源；

5）选线时应考虑线路引导城市发展和结合进行旧城改造的可能性，力求综合开发利用土地资源；

6）地铁选线应符合运营效益原则，应从城市现状和规划发展的角度，分析客流吸引情况，选定的线路走向应符合城市客流走廊，应有全日客流效益、通勤客流规模、大型客流点的支撑；

7）车站应尽量设在主要客流集散点、主要道路路口、公交枢纽、轨道交通线路交叉处，并结合城市改建进行统一规划，最大限度地吸引和方便乘客。

8.1.4.2　工程建设及运营方面

（1）线路设计时要考虑的主要因素

1）地形地貌；

2）工程地质、水文地质；

3）穿越既有建筑物情况；

4）地下管线（搬迁或保护）；

5）交通影响；

6）文物或重要建筑物保护；

7）与其他市政工程的关系（如桥梁、下立交、越江隧道、管线隧道、地下人防等）；

8）穿越规划和既有地铁线路；

9）车站配线设置形式及功能。

（2）线路设计中的要求及对策措施

1）轨道交通工程选线应符合可操作性可实施性、安全性以及经济性原则。

2）选线应结合地形、地貌，合理确定线路走向及线路埋深。

3）应规避不良工程地质、水文地质地段，或采取好针对性的实施方案；在满足乘客方便的前提下，线路尽可能设置在较好的地质层，从而减少工程难度。

4）尽可能减少房屋拆迁、管线迁改，尽量考虑实施阶段少影响城市交通，尽可能规避拆迁敏感点或敏感区，由此引发的社会稳定风险。

5）线路尽量少穿或不穿建（构）筑物，需穿越时既要考虑好地铁自身的实施安全，又要保护好建（构）筑物的安全。

6）工程选线时要考虑实施和运营后对保护文物和重要建筑物的安全和影响。

7）应注意按有关部门相关规定保护好地下资源（地下水、矿产资源等）。

8）应协调处理好与其他市政工程（如桥梁、下立交、越江隧道、管线隧道、地下人防等）的关系。两工程之间应留有一定的安全距离，保证实施和运营后两工程的安全。

9）轨道交通线路之间相交时有两种情况：与规划线路相交、与既有线路相交。无论何种交叉，均应确定好两线的线路位置及标高关系，应实测既有线路平面位置和标高，两线区间交叉时，要保留一定的安全净距；车站相交时，应做好规划换乘线路的预留或利用好既有线路的换乘接口。

10）车站配线设置功能对于运营组织管理及非正常工况下的救援等十分重要，因此，需要合理采用配线的布局形式，分析是否符合功能要求，是否存在安全隐患。如折返站折返线的折返能力是否与系统能力要求匹配，配线交叉点是否存在敌对进路、挤岔可能，是否需设置安全线等情况，都是需要重点考虑的。

8.1.4.3　环境保护方面

轨道交通对环境的影响主要在于建设期和运营期的污水、废气、噪声、振动和固体废弃物的排放等；工程选线阶段就应针对上述各个环节和各点产生的影响，考虑相应措施规避影响，并最终依据环境影响评价评报告及审批要求进行完善确定。线路设计时主要有以下几点应引起重视：

（1）线路穿越城市中心区、人口建筑稠密区，在线路敷设空间较小时，应优先考虑地下线路，减少对环境的影响。

（2）线路平面线形应力求顺直，少采用小半径曲线，特别是最小半径曲线，以减少钢轨磨耗以及小半径曲线引起的振动和噪声。

（3）地下线路应尽量少穿或不穿越建筑物，尤其是上海软土地区，不但施工期间容易引起建筑物开裂，而且建成运营后的振动和噪声对居民影响甚大，投诉较多。特别是线路穿越居民楼、学校、医院、文保等对振动、噪声较为敏感的建筑物时，应予以规避或采取相应的处理措施。

（4）当线路确需穿越街坊或建（构）筑物时，应适当加大线路埋深，使振动、噪声能在较厚的覆土层内衰减。

（5）充分考虑对历史文物、优秀建筑的保护，线路布设与历史文化风貌区和城市整体环境相协调。线路穿越或近距离穿越有保护要求的建筑物时，应调查清楚建筑物的保护范围及相关要求。

（6）选线过程中进行车站布设时，应因地制宜，要充分考虑车站开挖实施期间对周边环境、商业、交通等的影响程度。

8.2　车辆基地

8.2.1　轨道交通工程车辆基地设计的主要要点

8.2.1.1　车辆基地设计概述

车辆基地是保证轨道交通系统中各项设备处于良好状态、确保行车安全的场所，应包括车辆段（停车场）、综合维修中心、物资总库、培训中心和其他生产、生活、办公等配套设施。

车辆基地的设计从外部接口来看，牵涉面广，包括规划、水文、地质和市政相关的交通、供电、给排水、消防、煤气、环保以及绿化等诸多方面。车辆基地的设计涉及的专业多，轨道交通系统中大部分专业都与车辆基地相关，主要专业就包括了工艺、站场、轨道、路基、建筑、结构、环控、给排水及消防、动力照明、供电系统、通信、信号等十多个专业，内部接口复杂。

车辆基地设计是综合性非常强的工作，需要总体把握，平衡各方需求，协调各专业接口，才能形成功能完善、使用便利的设计方案。

8.2.1.2　车辆基地选址及出入线设计

《地铁设计规范》规定，车辆基地的选址用地应符合城市总体规划，有良好的接轨条件，便于给排水等市政管道的引入和道路的连接，同时，应有足够的有效用地面积及远期发展余地。

车辆基地作为城市轨道交通的车辆停放和检修基地、设备维修和材料供应基地，具有占地面积大、工程造价高、设备及技术接口复杂、与市政设施接口密切等特点。为了实现土地资源的合理配置和综合利用，提高设备使用效率以及轨道交通建设和服务水平，在进行城市轨道交通网络规划研究时，就必须对线网中车辆基地布局进行统筹规划，明确各自分工、服务范围及建设时机。在网络化运营的条件下，在城市用地规划许可、技术经济条件合理时，可以在线网中合理位置规划不同规模的车辆基地和维修设施，满足车辆停放、检修及故障抢修需要。轨道交通线网研究及建设规划阶段，应对车辆基地用地予以规划控制，选址需满足规范要求。工可编制阶段，车辆基地选址需得到规划部门许可。

出入线设置，与车辆基地选址、总平面布置、接轨站位置密切相关，在车辆基地选址稳定的情况下，可以通过优化总平面布置及适当调整接轨站站位，完善出入线平面方案。出入线应在车站接轨，按双线双进路设置，并避免切割正线，在有条件时可结合站段关系设置"八"字出入线。车辆基地停车规模过大时，需注意出入线能力，确保满足运营需要。出入线纵断面设计，则需结合接轨站敷设方式、周边道路及管线情况，确定纵断面方案及施工工法。

8.2.1.3　车辆基地功能定位与设计规模

总体来说，车辆基地功能划分和各项设施的配置，应根据轨道交通线路规划、既有轨道交通设备和工程具体条件分析确定。可以结合工程特点、车辆选型、线路条件、行车组织及运营管理模式、主要设备系统的技术条件等分析车辆基地功能需求，并通过对功能的分析、评价和筛选最终确定最佳的功能定位。

规模设计应初、近、远期相结合，车辆配备按设计初期运输需要购置，以后根据运输的发展逐步添置；基地内股道、房屋等土建设施和机电设备配套等应按近期需要设计，用地范围按远期规模控制。在远期扩建困难，或者增加投资不大的情况下，可一次性按照远期规模实施。

8.2.1.4　车辆基地总平面设计

车辆基地的总平面设计，应结合出入线方案，根据车辆运用和检修的作业需求，综合考虑维修中心、物资总库等布局及道路、管线、绿化、消防、环保等要求，以及考虑当地气候条件等，合理设置。

总平面布置，是车辆基地设计的重点。在满足功能需求的前提下，应结合用地周边控制条件，如道路、河流、建筑、高压线、大管径雨、污水管等，合理确定工程用地，减少工程动迁、道路、管线等改移，控制工程投资。

总平面布置形式可分为贯通式、尽端式，贯通式运用库一般设置为一线三列位，两端设置咽喉区条件时可接入不同车站。尽端式布置运用库一般设置为一线两列位，条件受限时，也可设置为一线一列位。结合运用库与检修库相互位置，尽端式可分为顺向布置和逆向布置。一般来说，顺向布置作业进路顺直，逆向布置用地较省。应结合用地条件，因地制宜合理确定总平面布置形式。

8.2.2　车辆基地设计易发生的质量安全问题分析

8.2.2.1　车辆基地出入线设计

出入线的设计是否合理，很大程度上与车辆基地选址、总平面布置及与接轨站的相互关系相关。

出入线设计不合理主要表现在以下几个方面：

（1）出入线长度过长

由于城市用地越来越紧张，线网及建设规划阶段未控制落实车辆基地用地，导致车辆基地选址距离接轨站过远，有的城市轨道交通线路出入线长达 3～5km，列车出入空驶距离长，增加列车运营时间和成本。

（2）出入线平面半径过小

由于车辆基地选址与接轨站相互关系不合理，我国某城市去年通车的 1 号线车辆基地出入线长约 1.7km，大部分曲线半径为 200m，单向偏角累计约 240°，运营过程中易发生轮对偏磨，减少轮对寿命，增加运营成本。

（3）出入线设计进路不合理

出入线布置不合理，具体表现在接轨站配线设置不满足双线双方向的要求，当一根出入线故障时，列车通过另外一根出入线进出时，与正线列车平面交叉，存在安全隐患，影响运营效率。

（4）出入线能力不满足要求

在车辆基地停车列位较多时，尤其列车需折返接入正线时，需要核实出入线能力，避免列车出入影响正线运营。

（5）出入线纵坡设置不合理

出入线纵坡设置不合理，主要表现在三个方面，其一，出入线坡度过大，特殊工况下运营困难；其二，未设置合理的信号转换段和一度停车位；其三，纵断面代数差过大，且竖曲线半径设置偏小。

（6）出入线施工工法不合理

在接轨站为地下站时，出入线应结合对交通的影响、管线等因素，合理确定施工工法，节省工程投资。

（7）雨水泵房位置不合理

中间站接轨，出入线泵站设置未避让正线，设置于正线下方，增加工程风险。

8.2.2.2　车辆基地近期建设与远期预留

地铁规范规定，车辆基地站场股道、房屋建筑和机电设备等应按近期设计，用地范围应按照远期规模并在远期站场股道和房屋规划布置的基础上确定。

由于我国处于城市化高速发展时期，高断面客流往往比预测年限提前，运营不久后，实际购车数超过预测近期值，造成所购车辆无处可停，或临时增加车辆基地。故建议初期建设的线路，运营库宜按照远期规模建设。

另一方面，大架修设置往往在运营 5～10 年后才投入使用，如果初期同步建设，造成设备闲置、锈蚀，可在设计中考虑检修库分步实施方案，节省初期投资。

8.2.2.3 车辆基地设计与规划一致性

车辆基地设计与规划的关系，首先要求车辆基地选址相对合理，且有效控制，便于后期项目实施；其次，车辆基地设计时应按照规划要求落实用地等需求。

车辆基地设计与规划的不一致主要表现在以下几个方面：

（1）车辆基地选址与规划不一致，造成后期实施时，车辆基地用地难以落实；

（2）车辆基地用地红线突破规划许可，或与规划批复用地红线不一致；

（3）车辆基地绿化率、退界距离等不满足规划要求；

（4）车辆基地停车位不满足规划要求；

（5）车辆基地开发时，容积率等不满足规划要求；

（6）车辆基地开发时，道路、楼梯等不满足消防要求。

8.2.2.4 车辆基地各相关专业接口

车辆基地设计具有参与专业多、占地面积大的特点，内外部接口复杂。车辆基地各专业间接口容易出现错漏的方面主要如下：

（1）车辆基地往往设置于郊区，周边市政管网建设不同步，车辆基地工可、初步设计设计阶段，一般根据规划资料处理与外部的接口。有些项目到实施建设完成时，周边规模管网尚未实施。

（2）测量、勘察等外部资料收集不及时，影响设计进度。

（3）车辆基地与出入线桥地（或与 U 型槽）分界不合理，造成工程浪费或风险。

（4）土建专业与系统专业间接口不明确，造成工程遗漏或重复。

8.2.2.5 车辆基地设计细节

车辆基地设计在如下方面容易出现细节问题：

（1）不均匀沉降，在不同基础处理过渡段容易发生；

（2）车库周边道路标高确定不合理，易造成局部路基面排水不畅；

（3）综合管线布置时，需注意避让建筑基础，尤其是承台连梁；

（4）电缆沟盖板面需要地面一致，注意盖板沟排水；

（5）合理确定场坪标高，注意内涝水位；

（6）检修工艺设计不合理，零部件检修作业不顺畅；

（7）车辆基地周边雨污水管网是否满足排放要求；

（8）装卸料线不满足轨排长度要求；

（9）合理的建筑基础桩基方案，可以有效节省投资；

（10）单体建筑底层净高偏低；

（11）共址建设的车辆基地建筑单体预留规模需合理确定，并注意建设时序；

（12）室外消火栓设置位置，以及室外空调机组，容易影响景观设计。

8.2.3 与质量安全相关的车辆基地设计案例

8.2.3.1 上海轨道交通 8 号线殷行车辆段

殷行车辆段于 2007 年建成投入使用，设计过程中，其平面布置经过多轮变化。

殷行车辆基地选址位于西侧河道及合流污水管、南侧规划国伟路与东北侧高压走廊合围的区域内，正线从南侧引入。

早期 8 号线预可行性研究过程中，因规划用地与接轨站呈倒三角形，不利于总平面布置，设计推荐出入线经用地西侧绕行至北侧后进入地块接入车辆基地，该方案切割地块上跨河道后接入规划用地地块。出入线采用小半径，且绕行接近 180°。预可阶段由于未搜集到合流污水管相关资料，推出此方案。该处河流污水管为污水总管，管径为 3m×8m 箱涵，若出入线以地面方式敷设上跨合流污水管，在污水管发生故障，需要检修时，势必影响地铁运营。见图 8-6。

图 8-6 殷行车辆段平面布置图（预可）

工程可行性研究阶段，结合搜集到的合流污水管等资料，对总平面布置及出入线进行了优化（图 8-7）。出入线经地块东南侧引入，车辆基地避开临近高压走廊的部队干休所设置，工可方案较预可方案具有如下优点：

（1）出入线避开河道设置，可减少车辆段设置对周边水体的影响；

（2）出入线较预可行性研究阶段绕行少，对地块的影响相对较小，工程动迁量少；

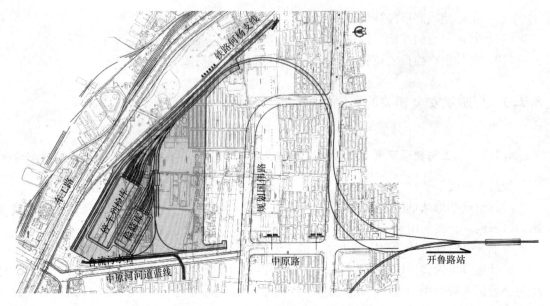

图 8-7　殷行车辆段平面布置图（工可）

（3）出入线平面半径大于 250m，可有效改善运营条件；

（4）试车线布置于场地东北侧，可满足高速试车条件；

（5）平面布置避开了合流污水管，可避免污水管检修对运营的影响；

（6）总平面布置减少了规划用地东北区域动迁安置房的动迁，节省工程投资；

（7）车辆段办公、生活区域布置用地南侧，便于与周边道路连通。

初步设计阶段，经建设单位与部队沟通，干休所同意换址还建，同时经与规划部门协商，出入线切割规划国伟路，推出如图 8-8 所示的平面布置方案。该方案较工可方案具有如下优点：

（1）出入线直线布置，避免了小半径曲线，可有效改善运营条件；

（2）出入线长度由工程可行性研究阶段 2.2km 缩短至 0.8km，节省了工程投资；

（3）邻近国铁何杨支线布置试车线和交界线，设置与国铁联络线，便于车辆等大件运输；

（4）总平面布置完全避开规划用地东南侧动迁安置房，减少工程动迁量；

（5）优化总平面布置，巧妙利用试车线形成三角线，工程用地由 28hm² 减少到约 22hm²，节约了土地资源。

施工图阶段基本维持初步设计方案实施。但落实用地过程中，出入口接入现状道路，用地未征地至道路红线，工程实施过程中，因周边环境改变，现状道路拟调整，为保证车辆基地出入口能与周边市政道路连接，二次征地。

从殷行车辆段设计案例可以看出：

（1）前期资料收集的重要性。

预可阶段，由于资料搜集不齐，出入线布置于合流污水管上方，影响后期运营安全。

（2）与规划等部门有效协作的必要性。

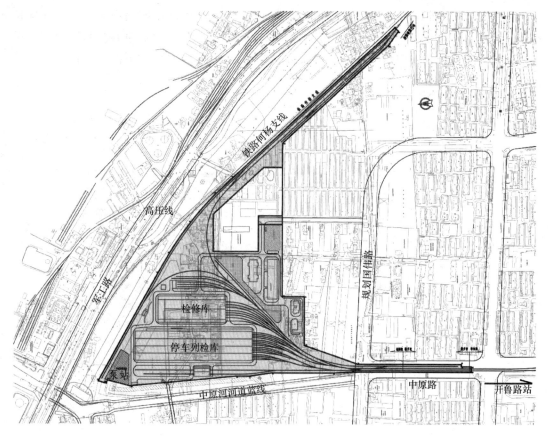

图 8-8 殷行车辆段平面布置图（施工图）

车辆基地平面布置过程中，合理确认周边控制条件非常重要。工可阶段，经过初步沟通，部队干休所不同意搬迁，南侧规划国伟路作为殷行地区道路路网的一部分，需予以保留，在此基础上，形成工可平面布置方案。

初步设计阶段，在进行多方案比选的过程中，发现如果部队干休所能够搬迁，出入线切割规划国伟路，总平面布置可以有较大优化。无论从地铁功能方面，还是工程投资方面看，调整后的总平面都具有明显优势。初步设计过程中，对殷行区域道路路网进行了专题分析，认为出入线切割国伟路，对道路路网影响不大，建议规划国伟路设桥上跨出入线。规划国伟路上跨出入线桥梁工程投资约 6000 万元，调整后的车辆基地出入线直接节省土建投资接近 3 亿元，减少动迁及用地投资也数以亿计，经与规划部门协商，同意出入线切割规划国伟路，车辆基地实施过程中，一并实施国伟路上跨出入线桥梁。

8.2.3.2 上海轨道交通 10 号线吴中路停车场（图 8-9）

吴中路停车场一期工程于 2010 年上海世博会前建成投入使用。

上海轨道交通 10 号线贯穿浦东浦西，线路呈 Y 字形，西段主线至虹桥枢纽，吴中路停车场接轨于支线虹井路站。根据线网规划，10 号线在线路东端设置港城路车辆段，西段支线设置吴中路停车场。考虑到 10 号线一期只建设浦西段，不能接入港城路车辆段，一度考虑在主线虹桥枢纽附近另行选址设置 10 号线车辆基地，形成主线车辆段、支线停车场方案，便于初期运营。吴中路停车场设计为停车列检 24 列位顺向布置方案。在项目报批前夕，与发改委、规划等部门沟通过程中，明确 10 号线车辆基地需按照线网要求设置，一期工程只设置吴中路停车场。经检算，吴中路停车场调整为如图 8-9 所示的 41 列位停车列检的逆向布置。

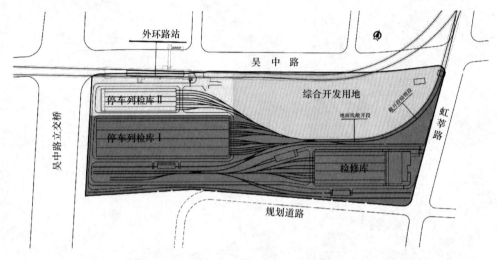

图 8-9　吴中路停车场平面布置图

吴中路停车场设计过程中，相关接口及细节处理值得注意：

（1）与规划接口。

如上所述，首先是吴中路停车场的功能定位，若作为 10 号线辅助停车场，仅需要设置 24 列位停车列检，工程用地约 15hm² 可满足停车场布置需求。在明确一期工程主线不能设置车辆基地后，吴中路停车场停车规模需扩大到 42 列位，并设置定修以下检修设施，工程用地增加至约 24hm²。实施过程中，停车列检库Ⅱ区域二次征地，造成一定量的二次动迁。

用地西侧，初期布置方案时按照退让外环路红线控制，在与规划沟通后，按照退让外环路绿化控制线实施。

（2）与开发接口。

根据要求，吴中路停车场需考虑开发。总平面布置过程中，预留了东北区域落地开发条件，轨行区及停车列检库、检修库考虑上盖开发。停车场办公、生活用房同步建设于盖体上方。由于盖体上方开发区域方案不够稳定，相关管线需求不够明确。设计方案中，利用底层平面道路上方与盖体之间的空间设置管廊，为上方开发预留了较好条件。给排水专业设计中，雨、污水总管为开发预留容量及接口条件。

为充分利用土地，停车列检库Ⅱ及东北区域综合开发用地均考虑地下空间利用，设置地下两层空间。停车列检库Ⅱ地下空间可直接接入外环路站。为减少对周边环境的影响，混合变电所设置于地下。

（3）施工期间相关接口。

由于停车场区域均设置上盖，咽喉区柱网林立。受工期影响，轨道系统尚未完成招标，土建工程需先行开工，为避免土建工程不当，造成侵入限界，影响后期铺轨工程，在土建施工过程中，请专业测量单位同步监控，有效控制土建误差，为项目顺利实施创造了良好条件。

施工过程中，由于工期紧，先期实施了盖体的基础、梁柱，造成下部设备基础实施时不能大面积开挖，需专业防护，增加了工程费用。

（4）设计细节处理。

由于 10 号线预留了全自动运行条件，总平面布置中，对自动运行区域进行了物理分隔，在运用库前段轨行区下方，设置了跨越股道的人行地下通道，确保运营、检修人员安全。美中不足的是，设计中未考虑地下人行通道通风，给该区域通行人员造成了一定的不便。

为有效减少对周边居民的影响，用地南侧设置了 5m 高声屏障。该区域围墙与声屏障并行分开设置，中间通道不足 2m。受排水管网设置等因素控制，该区域细部处理方面不够理想，项目设计中需予以注意。

8.2.3.3 其他车辆基地设计案例

某车辆基地，出入线接高架车站。出入线设计过程中，没有注意既有地面高程与设计高程差异，桥地分界按照既有地面高程考虑。施工过程中，在桥梁桩基均已完成施工，准备施工承台时，发现承台标高低于设计地面，设计变更，取消两跨桥梁，造成工程浪费。

另一车辆基地，有道路下穿咽喉区，设计初期，在确定地下箱涵长度时，考虑轨行区两侧预留管线敷设空间。箱涵设计专业审查过程中，认为箱涵长度过长，在未进行有效沟通的情况下，缩减箱涵长度并提供施工图施工，造成管线无法从箱涵上方敷设，需绕行。

8.2.4 车辆基地设计中安全质量风险防治的对策及建议

8.2.4.1 落实相关规划要求，确定车辆基地选址及用地

由于车辆基地具有占地大的特点，各个阶段规划过程中，车辆基地选址都是重点之一。

（1）设计应落实规划意图，车辆基地选址应与规划一致；

（2）设计应核实周边条件，落实车辆基地用地；

（3）在相关规划、线路条件变化时，应结合规划意见，提出车辆基地用地建议；

（4）车辆基地设计应注意节约用地，有开发需求时，需在满足功能的前提下合理确定开发方案。

8.2.4.2 合理确定车辆基地功能定位及设计规模，优化总平面布置

（1）应结合线网、建设规划及本线建设时序合理确定车辆基地功能定位和计算规模。

（2）总平面布置应满足运营要求，尽量减少动拆迁，控制工程投资。

（3）注重专业间的协调，明确专业间的接口。

车辆基地设计需多专业合作，设计过程中，应分阶段明确专业接口内容及分工界面。

（4）落实设计意图，加强施工管理。

车辆基地各个专业设计周期不同，尤其是部分设备招标滞后，导致设备基础设计不能与一般土建工程同步。施工过程中，应合理确定施工工序，避免不必要的返工。特殊设计应在设计交底中明确，并指导现场施工。

9 供电系统设计

9.1 供电系统特点

9.1.1 供电系统构成

城市轨道交通供电系统主要由主变电站（开闭站）、中压环网、牵引变电所、降压变电所、电力监控及能耗监测系统、牵引网（接触网或接触轨）、动力照明系统、杂散电流防护系统、防雷与接地系统等组成。

城市轨道交通供电系统的构成如图9-1所示。

供电系统设计所涉及的内容主要包括：系统构成及运行方式的确定，牵引供电计算，系统保护、测量、控制方式的确定，潮流计算，继电保护整定，系统防雷及接地，用电量估算，谐波评估，主要设备的选择等。

根据服务对象及功能的不同，可分为交流供电系统和直流牵引供电系统，其中交流供电系统包括中压网络及低压动力照明配电系统。

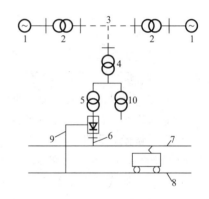

图 9-1　城市轨道交通供电系统的构成
1—发电厂（站）；2—升压变压器；3—电力网；
4—主变电站；5—牵引变电所；6—馈线；
7—牵引网；8—走行轨道；9—回流线；
10—降压变电所

9.1.1.1 交流供电系统（中压网络）

交流供电系统的中压网络主要由主变电站、车站/车场变电所、以及连接它们的中压35kV电缆或10kV电缆构成。它是整个供电系统的基础，其构成是否合理，直接关系到整个供电系统运行的可靠性及整个供电系统的工程投资、运营维护工作量、运营成本（电能损失、备品备件）等。

交流供电系统的主要功能：接受并分配电能，通过主变电所将从公用电网引入的110kV降压为35kV，通过城市轨道交通中压网络，将电能分配到每一个牵引变电所和降压变电所。

专业上有：主变电所（电源开闭所）、供电线路（中压环网）及中压配电柜等。同时各电压等级设备上设置继电保护及对应设备的电力监控等。

（1）外部电源及供电方式的确定

城市轨道交通系统供电方式应根据城市公用电网的构成特点及城市规划，经技术、经济综合比选后确定,通常可采用集中供电、分散供电和混合供电等方式。上海城市轨道交通的外电源供电方式以 110kV 集中供电为主,根据上海电网及轨道交通线路的具体情况,也可采用 35kV 混合供电方式。

集中供电方式是指城市轨道交通配置 2～3 个受电点,集中从公用电网受电,经城市轨道交通主变电所降压后与轨道交通内部供电网络连接。对于交叉或邻近的两条或多条线路,可将它们的受电点进一步优化合并,以形成更大的受电点。

采用集中供电方式时,设置的主变电所从电力系统引入 110kV 高压电源,要求公用电网提供的电源点少,其电压等级高,电源可靠性高,供电质量好,公用电网的改造工程量少,便于调度管理和运营维护。

(2) 主变电所的主要设置原则

主变电所的设置位置和数量,应根据工程特点和沿线可为其供电的城市电网变电站情况,结合城市轨道交通线网规划综合确定。主要设置原则如下:

1) 应满足供电负荷和供电可靠性要求。

2) 应接近负荷中心,供电半径合理,确保供电质量,减少线路损耗。

3) 尽量接近为其供电的城市变电站,以便减少引入线路工程投资,另外还要考虑主变电所馈出的 35kV 电缆敷设至轨道交通线路的方便性。

4) 应考虑拆迁工程实施的方便性。

5) 应考虑对其他民用设施和居民生活的影响。

6) 应尽量做到资源共享,即设置在多线路交汇处,可同时向多条轨道交通线路供电,以便供电资源得到最大限度的利用和综合配置。

7) 主接线形式:主变电所从城市电网引入两回 110kV 电源,设两台 110/35kV 主变压器。110kV 侧可采用线路变压器组、环进环出、内桥式接线方式。35kV 侧单母线分段,两段母线间设母联断路器,正常运行时母联断路器打开。

8) 运行方式:正常运行时,每座主变电所的两回 110kV 电源和两台主变压器分列运行,主变电所通过 35kV 馈出电缆分别向各自供电分区的牵引变电所和降压变电所供电。

9.1.1.2 直流牵引供电系统

直流牵引供电系统由牵引变电所、牵引网系统及杂散电流防护系统等组成。牵引变电所主要包括整流机组、直流正负极开关设备、上网/回流电缆等。牵引网系统主要包括接触网/接触轨和回流轨。每个牵引变电所设两套 12 脉波整流机组(整流变压器—整流器单元),等效成 24 脉波,两套整流机组接同一段 35kV 母线,并列运行,经整流后变成 DC1500V 通过接触网向电动车组供电,然后经钢轨及回流电缆至牵引变电所负极柜。正线每个车站均设钢轨电位限制装置,在车站两侧和区间设均流电缆。

直流供电系统的主要功能:将 35kV 电源降压整流后变成 DC1500V,经沿线架设的接触网(轨)不间断地给机车供电。鉴于直流系统采取正负极不接地的特殊性及杂散电流的危害,设置杂散电流防护及监测系统。

专业上有:牵引变电所、接触网/轨、杂散电流防护与监控等。同时各电压等级设备上设置继电保护及对应设备的电力监控等。

（1）牵引变电所的设置

轨道交通线路牵引变电所布点方案应根据工程的牵引供电系统电压制式、车辆特性、线路条件、车站及车场位置、运行组织、运营要求等特点，通过牵引供电计算，进行技术经济比较后确定。

每座牵引变电所内设置两套整流机组，两套整流机组均接在同一段母线上，组成等效24脉波整流方式。整流机组负荷等级采用 GB10411 标准规定，即：100%额定负荷——连续运行；150%额定负荷——运行 2h；300%额定负荷——运行 1min。

牵引变电所分布应该尽量均匀，兼顾有检修线车站的独立直流电源要求，整流机组规格尽量统一，便于设备维护管理以及降低维护成本。简单地为减少牵引变电所数量，而设置过长供电分区，将不利于牵引网电压改善，不利于杂散电流腐蚀防护。

（2）牵引变电所主接线

牵引变电所主接线的选择关系到牵引变电所可靠性、不间断地向接触网供电要求。因此其主接线应力求简单，在各种工况下倒闸操作时，均应安全、可靠。

牵引变电所主接线通常有两种形式：一种是无直流备用母线；另一种是配备直流备用母线。目前上海轨道交通的牵引变电所均采用无备用母线的接线方式。两种形式的主接线如图 9-2、图 9-3 所示。

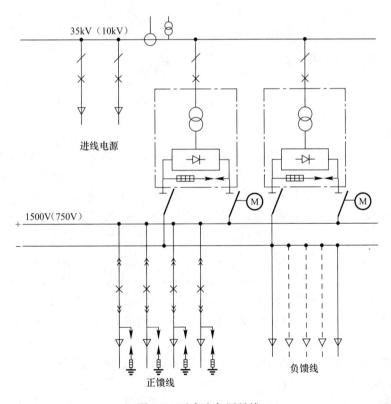

图 9-2　无直流备用母线

图 9-2 与图 9-3 的差别在于，图 9-3 直流配电装置中增加了备用母线，并增加了一台备用直流断路器手车柜。这种接线的优点是倒闸操作灵活性高。当某一馈线断路器故障检

修时，可先合上备用断路器，将故障断路器退出运行，再抽出进行检修。这样供电臂始终处于双边供电状态，变电所也不必再备一套断路器手车。但备用直流母线的投资成本较高，且二次比较复杂。无直流备用母线的变电所一般要备一套断路器手车。

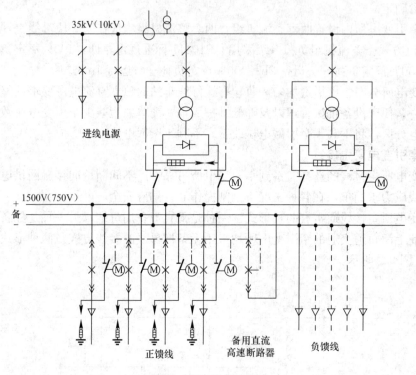

图 9-3　有直流备用母线

（3）接触网设计

接触网是城市轨道交通工程的重要设施之一，其功能是保证电动车组在走行中能从牵引变电所可靠地获得电能。接触网按安装位置和接触悬挂的不同分为接触轨和架空接触网两类。接触轨方式一般多采用 DC750V 电压等级，国内个别城市（深圳、上海 16 号线）有采用 DC1500V 接触轨供电制式的，架空接触网方式一般采用 DC1500V 电压等级。

主要设计原则：

1）接触网系统应满足工程运营初、近、远期的行车要求，具备安全、可靠、稳定的性能，满足正线列车最高行驶速度 80km/h 的要求，并能与后续线路接触网良好衔接。

2）正常运行时，正线接触网采用双边供电方式。当任意一座牵引变电所解列时，应由相邻或邻近的牵引变电所越区供电。接触网总截面应能满足列车最大持续载流量的要求。

3）接触网应能持续地向列车提供电能，具有良好的授流条件和弓网关系，能保证在允许的气候环境条件下正常运行。

4）接触网应技术先进、结构简单、稳定性好、便于施工和维护，尽量减少对隧道净空的要求。

5）接触网除与列车有相互作用的设备外，在任何情况下不得侵入设备限界，以确保行车安全。

6）接触网设备及零部件应具有安全可靠、耐腐蚀、寿命长、少维修甚至免维修的特点，关键受力件采用高强度、性能好的有色金属模锻件。

7）在满足技术要求和经济性的前提下接触网应充分考虑与城市景观的协调。

8）供电分段设置需满足相关规范要求，同时方便工程的运营管理。

接触网的特点：

1）露天设置的输电线（轨）；

2）单一，没有备用；

3）电动车组的受电弓（集电靴）与其滑动接触；

4）负载是移动和变化的。

对接触网的基本要求：

1）稳定、可靠；

2）在满足要求的前提下，结构上尽可能简单；

3）使用寿命尽可能长；

4）尽可能降低投资及运行和维护费用；

5）考虑自然和环境保护；

6）地面及高架段安装接触网设备时，注意美学要求及城市景观。

接触网的机械要求：

1）强度是接触网设备的主要机械要求；

2）接触线的最低高度、最高高度、允许坡度都很重要；

3）静态质量标准：弹性及弹性均匀度、接触线的抬升、刚性接触网及接触轨的安装位置精度；

4）动态质量标准：波动传播速度、多普勒效应、反射因数；

5）应容许两个或多个受电弓的列车运行。

对接触网的电气要求：

1）接触网系统的载流量；

2）接触网系统的短路耐受电流；

3）接触网电压保持在额定范围内；

4）将接触网设备分成独立的供电臂；

5）绝缘应满足要求；

6）避免人员触电的保护措施。

对接触网的环境要求：

1）环境温度；

2）风荷载；

3）覆冰荷载；

4）降水量侵蚀雾气体和灰尘；

5）绝缘材料等部件的特性能适应气候条件和日照变化。

对接触网的运行和维护要求：

1）规定的年限内设备的安装运行和维护费用尽可能低；

2）免维护或少维护；

3）防腐保护措施；

4）各类部件便于安装与更换；

5）弓线之间的磨损降到最低程度；

6）相邻股道之间设电分段。

（4）系统运行方式

1）正常运行方式

变电所 35kV 母联开关常开，两段母线分列运行；两套整流机组接于同一段母线上并联运行，相邻牵引变电所对其间接触网双边供电。

直流 1500V 母线一般采用单母线接线。

2）故障运行方式

变电所一回 35kV 进线电缆故障，35kV 母联开关自投，由另一回进线电缆负担本所全部负荷；一套整流机组故障后，由另一套机组供电；当两套机组同时退出或直流 1500V 母线发生故障时，退出本牵引变电所，由相邻的两座牵引变电所通过接触网越区隔离开关，进行大双边供电；当线路起始站或末端站的牵引变电所故障时，该区段内的接触网将由相邻的牵引变电所采用单边供电方式；当车辆段（停车场）牵引变电所故障退出运行时，由正线的牵引变电所对车辆段（停车场）接触网支援供电。

9.1.1.3　动力照明配电系统

动力照明配电系统的主要功能：通过降压变电所将 35kV 电源降为低压 380/220V，给轨道交通车站/场和区间的各种动力、照明设备进行供电。为保证设备的安全设置防雷接地等相关措施。

动力照明供电系统设计包括车站、车场及区间和其他辅助建筑的动力、照明配电、控制及保护设计，设备间的接口设计，与其他相关专业的接口配合设计，车站强弱电共用接地系统的设计，地面建筑的防雷设计，主要设备选型，电线、电缆、桥架选型及敷设。

专业上有：降压变电所、动力照明配电、防雷及接地等，同时各电压等级设备上设置继电保护及对应设备的电力监控等。

负荷分级及供电要求：

（1）一级负荷

包括消防用电、防灾报警、设备监控、通信、信号、售检票、气体灭火、屏蔽门、安全门、无线传输、公网电话、废水泵（含区间）、雨水泵、兼作疏散用的自动扶梯、隧道风机、排风机/排烟机及相应的风门/风阀、公共区照明、应急照明、变电所用电、防淹门。其中通信、信号、防灾报警、变电所操作电源及应急照明为一级负荷中特别重要的负荷。

一级负荷应由两路电源供电，电源来自降压变电所的两段不同母线（非三级负荷母线），在负载端自动切换。应急照明由相应的应急电源（EPS）供电。

（2）二级负荷

包括垂直电梯、一般用自动扶梯、污水泵、集水泵、一般风机、设备及管理用房照明、区间照明、检修电源、导向照明等。

二级负荷电源来自降压变电所的任一段母线供电（非三级负荷母线），当该电源失电时，经降压变电所的母联开关手动/自动投入。

(3) 三级负荷

包括广告照明、冷水机组及配套设备、电热设备、清扫机械等非一、二级负荷的电力设备。

三级负荷一般由降压变电所的三级负荷母线供电，冷水机组等单机容量特大负荷，可由一、二级负荷母线直接供电。当配电变压器因故退出运行时，自动切除该电源。

9.1.2 设计流程及接口

9.1.2.1 交流系统设计流程（图9-4）

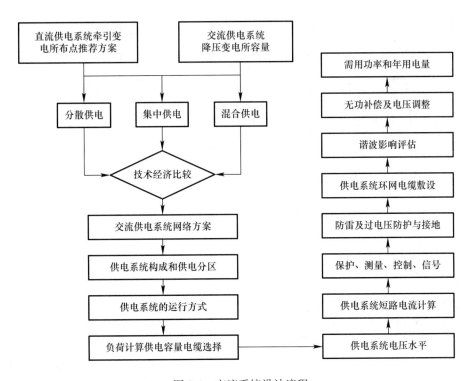

图9-4 交流系统设计流程

9.1.2.2 牵引直流系统设计流程（图9-5）

9.1.2.3 设计接口

(1) 主变电所侧接口

1）主变电所与环网电缆专业在35kV开关柜馈出线电缆头处；35kV开关柜及以上属主变电所专业，馈出电缆属于环网电缆专业，环网电缆在主变电所投影范围内的敷设支架由主变电所专业负责；

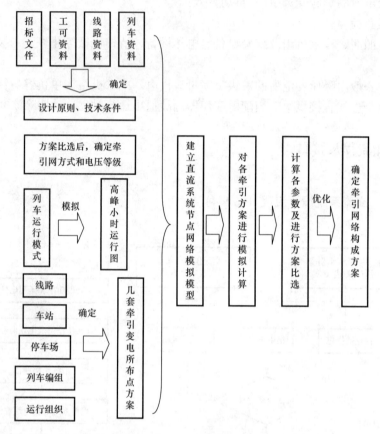

图 9-5　牵引直流系统设计流程

2）主变电所与电力监控专业在主变电所综合自动化控制柜通信端口：综合自动化控制柜属于主变电所，控制柜至 ISCS 的线缆属于电力监控专业，线缆与环网电缆同路径敷设。

（2）变电所侧接口

1）其他专业在变电所投影范围内的敷设支架均由变电所专业负责；

2）变电所与环网电缆专业在 35kV 开关柜进出线电缆头连接头处：35kV 开关柜属于变电所，电缆进出线属于环网电缆专业，接线电缆头由变电所专业负责；

3）变电所与车站/区间动力照明专业在降压变电所内 0.4kV 开关柜馈出线电缆头连接头处：0.4kV 馈出电缆（除至变电所交直流屏除外）属于车站动力照明；

4）变电所与杂散电流专业：变电所专业负责排流柜的布置、设备安装基础及排流柜外的二次接线；

5）变电所与电力监控专业：控制信号屏的布置、设备安装基础及控制信号屏的二次接线由变电所专业负责，通信电/光缆由电力监控专业敷设；

6）变电所与能耗监测：能耗监测屏的布置、设备安装基础及控制信号屏的二次接线由变电所专业负责，通信电/光缆由能耗监测专业敷设。

（3）轨行区接口

1）杂散电流与变电所：变电所专业设置均回流箱，均回流箱至钢轨电缆由杂散电流专业负责，回流箱至变电所负极的电缆由变电所专业负责；变电所专业负责单向导通装置至变电所的二次控制电缆的敷设、连接。

2）环网电缆专业与其他专业：环网电缆专业负责从变电所投影外至区间的电缆敷设支架及接地，其他专业提出需求，电缆敷设由各专业负责。

3）接触网与变电所在接触网上网电动隔离接线端子处：电动隔离开关至变电所的一、二次电缆由变电所专业负责，并安装部分电缆支架。接触网地线沿上网电缆路径回变电所由接触网专业负责。

4）杂散电流与区间动照在区间动力检修配电箱一次接线端子，区间动力照明在区间照明配电线为杂散电流监测装置提供电源，馈出电缆由杂散电流专业负责。

5）区间动力照明与接触网的接口：高架区间照明灯具与接触网立柱共杆，区间动照专业提资，由接触网专业负责核算立柱的荷载。

（4）与其他专业接口

1）供电系统与信号

供电系统专业提出钢轨均流线、钢轨短连线的要求，由信号专业负责实施（轨道电路和非轨道电路应区分说明，实施主体可以是信号、供电或轨道专业）。

2）杂散电流与其他专业

杂散电流腐蚀防护系统专业提出杂散电流腐蚀防护对各相关专业的要求，各专业将其落实到具体设计中。相关要求图纸以通用图形式提供，主要针对专业有区间结构、桥梁、轨道、区间管线等。

3）FAS、BAS

在水泵、风机等设备就地控制柜/箱内的端子排上，由动力照明专业在箱内预留遥控、遥信的接线端子，FAS、BAS专业至箱内接收。

4）接触网与桥梁

接触网专业提出中间柱、下锚柱的位置及荷载要求，由桥梁专业负责落实位置及荷载核算。

9.1.3　设计参与的阶段

建设部 2004 年《市政公用工程设计文件编制深度规定》中，将轨道交通建设过程中的设计阶段划分为工程可行性研究、初步设计及施工设计三个阶段。

9.1.3.1　工程可行性研究

在项目投资决策之后，通过对项目有关的工程技术、经济等情况进行调查、研究、分析，对各种建设方案进行比选论证，并对项目建成之后的企业财务效益、社会经济效益、社会影响进行预测及评价，以选择技术先进实用、财务经济及社会效益可行、投资风险较低的工程建设方案，为项目进一步决策提供可靠依据。

工程可行性报告应满足设计招标及业主向主管部门送审的要求。

9.1.3.2　初步设计

工可评审（及总体设计）批准后，各专业应对专业内容的设计方案或重大技术问题的解决方案进行综合技术经济分析，论证技术的适用性、可靠性和经济上的合理性。初步设计文件应符合已审定的工可设计方案及落实的接口条件，能据以确定土地征用、进行主要设备及材料的准备以及建筑和构筑物搬迁、管线改移，并可据以进行施工图设计和施工准备，提供工程设计概算，作为审批确定项目投资的依据，为招标做准备。

初步设计阶段文件应包括：设计说明、设计图纸、主要工程数量、主要材料数量和工程概算。

9.1.3.3　施工设计

施工图应根据已批准的初步设计进行编制，施工图设计文件应能满足施工招标、施工安装、材料设备订货、非标设备制作及工程验收的要求。

施工图设计文件应包括：设计说明书、设计图纸、工程数量、材料设备表、修正概算或施工图预算。

此外，目前各地轨道交通建设过程中，在初步设计阶段前还增加了总体设计阶段，总体设计是城市轨道交通工程设计过程中的一个中间阶段，介于可行性研究和初步设计之间，往往成为设计总体工作的一项重要内容。总体设计阶段有时也会被方案设计阶段或投标方案优化阶段所取代。

总体设计一般来说由设计总体单位负责实施，有时也由设计总体单位组织各分项设计单位实施。开展总体设计的主要目的是为更好地进行初步设计奠定基础和创造条件。总体设计基本目标如下：落实边界条件，稳定线路站位；明确功能定位，确定运营规模；梳理系统方案，协调设计接口；统一技术标准，分割合同单元；筹划合理工期，控制投资总额。总体设计过程中，应对重大技术方案进行综合比选或专题研究。

9.1.4　主要规范及标准

(1)《地铁设计规范》(GB 50157—2013)；

(2)《城市轨道交通技术规范》(GB 50490—2009)；

(3)《3～110kV 高压配电装置设计规范》(GB 50060—2008)；

(4)《10kV 及以下变电所设计规范》(GB 50053—94)；

(5)《电力装置的继电保护和自动装置设计规范》(GB 50062—2008)；

(6)《供配电系统设计规范》(GB 50052—2009)；

(7)《低压配电设计规范》(GB 50054—2011)；

(8)《建筑物防雷设计规范》(GB 50057—2010)；

(9)《城市轨道交通直流牵引供电系统》(GB/T 10411—2005)；

(10)《电力工程电缆设计规范》(GB 50217—2007)；

(11)《民用建筑电气设计规范》(JGJ 16—2008);

(12)《电能质量 公用电网谐波》(GB/T 14549—93);

(13)《电能质量 供电电压偏差》(GB/T 12325—2008);

(14)《地铁杂散电流腐蚀防护技术规程》(CJJ 49—92);

(15)《电力装置的电测量仪表装置设计规范》(GB/T 50063—2008);

(16)《城市轨道交通设计规范》(DGJ 08-109—2004);

(17)《上海城市轨道交通工程技术标准(试行)》(STB/ZH-000001—2012)。

作为上海轨道交通建设参与单位,对于上海申通公司技术中心编制的《上海城市轨道交通工程技术标准(试行)》需加以重视。

9.2 工程可行性研究阶段

9.2.1 主要设计内容及深度

9.2.1.1 主要设计内容

主要设计文件应包含以下内容:

(1)设计原则与技术标准;

(2)系统方案(包括外部电源供电方案、主变电所设置方案、牵引变电所布点方案、牵引网系统方案以及新技术应用等,通过综合比选,论证方案的可行性);

(3)主要设备的选型原则及国产化分析;

(4)配合完成环评与能评报告;

(5)系统方案图纸;

(6)地方供电部门对项目建设的意见(针对外部电源引入情况及主变电所设置位置);

(7)专题研究报告(根据城市轨道交通的发展状况,如主变资源共享、线网规划等);

(8)本专业的工程概算。

9.2.1.2 深度要求

应满足设计招标及业主向主管部门送审的要求。根据专业提资确定系统规模及系统方案的可行性,主要系统方案深度要求如下:

(1)重要设备的选型及土建情况应按不少于30对/h行车间隔实施,如:主变电所设置、牵引变电所布点、牵引网(含上网/均流/回流电缆等)截面等。

(2)主变电所设置:确定主变电所设置数量及位置,允许小范围调整,但须满足正常及支援供电时的供电质量要求;主变压器安装容量;论证外电源获取及引入路径的可能性。

(3)牵引变电所布点:通过方案比选,确保正常运行/故障情况下牵引供电的质量、供电灵活性、保护配合等因素,并综合考虑工程投资,拟定牵引变电所分布推荐方案,初步计算牵引整流机组安装容量。

（4）牵引网制式的选型：根据土建形式（地面段/地下段/高架段），结合城市景观、运营安全、维护成本等多方面因素，对悬挂方案（架空接触网或接触轨）进行综合比选确定。

（5）中压环网接线方式及继电保护配置：从供电可靠性、工程投资、运营管理、保护配合等方面，对大环网和小环网两种供电方式的可靠性、保护配置及投资进行综合比较与分析。在小环网供电方式下，一般选用传统的"光纤纵差主保护＋后备过电流保护"配置方案；采用大环网供电方式还需增加数字通信电流保护。

（6）谐波治理方式、车辆再生能量消耗或利用方式、新技术、新产品应用的可行性分析等。

9.2.2　主要设计流程

9.2.2.1　基础资料收集

（1）上阶段文件

线网建设规划：本线在整个线网中的地位，本线主变电所在线网中的资源共享情况、主变电所的规划用地，供电系统方式及其牵引制式的选型等。

项目建议书：主要系统的设置情况。

（2）需求资料收集

地方市委、区委、建设方、运营方的意见。工程定位、建设时序、方案需求、新技术、新产品等方面的意见。

（3）设计所需的基础资料

专业：主要涉及线路、行车、车辆等专业。线路专业需提供线路平面图、纵断面图，车站名称、类型、分布、中心里程等；行车专业需提供列车运行交路图等；车辆专业需提供列车编组形式、列车运行曲线等信息。

外部电源信息：规划主变的用地落实情况、外部电源可获取性等。

地区环境信息：气候、风速等（对触网专业十分重要）。

9.2.2.2　方案设计阶段

主要的系统方案需基于以下几个方面进行方案比选设计：

（1）功能、可实施性对比分析；

（2）安全性、可靠性对比分析；

（3）经济性、合理性对比分析；

（4）对城市周边景观、环境的影响分析；

（5）节能分析；

（6）寿命分析、运营管理及维护的便利性分析。

9.2.2.3　相关专业配合及落实阶段

需相关专业配合落实的内容：

(1) 将主变电所设置情况及外电源需求等提给业主进行用电申请；
(2) 给车辆、限界、车站/场等专业提供设备的用房面积，以确定土建规模；
(3) 给工程经济专业提供本专业的概算等。

9.2.3 质量安全控制的要点

轨道交通工程可行性研究阶段，供电系统重点是供电制式确定，并论证方案的可行性，以此稳定整个工程的系统方案及规模。此阶段质量安全控制方面有：

9.2.3.1 系统方面

(1) 城市轨道交通中的各级变电所均应有两路电源进行供电。每个电源的容量应满足变电所承担的全部一、二级负荷的要求。这两个电源可来自不同变电所，也可来自同一变电所的不同母线，至少一个为专线电源。

(2) 确定各级供电系统的主接线，主要包括主变电所的主接线、牵引变电所主接线、降压变电所的主接线。如：共享主变电所一般多采用线变组，35kV 侧四段母线接线；牵引降压混合变电所/降压变电所的 35kV 母线和 0.4kV 母线均采用单母线分段带母联断路器的接线；直流牵引母线多采用单母线接线方式。

(3) 对不同负荷进行分级，确定供电方式。如：变电所操作电源、通信、信号、应急照明等城市轨道交通中一级负荷中特别重要的负荷，除由双电源供电外，尚应增设应急电源。

9.2.3.2 主变电所

(1) 数量应满足供电负荷和供电可靠性要求，位置应接近正常运行负荷中心，支援供电半径合理。具体选择宜尽量与规划一致，同时考虑拆迁工程实施的方便性，便于用地的落实。

(2) 主变压器的选型需根据轨道交通初、近、远期高峰小时负荷计算得出，设备选型可按近、远期分开实施。对于资源共享的主变电所，需结合工期的特点做好相关设计与预留。

(3) 主变电所的用地及外电源，需给业主提交本线的主变电所设置规模及外电源的容量，便于主变电所要电及用地规模的落实。

9.2.3.3 牵引网

新建轨道交通线路，应根据线路实际情况，经过经济、技术、可靠性、安全防护及城市景观等多方面综合比较后，确定牵引网是采用架空接触网还是接触轨。

采用架空接触网的形式需根据地下、地面、高架不同的土建形式，确定采用刚性架空悬挂或柔性架空悬挂。刚性架空接触网一般适用于地下线路，地上线路一般选用柔性架空悬挂。

9.2.3.4 其他方面

(1) 轨道交通主体以外的用地控制，如区间变电所，需给主业提出区间变电所控制用地；

（2）专业之间的提资需进行相互确认，大型设备用房的面积（变电所）需得到土建专业的初步确认；

（3）新技术、新产品需在本阶段进行可行性论证，如太阳能、再生能等；

（4）各系统方案给计经专业提供概算时不能漏项，经济指标需具有包容性。

9.3　初步设计阶段

9.3.1　主要设计内容及深度

9.3.1.1　主要设计内容

供电系统各专业设计分册：供电系统、主变电所、牵引变电所、降压变电所、接触网/轨、电力监控及能耗监测、杂散电流防护、车站/区间动力照明等。主要设计内容应包含以下几个方面：

（1）工可阶段评审意见的落实情况；

（2）各技术方案及设备的主要设计原则及技术要求；

（3）确定专业接口界面及设计范围；

（4）设计方案的深化，以满足初步设计深度要求；

（5）专业内综合设计评审；

（6）专业间确认及相关质量管理流程的执行；

（7）形成本专业设计概算；

（8）方案评审。

9.3.1.2　主要设计深度要求

能够确定土地征用、进行主要设备及材料的准备以及建筑和构筑物搬迁、管线改移，并可据以进行施工图设计和施工准备，提供工程设计概算，作为审批确定项目投资的依据，为招标做准备。

（1）各系统方案需稳定，如主变电所设置、牵引变电所数量及位置、接触网制式、电力监控的方式、杂散电流防护的方案/措施、动力照明负荷的分级、供配电原则及控制方式。

（2）主变压器、整流机组、配电变压器等设备容量、数量，变电所设备用房的位置、面积，管线走向等。

（3）电能质量的分析：谐波、无功、中压环网电缆压降、牵引网电压、轨电位等。

（4）系统接线方式及运行方式、继电保护配置。

（5）主要设备的技术参数，如：主变压器、整流机组、配电变压器、DC1500V 开关柜、AC35kV 开关柜、0.4kV 开关柜、动力照明配电柜、配电箱。

（6）电缆的选型原则及技术参数。

（7）主要设备、电缆、材料的选型需有计算书。如：变压器容量计算，主要电缆截面的选择、校验，主要电气设备的动热稳定性校验。

9.3.2 主要设计流程

9.3.2.1 确认上阶段设计文件意见

根据工可研究报告的审查情况及设计文件的执行情况，明确本设计阶段需落实的内容。

9.3.2.2 基础资料收集

接受本阶段线路、运营组织、车辆、限界、建筑、结构、各设备系统的提资。

9.3.2.3 系统方案设计阶段

确定选用的设计规范及技术要求。

（1）系统专业

确定系统规模、主变电所位置、主变压器容量、牵引变电所分布、牵引供电系统设备容量及供电系统各电压等级的运行方式。

潮流计算及谐波计算，以确定供电系统各处的电气性能。

给主变电所、牵引变电所、中压环网、接触网、杂散电流防护等专业提供各电压等级、各子系统的主要技术参数及要求。

（2）变电所专业

主变电所：确定主接线及运行方式，完成电气设备的选型与配合。配合土建专业完成生产用房、管理用房的布置。

牵引变电所：确定主接线及运行方式，完成电气设备的选型与配合。配合土建专业完成生产用房、管理用房的布置。

降压变电所（含跟随式降压变电所）：根据系统专业的提资，确定主接线及运行方式，完成电气设备的选型与配合。根据车站/场设置情况，结合动力照明专业的提资配合土建专业完成生产用房、管理用房的布置。

（3）接触网专业

根据系统专业提资，确定接触网形式、导线截面、电分段的设置，完成供电分段示意图、典型断面安装示意图、主要安装材料的选型、主要工程数量及材料设备表，并与土建专业配合确定设备安装的位置。

（4）电力监控及能耗管理系统

配置监控的主站（电力调度）、子站（变电所综合自动化）、复示终端及通信网络的配置，明确监控点表。

（5）杂散电流防护

根据系统要求提资，确定排流及监测方案，并向相关专业提供关于杂散电流防护的要求。

（6）动力照明

根据规范及本线的要求进行负荷分级，对相关专业提资进行处理，确定供配电及控制方式，并提资给变电所专业。

确定配电电缆、配电柜/箱的容量，并与土建配合布置其设备用房。

9.3.2.4　相关专业落实阶段

(1) 功能用房的实现（土建专业）；

(2) 管线敷设路径（管线综合）；

(3) 接口、通道预留（相关专业）。

9.3.3　质量安全控制方面要点

9.3.3.1　运行方式

保证所有轨道交通电气设备的用电要求，供电系统电压质量符合要求，并使电能损失最低且能满足：中压环网 35 (1±5%) kV，低压配电系统 0.4 (1−10%～1+5%) kV，牵引直流系统 1000～1800V。

(1) 正常运行方式

交流供电系统两路电源同时供电，（主）变电所内两台变压器同时运行。牵引变电所无解列情况发生（一般指两台整流机组均正常运行）。

(2) 非正常运行方式

由于运营检修或故障导致一路电源（或设备）或两路电源（或设备）退出运行。

1)（主）变电所一路进线电源发生电气故障，退出故障设备或回路，通过下级的母联 (35kV、0.4kV) 自切实现单路电源进行供电。必要时切除供电区域内的三级负荷。动力照明一级负荷通过负荷侧自切实现不间断供电。

2) 主变电所内部（或外部）发生严重电气故障，如二路外部电源故障时，可通过主变电所间的联络电缆保证故障所范围内重要用电设备的供电（必要时切除供电区域内的三级负荷），以维持轨道交通的运营。虽然两路电源同时故障影响范围较大，但概率相对较低。

3) 一座牵引变电所解列，由相邻的两座牵引变电所进行大双边供电支援（首末端牵引变电所解列时，由相邻牵引所进行单边供电）。

9.3.3.2　牵引变电所设置

轨道交通线路牵引变电所布点方案应根据工程的牵引供电系统电压制式、车辆牵引特性、线路条件、车站及车场位置、运行组织、运营要求等特点，通过牵引供电计算，进行技术经济比较后确定。

(1) 主要技术要点

1) 一般情况下，牵引间距通常在 2.5～3.5km 范围内（具体需根据车型、编组、行车组织、牵引压降、轨电位等因素经牵引供电计算确定）；

2) 在大双边供电条件下接触网电压水平满足规范要求的前提下（＞1000V），大双边的供电臂长度宜小于 7km，避免轨电位过高及杂散电流的扩大；

3）正常运行方式下钢轨电位应＜90V，非正常运行方式下不宜＞120V；

4）应考虑在线路正常折返线车站设置牵引变电所；

5）线路首尾两端车站宜考虑设置牵引变电所。

（2）主要选型要点

1）为了便于运行管理，一条线路中牵引变电所整流机组容量尽量统一，不宜超过两种；

2）牵引变电所的装机容量应满足正常情况下不过载，且满足非正常运行工况下高峰小时的适应性，充分利用牵引整流机组具有 1.5 倍 2h 的过载能力；

3）直流牵引系统为不接地系统，所有直流系统电缆需满足非正常运行方式下载流量及动、热稳定要求，且每个回路电缆根数不应不少于 2 根；

4）在技术允许的前提下，尽可能选用高脉波整流机组，以减少对电网的污染。

（3）牵引变电所用房布置要点

地下牵引变电所：

1）地下牵引变电所一般设置在站台端部、端头井、线路外侧。

2）考虑到潮湿环境对供电系统电气设备有影响、不利于杂散电流腐蚀防护等因素，牵引变电所应尽量与车站主排水站分别设于车站的两端；

3）牵引变电所不应与厕所、污水泵房或废水泵房等给排水设备房间紧邻；

4）牵引变电所应首先考虑设在有列车检修线的车站一端；

5）应考虑左右供电分区的长度，将牵引变电所设置在临近供电分区较长的车站一端。

地上牵引变电所，有下列三种情况：

1）与高架车站结合，可设置在车站地面层或车站外挂设备房处。

2）与高架区间结合，可设置在高架下，不占用规划用地。此类区间牵引变电所需考虑值班人员上下班、维修和抢修人员通行方便，要求牵引变电所尽量靠近市政道路，至少靠近城市轨道交通线路。考虑到运营初期有人值守的生活需要，设置厕所、休息室等生活用房。整个牵引变电所不宜设在地势低洼和可能积水的场所。

3）车辆段（停车场）电气化轨道比较多且比较分散，为使上网电缆、回流电缆敷设方便且尽量短，牵引变电所宜设置在车辆段（停车场）咽喉区域外侧。为方便检修，场区设置多个供电分区，由不同供电回路供电，试车线应作为单独的供电分区。

9.3.3.3　接触网

（1）主要技术要点

1）电分段设置能缩小故障区域，以保证正常的折返运营。

2）在柔性架空接触网与刚性架空接触网的衔接处，应设置刚柔过渡设施。

3）停车列检库、静调库、试车线的接触网，宜由牵引变电所直接馈电。每条库线的接触网应设置带接地刀闸的手动隔离开关。

4）接触轨电分段要考虑集电靴的有效受电。

5）供电制式及电压等级。

6）接触网的绝缘泄漏距离不应小于 250mm。

7）接触网设计的强度安全系数应符合规定。

（2）主要接口要点

1）与变电所专业设计分界：接触网上网电动隔离开关的电源侧一次接线端子、二次接线端子、牵引变电所接地母排接线端子；

2）与电力监控专业设计分界：各个接触网电动隔离开关柜电动操作箱内接线端子；

3）与工程地质、线路、轨道、桥涵、路基、建筑、结构、区间隧道、人防、工程投资、行车运营、车辆、限界、停车场、杂散电流腐蚀防护、通信、信号、通风空调、屏蔽门/防淹门、站场等专业存在配合工作。

9.3.3.4　动力照明

动力照明配电系统设计包括车站、车场及区间隧道和其他辅助建筑的动力照明配电、控制及保护设计，设备间的接口设计，与其他相关专业的接口配合设计，车站强弱电共用接地系统的设计，地面建筑及高架区间的防雷设计，主要设备选型，电线、电缆、桥架选型及敷设。

（1）主要技术要点

1）负荷分级，一级负荷采用双回路双电源供电（末端自切），二级负荷采用双电源单回路供电，三级负荷采用单回路供电（必要时可切除）。公共区照明采用双电源交叉分组供电至均匀布置的灯具上，每路电源负责约 50% 灯具。

2）车站的动力负荷重要且分散，配电方式以放射式为主。环控设备采用二级配电方式，在环控设备相对集中处，设一环控电控室，将环控设备按负荷分级整合成若干组，每组容量不宜过大，一般控制在 200kW 左右，然后由环控母线以放射式供给各环控设备。

3）负荷小而分散的设备以就近配电为原则。

4）地下车站站台板下、检修坑内安全照明采用特低电压供电。地面车站的电缆通道净高≤1.8m 时，采用特低电压供电。

5）变电所、车站控制室、消防泵房、环控电控室、配电室、通信机房、信号机房等火灾时需要继续工作的场所的备用照明照度不应小于正常照明照度的 50%，一般工作场所备用照明照度不应小于正常照明照度的 10%，切换时间均不应大于 5.0s。

6）为保证动力照明配电系统各级保护之间的选择性，自变压器二次侧至用电设备之间不宜超过三级配电。

（2）设备及材料选型要点

1）动力设备的起动以直接起动为主，当电机容量较大时，可根据具体情况采用降压起动或变频起动方式；在大容量远距离电机起动时，为补偿瞬间无功功率，也可考虑采用就地动态无功补偿措施。

2）照明等以单相负荷为主的低压配电线路，中性线截面不应小于相线截面。

3）设备选型立足于国产化，首选技术可靠、防腐、防潮、低噪声、低损耗、成熟并经过长期运营考验、性能稳定的设备。

4）地下区段的电缆宜采用低烟、无卤、阻燃铜芯电缆，火灾时仍需供电的电缆应采用低烟、无卤、阻燃、耐火铜芯电缆或矿物绝缘耐火电缆。

9.4 施工设计阶段

9.4.1 主要设计内容及深度

9.4.1.1 主要设计内容

（1）干线电缆施工图（环网工程）；

（2）变电所施工图：综合接地，牵引变电所一次、二次图，降压变电所一次、二次图；

（3）接触网施工图：安装图、电连接图、平面布置图；

（4）电力监控施工图、能耗监测系统施工图；

（5）杂散电流防护施工图；

（6）区间、车站、车辆基地、控制中心动力照明施工图；

（7）系统核算、继电保护整定；

（8）设计变更或变更设计（若有）。

9.4.1.2 主要设计深度

施工图设计文件的深度应能足以编制施工图预算、安排材料和设备订货、非标准设备的制作、进行施工和安装、进行工程验收。

施工图设计应根据已批准的初步设计进行编制，内容以图纸为主，应包括封面、图纸目录、设计说明、图纸等。

施工图文件一般以专业独立编册。

9.4.2 主要设计流程

9.4.2.1 确认上阶段设计文件意见

对初步设计的审查情况及设计文件的执行情况，明确本设计阶段需落实的内容。

9.4.2.2 基础资料收集

接收限界、建筑、结构、各设备系统的提资。

9.4.2.3 设备、施工招标准备

根据相关专业提资，对初步设计的设备选型容量、参数等进行核算，并编制出满足施工招标深度的设备用户需求书（甲供或甲控设备）、设备/材料的数量、控制要求等文档、图纸。

9.4.2.4　合同谈判、设计联络

参与合同谈判、设计联络，对厂家的产品、性能要求、技术参数进行确认，满足招标文件的要求。

9.4.2.5　施工图编制

根据招标、设计联络结果，调整招标文件并编制施工图，完成设计文件及图纸校审、会签、强审等流程，形成最终施工图交付现场使用。

9.4.2.6　施工配合及验收

与施工监理、施工单位进行图纸会审，并完成施工交底。积极参与设备、管线安装及调试阶段。

完成现场施工配合、验收配合、变更（若有）等工作。

9.4.3　质量安全控制方面要点

9.4.3.1　设备安装、开孔、布置位置的确认

（1）设备安装需满足《地铁设计规范》及其他相关规范标准的要求。如：变电所内成排布置的配电装置，其长度大于 6m 时，柜（屏）后通道应设 2 个出口；城市轨道交通室内 35kV 变压器外廓与墙体的净距一般为 1m，极端困难的情况下可到 800mm。

（2）设备开孔大小、位置、数量的确认。如：35kV 开关柜的一次、二次孔洞的开孔位置及大小。若有预留设备，也应该一并开孔预留。

（3）过人防、防火、防淹门、过轨等处的埋管位置、数量、管径是否与提资一致。如：35kV 中压环网采用单芯电缆，一般按三相品字形敷设穿管。

（4）变压器安装基础梁、预埋件的位置（吊钩等）。

（5）电缆夹层的高度、人孔位置/数量。

9.4.3.2　支架、管线、电缆敷设方式的确认

（1）变电所设备上方禁止无关管线穿越。

（2）电缆竖井内支架分配、侧式站台板下及轨行区与弱电电缆支架的关系。如：轨道交通电缆敷设过程中同一重要回路的工作与备用电缆，应配置在不同层次的支架上。消防相关的电缆应敷设在防火的线槽中。强电电缆支架与弱电支架平行、交叉敷设时，需按规范要求执行。

（3）单圆盾构区间强电支架与疏散平台的关系，过旁通道处的做法。

（4）敞开段强电支架与弱电支架/线槽的关系，进入车场的电缆防护及车场内管沟的敷设，过轨等。

（5）电缆沟、电缆箱涵的排水问题。

9.4.3.3　逻辑、控制、接口信息等功能方面的确认

（1）35kV、DC1500V、0.4kV 继电保护跳闸、联跳、自投逻辑的实现。

（2）风机水泵变频、软起、强启、轮换、高/低速切换，智能照明的控制等。与 FAS/BAS 的接口要求、切非要求等。

（3）电力监控的监控点表、能耗监测数据要求，与综合监控、FAS/BAS 的接口类型、协议等。

9.4.3.4　保护配合方面

（1）与电业部门的保护配合（主变电所内）。

（2）供电系统 35kV 电缆保护之间的配合，轨电位限制装置与框架泄漏保护电压元件之间的保护配合，直流馈线与车辆断路器之间的保护配合，配电变压器 35kV 馈线与 0.4kV 进线之间、降压变电所 0.4kV 馈线与下一级动力照明环控进线及各设备系统进线断路器之间的保护配合。

（3）各级电源自投时间的配合，包括主变电所 35kV 母联自投、各牵引/降压变电所内 35kV 母联自投、降压变电所 0.4kV 母联自投等。

（4）供电系统正常、非正常运行方式下各级保护及自投的配合。必要时，在运行方式改变前需进行定值组的切换。

9.4.3.5　安全方面

（1）地下车站出入口处一般需设置过渡照明，车站站台、站厅、楼梯、安全通道及通道转弯处需布置应急疏散标志；

（2）设备房的等电位连接；

（3）当人工接地网和自然接地体同时利用时，两者间应采用不少于两根导体在不同地点相联结，人工接地网和自然接地体的接地电阻应能分别测量；

（4）当杂散电流腐蚀防护与综合接地发生矛盾时，应以电气安全防护为优先。

10 弱电系统设计

10.1 概述

　　轨道交通弱电系统主要包括通信系统、信号系统、机电设备监控系统、火灾自动报警系统、门禁系统、自动售检票系统等。

10.1.1 弱电系统组成

10.1.1.1 通信

　　通信系统是构成轨道交通各部门之间有机联系的必备工具和重要手段，在紧急状态下还为防灾救援提供可靠的指挥工具。通信系统主要由运营通信、公安通信、民用通信三部分组成。图 10-1 为典型线路通信系统图。

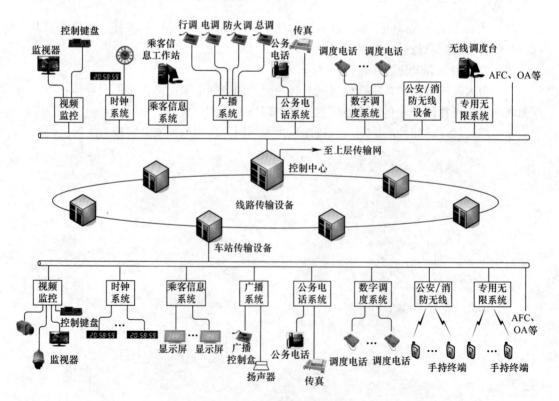

图 10-1　典型线路通信系统图

运营通信系统包括传输、无线通信、公务电话、专用电话、技术防范、广播、乘客信息、时间、信息资源网接入、自动记点和电源及接地等。

公安通信系统包括公安无线引入、消防无线引入和技术防范的公安部分等。

民用通信系统包括传输、公共移动引入、集中监测告警和电源及接地等。

10.1.1.2 信号

信号系统是城市轨道交通的指挥系统，它是保证列车运行安全和提高运行效率的重要设备，城市轨道交通信号系统一般称为列车自动控制（ATC）系统，它包括列车运行自动监控（ATS）子系统、列车自动防护（ATP）子系统、列车自动运行（ATO）子系统和计算机联锁（CI）子系统。图 10-2 为信号系统组成示意图。

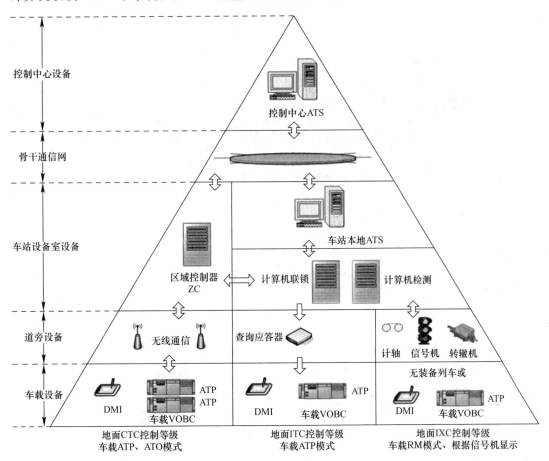

图 10-2 信号系统组成示意图

10.1.1.3 火灾自动报警

火灾自动报警系统（FAS）采用中央级和车站级监控管理模式：第一级为中心级，作为全线的火灾控制中心，对全线火灾自动报警系统进行集中监控管理；第二级为车站级，对车站级管辖范围内消防设备进行监控管理。系统由火灾报警装置、消防控制设备及其他具有辅助功能的装置组成。图 10-3 为典型车站级火灾自动报警系统图。

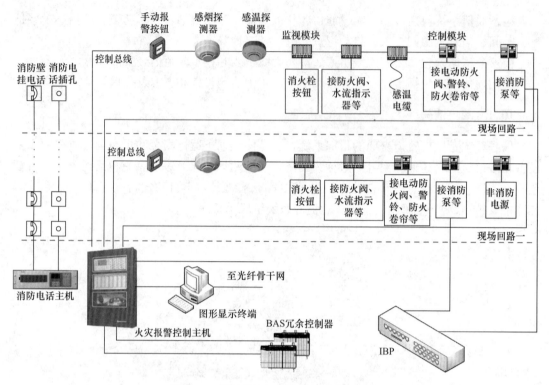

图 10-3　典型车站级火灾自动报警系统图

10.1.1.4　机电设备监控

机电设备监控系统（EMCS）采用两级管理（控制中心级、车站级）三级控制（控制中心级、车站级、现场级）的体系结构。机电设备监控系统采用分布式计算机系统，由中央管理级、车站监控级、现场控制级及相关通信网络组成。图 10-4 为典型车站级机电设备监控系统图。

10.1.1.5　门禁

门禁系统（ACS）采用两级管理（中心级、车站级）三级控制（中心级、车站级、现场级）的体系结构。中央管理级门禁系统设置在地铁控制中心，车站管理级门禁系统设置在各车站、控制中心、车辆基地，主变电所的门禁设备作为现场设备接入相邻车站管理级，中央管理级与车站管理级通过以太网通道连接。图 10-5 为典型车站级门禁系统图。

10.1.1.6　自动售检票

自动售检票系统（AFC）采用轨道交通清分系统、线路中央计算机系统、车站计算机系统、车站售检票终端设备及车票五层架构组网。车站终端设备主要包括自动售票机、半自动售票机、自动检票机及便携式检票机等。图 10-6 为 AFC 系统构成图。

AFC 系统采用计程计时票价制，并采用符合上海城市轨道交通线网统一标准的售检票设备和票务管理系统，实现轨道交通路网内无障碍一票换乘，满足上海城市公共交通卡、手机钱包在轨道交通中的应用。

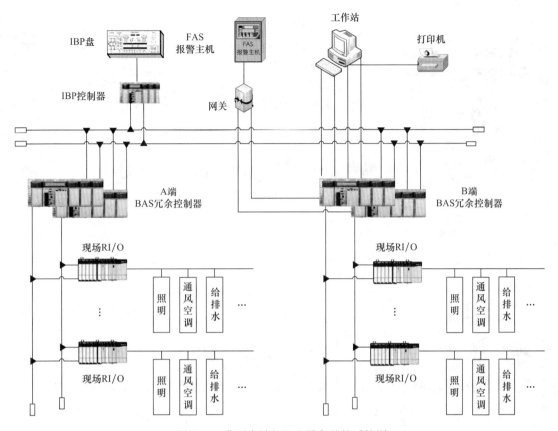

图 10-4　典型车站级机电设备监控系统图

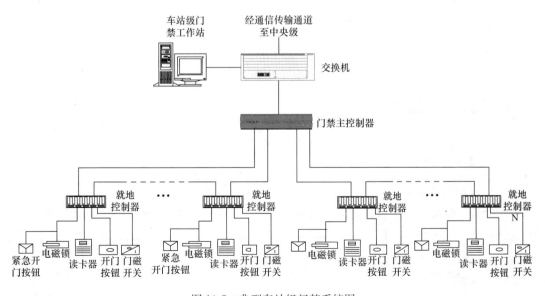

图 10-5　典型车站级门禁系统图

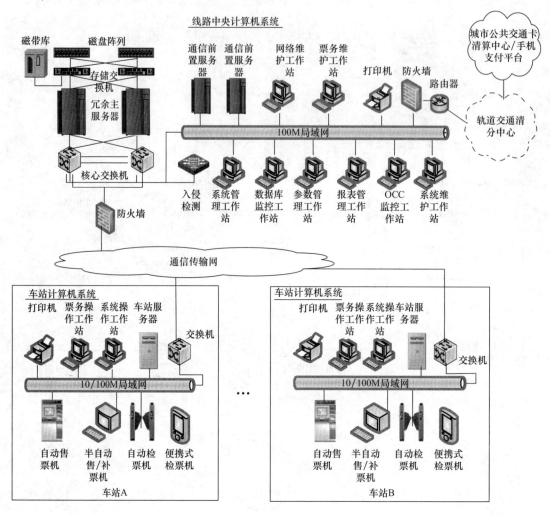

图 10-6　AFC 系统构成图

10.1.2　弱电系统作用

10.1.2.1　通信

（1）运营通信系统

运营通信系统主要为轨道交通运营提供安全、可靠的通信手段，满足正常运营、非正常运营和紧急情况下的通信需求，为运营管理提供支撑，为防灾、救援和事故处置的调度指挥和协调提供必需的通信手段。

（2）公安通信系统

公安通信系统是公安网络系统在轨道交通中的延伸，为轨道公安部门在轨道交通范围内提供通信手段，在突发事件发生时，为公安部门在轨道交通的应急调度指挥提供通信保证。

(3) 民用通信系统

民用通信系统是公网运营商无线系统在轨道交通中的延伸，将公共移动通信覆盖至轨道交通地下空间，满足轨道交通乘客的公众通信服务需求。

10.1.2.2 信号

信号系统是保证行车安全，提高运输能力，实现快速、有序、高密度行车调度指挥的关键系统设备，是集行车指挥、运行调整以及列车驾驶自动化等功能为一体的列车自动控制系统。

(1) 确保列车运行的安全

轨道交通信号系统是指挥列车安全运行的关键设备，只有在列车运行前方的轨道区段没有列车占用（列车进路空闲）、道岔位置正确、敌对或相抵触的信号未建立等条件满足，才允许向列车发出允许列车前行的信号，列车只要严格按照信号的显示运行，就能够确保列车的安全运行。

(2) 提高轨道交通的运行效率

由于采用了先进的列车自动控制系统，使列车间的行车间隔大幅缩短，一般为 2min。由计算机系统根据设定的列车运行时刻表，自动、安全地指挥列车按列车运行图运行，在确保安全的前提下，对于提高行车效率有着无可比拟的作用。

10.1.2.3 火灾自动报警

火灾自动报警系统是为了及时探测火灾信息，发出报警信号，启动自动防排烟设施、应急照明和火灾应急广播等疏散设施，引导人员疏散，防止火势蔓延，最大限度地降低火灾带来的损失，保护人民生命和财产安全的系统设备。

10.1.2.4 机电设备监控

机电设备监控系统是对地铁建筑物内的环境与空气调节、通风与排烟、给排水、照明、自动扶梯及电梯、屏蔽门、防淹门等建筑设备和系统进行监视、控制和管理的系统设备。

10.1.2.5 门禁

门禁系统是一个出入管理系统，其主要职责是根据地铁运营和安全防护的需要，在设备管理用房及通道设置门禁出入控制装置，只允许获得授权的人员进出，防止无授权人员的非法闯入，以保证门禁控制区域的安全。为保证轨道交通工程的运营安全，加强地铁生产区的管理起到极为重要的作用。

10.1.2.6 自动售检票

自动售检票系统是提高票务管理自动化水平，提高售检票效率，实现票务收益和客流的快速、准确统计的系统设备，实现售票、充值、检票、计费、收费、统计、结算全过程的自动化管理。

10.2　设计阶段划分与设计要点

10.2.1　设计阶段划分

设计可分为总体设计、初步设计和施工图设计三阶段，也可分为初步设计和施工图设计两阶段，根据项目总体安排开展。

10.2.1.1　总体设计

根据批准立项的工程可行性研究报告，落实工程外部条件，明确功能定位，确定各专业系统组成和各专业之间横向技术接口，统一工程的设计原则和技术标准，控制工程投资总额。

10.2.1.2　初步设计

明确工程规模、建设目的、投资效益、设计原则和标准，深化设计方案，提出设计中存在的问题、注意事项及有关建议，控制工程投资，满足编制施工图设计、主要设备订货、招标及施工准备的要求。设计文件应包括：说明、图纸、主要工程数量、主要材料设备数量和工程概算。

10.2.1.3　施工图设计

根据批准的初步设计进行，应满足施工招标、施工安装、材料设备订货、非标设备制作及编制施工图预算等要求，据此工程验收。设计图纸应包括：设计说明、设计图纸、工程数量、材料设备表等。

10.2.2　设计要点

10.2.2.1　通信

(1) 运营通信系统

1) 传输系统

传输系统主要用于控制中心与各车站、停车场/车辆段之间传送各类数据信息，是承载各系统业务的平台。传输系统采用性能稳定、可靠性高的数字通信设备，以单模光纤为传输媒介，组成具有自愈功能的光纤环网。

传输系统主要提供高质量音频、低速数据、时分多路复用（TDM）业务、以太网分组数据和视频图像等业务传输通道，系统设备节点和光缆故障情况下自愈时间应小于50ms。各系统主、备通道宜分配在不同的板卡上，系统容量应考虑远期发展的需求，适当预留容量。系统通过控制中心网元接入上层时钟系统提供的外时钟源，系统内部采用主从同步方式。

传输系统关键部件，如电源时钟板、主控板、交叉板和重要的业务板均按1＋1或

N+1保护设置。

2）无线通信系统

由列车调度子系统、事故及防灾子系统、设备维修子系统、车辆基地管理子系统构成，为控制中心调度员（列调、防灾调）、列车司机、车站（车辆基地）值班员、现场流动工作人员之间提供通信联络。需根据上海市轨道交通无线集群系统的规划方案，选择合适的频点和设置基站等设备。

系统采用800M频段无线（TETRA）数字集群制式，线路基站、远端调度台等设备分别接入东宝兴路和中山北路无线交换机，采用中区制的覆盖方式进行组网；无线信号在站厅及站台层采用室内天线辐射；在区间采用漏缆进行辐射；在停车场/车辆段采用室外天线辐射。

无线通信系统设置降级应用模式，在交换机与基站之间的通信链路发生故障时，系统自动进入降级模式，为基站覆盖范围内的用户提供单站集群功能。

3）公务电话系统

采用单局制加远端接入方式构成线路公务通信网，用于控制中心、各车站、车辆基地管理、运营、维修等部门的工作人员之间内部通话，以及与其他轨道交通线的公务通信网、市话网的连接。

在控制中心设核心交换设备（合设控制中心情况下，预留其他线路共享的能力），停车场/车辆段和车站则设置远端接入设备以实现各处自动电话的接入。核心交换设备与远端接入设备之间采用传输系统提供的以太网通道组网。

线路公务电话系统通过上层传输系统提供的通道接入汇接局交换机，实现与其他线路通话的汇接，在控制中心集中设置市话出入中继，市话入中继采用半自动接续（BID）方式。公务电话用户应按照上海市轨道交通的整体规划进行统一的编号，以方便用户使用和线路之间的公务互联。

4）专用电话系统

专用电话系统由各类调度电话、区间电话、站间电话、站内集中电话、接车电话等组成。

专用电话系统采用主、分系统架构，在控制中心设置主交换设备，在各车站、停车场/车辆段设置分系统设备，通过传输系统提供的E1通道组网，采用环网或星形组网方式。

调度台应能区分一般呼叫和紧急呼叫，应具备强插/强拆功能并显示用户忙闲状态，在控制中心（OCC）设置自动录音设备。

5）技术防范系统

技术防范系统包括视频监控系统、入侵报警系统和电子巡查系统。

视频监控系统采用公安、运营视频监控统一的建设方式，实现资源共享。同时根据公安部门的要求，在公共区域、出入口通道等处设置摄像机。为轨道交通公交总队和公安分控中心（派出所）等提供有关车站的图像信息和入侵报警信息，供运营、治安及防灾救灾使用。

运营视频监控用于车站值班员、控制中心调度员以及路网运营协调中心（COCC）、轨道公安值班员等监视站台、站厅、区间旁通道、道岔区域的情况，辅助指挥列车安全进站、出站，当发生灾情或突发事件时监视灾情和疏导乘客的情况。

系统采用数字组网方案，视频编解码宜采用 H.264 制式，并考虑与现有上层视频调用的互解。

入侵报警系统在车站、区间相关位置以及车辆基地的周界设置探测报警终端；在车辆基地设置周界高压围栏设备；同时在车辆基地设置离线式电子巡查装置和管理设备。

6）广播系统

在控制中心和各车站设置两级控制的车站广播系统，在车辆基地单独设置广播系统，列车广播系统在购置车辆时统一配置。

在意外或灾害情况下，车站广播系统切换到防灾广播状态，以提供救灾指挥及旅客疏导广播。

系统采用数字方案（除模拟功放），控制中心至各车站的广播数字语音信号由传输系统提供 10M 以太网通道。

系统设置噪声传感器，当环境噪声在 60～75dB 时，其最远点声压级应高于噪声背景 15dB。

7）乘客信息系统

需符合上海轨道交通网络化乘客信息（N-PIS）系统的相关要求，显示界面符合三色运营状态（TOS）系统三色图要求，支持 COCC 调度员 TOS 发布功能。

系统由控制中心子系统、车站子系统以及网络系统三部分组成，根据车站位置以及显示效果设置液晶显示屏（LCD）或发光二极管显示屏（LED）。

系统从信号系统获取列车到发时刻信息，并与广播系统联动。

8）时间系统

时间系统主要用于为控制中心、各车站、车辆基地的各部门工作人员和乘客提供统一的标准时间信号。

系统根据上海时间系统的统一规划，在线路控制中心设置中心母钟，车站设置二级母钟，控制中心由上层网时间系统获取标准时间信号，采用基于 TCP/IP 协议的网络时钟协议（NTP）时间格式，通过传输系统提供的以太网通道组成时间网络。

9）信息资源网接入系统

信息资源网接入系统服务于线路生产管理和办公管理，包含汇聚层、接入层系统，通过上层网接入上海信息资源网核心交换机。在控制中心和车辆段设置汇集交换机，在各车站设置接入交换机，通过线路传输系统提供的以太网通道组网。

10）自动记点系统

为运营人员提供车站自动记点的功能，通过记点的日志，可以得知哪列车何时经过本站的管辖区域，即从后方站出发、到达本站、本站出发、前方站到达的时间，从而可确定列车具体在哪个车站或在哪个区间。通过对正线列车定位（辨识区域包括站台、交路折返线、出入库线等）的实现，提供车站自动记点功能。

采用基于射频识别（RFID）技术的列车自动记点系统。系统包括车站设备、车载设备、OCC 设备，车载设备包括分别安装在列车头尾的 RFID 标签，标签内存储有列车的车体号信息。

系统采用传输系统提供的以太网通道组网。

11）电源及接地系统

系统采用一级负荷供电，设置在线式不间断电源（UPS）设备和蓄电池组，当两路交流电源失电后，由 UPS 电源和蓄电池组维持供电，系统后备供电时间不小于 2h。

采用联合接地系统，接地电阻不大于 1Ω。

（2）公安通信系统

1）公安、消防无线引入系统

为满足市公安、消防统一调度的需求，将市局公安、消防无线调度系统引入地下。

公安无线通信系统为公安调度员和车站值班干警、干警和干警等之间建立通信手段，是市局公安无线系统的一部分，该系统与市局公安无线系统在使用功能及系统构成等方面保持一致。系统采用公安 350M 数字集群制式。

系统信号覆盖范围为地下空间，包括车站的出入口、车站综合开发区域、设备区和各类通道。载频数≤2 对。

消防无线通信引入系统为身处轨道交通地下空间的消防人员与地面消防人员之间提供无线通信手段，是为轨道交通范围内出现火灾等突发事件时的消防指挥调度、救灾抢险的消防专用无线通信而设置的。系统采用 350M 专用信道制式。

公安和消防无线引入系统合设天馈系统，站厅层、出入口及换乘通道的无线信号覆盖宜采用天线方式，隧道和站台采用漏缆方式覆盖。

2）技术防范的公安部分

公安视频监控系统与运营视频监控系统合设，并与入侵报警系统、车辆基地巡查系统一并在运营通信技术防范系统中实施。

（3）民用通信系统

上海轨道交通民用通信系统由运营商投资建设，轨道交通为民用通信预留必要的条件，主要包括用房、用电和线缆敷设空间等。

10.2.2.2　信号

列车自动控制（ATC）系统是一套完整的管理、控制、监督系统。位于管理级的 ATS 子系统较多地采用软件方法实施联网、通信及指挥列车安全有序运行；ATP 子系统发送和接收各种行车命令，确保列车的运行安全，完成列车运行进路控制、速度控制和实现列车间隔控制；车载 ATP 子系统接收轨旁 ATP 设备传递的指令信息，进行列车运行超速防护，相关信息经校验后，送至车载 ATO 子系统，实现列车运行速度的自动调整控制和列车在车站的对位停车控制；CI 子系统实现进路上的道岔、信号机和轨道区段的联锁功能，保证联锁关系正确。四个子系统既相对独立，又相互联系，以保证列车安全、快速、短间隔地有序运行。

（1）系统制式类型

ATC 系统按列车控制方式可分为台阶式和曲线式，按闭塞方式可分为固定闭塞、准移动闭塞和移动闭塞，按信息传输方式又可分为连续式和点式。

按列车速度控制方式、闭塞方式、信息传输方式的不同搭配组合，可组成：

1）固定闭塞 ATC 系统（连续的台阶式固定闭塞 ATC 系统）；

2）准移动闭塞 ATC 系统（连续的曲线式固定闭塞 ATC 系统）；

3）移动闭塞 ATC 系统（连续的曲线式移动闭塞 ATC 系统）。

图 10-7 为各闭塞制式速度控制示意图。

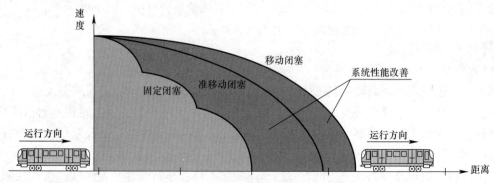

图 10-7　各闭塞制式速度控制示意图

基于固定闭塞方式的 ATC 系统通过钢轨进行地面对列车的信息单向传送，对于需要列车向地面发送信息的地方（如：控制屏蔽门开启的列车停稳信息等），需增加车-地双向通信环线。系统采用阶梯式控制方式，闭塞分区由牵引计算来确定，一旦划定将固定不变，列车以闭塞分区为最小行车间隔。

基于数字轨道电路的准移动闭塞方式的 ATC 系统通过钢轨进行地面对列车的信息单向传送，对于需要列车向地面发送信息的地方（如控制屏蔽门开启的列车停稳信息等），需增加车地双向通信环线。系统采用目标距离控制方式，需进行闭塞分区的划分，根据列车前方目标距离、线路状态、列车性能等因素确定的速度－距离控制曲线，对列车的速度进行监控。当列车速度超过速度－距离控制曲线限定的速度值时，对列车实施安全制动控制。

基于通信的移动闭塞方式的 ATC 系统采用车-地双向通信，并将前方列车的移动定位信息，经由车地通信环节传给后续列车，控制信息随前方列车的行进而连续地或周期性做出响应。移动闭塞信号系统，按移动的前车尾部轮廓线作为速度－距离控制的追踪目标点，当列车速度超过允许速度－距离控制曲线时，对列车实施安全制动控制。

表 10-1 为上海轨道交通各系统应用情况表。

上海轨道交通各系统应用情况表			表 10-1
线路名称	ATC 系统制式	车-地通信方式	供货商
上海轨道交通 1 号线	固定闭塞		美国 GRS
上海轨道交通 2 号线	准移动闭塞		美国 USS
上海轨道交通 3、4 号线	准移动闭塞		法国 ALSTOM
上海轨道交通 5 号线	准移动闭塞		德国 SIEMENS
上海轨道交通 6、7、8、9、11 号线	移动闭塞	无线电台	法国 THALES
上海轨道交通 10、12、13 号线	移动闭塞	无线电台	法国 ALSTOM
上海轨道交通 16 号线	移动闭塞	波导管	法国 ALSTOM

（2）系统的构成

ATC 系统的设备分布于控制中心、车站设备室、轨旁及车上。

如图 10-8 所示，指挥列车运行的控制中心，设有作为 ATC 系统中枢的系统控制服务器及其用于调度控制的工作站；数据传输系统，包括通信前置服务器、路由器以及数据通信网等，实现控制中心与全线车站信号设备室之间的实时数据信息交换；调度员通过调度员工作站下达行车控制命令。

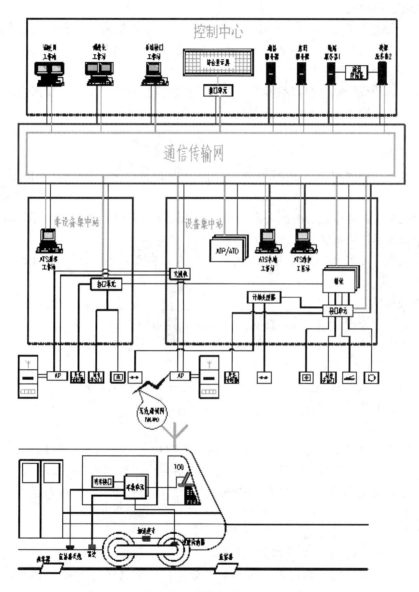

图 10-8　系统构成示意图

现场的列车在线信息、车次号信息以及道岔、信号机的状态信息等，由大屏幕显示屏及调度员工作站的显示器显示。

设于联锁集中站设备室的服务器，接收调度员的控制指令，通过联锁设备装置排列进路、开放信号，并将列车在线信息、信号设备的状态信息等传送给控制中心。通过 ATP子系统的轨旁设备发送列车检测信息，以检查轨道区段内有、无列车占用，并向列车发送限速命令或允许运行的目标距离信息、门控命令、对位停车指令等。

车上 ATC 设备接收并解译地面送来的调度指令和 ATP 速度命令或距离信息，完成速度自动调整和车站对位停车，实现列车的自动运行，并将列车的运行状态和设备状态信息经车站服务器传送给控制中心。

(3) 系统控制模式

城市轨道交通通过 ATC 系统，在控制中心集中控制列车运行，当遥控发生故障或运行需要的情况下，可以将权力"下放"，由相应的联锁集中站进行控制。而列车的操纵，在设置 ATO 子系统的前提下，可以实现列车的自动运行、自动折返；也可以由司机进行人工操纵，由 ATP 子系统实现超速防护。ATC 系统的控制模式在各个城市的不同线路有不同的称呼，但其控制方式的内容基本上大同小异。

1）行车调度控制模式

（A）集中控制模式

全自动模式：根据列车运行时刻表，由控制中心自动办理进路，调度全线列车的运行；

自动调度模式：根据运行时刻表自动办理列车进路，但列车在车站的停站时分、运行等级等，由调度员进行调整；

集中人工模式：列车的始发进路，由调度员人工办理，列车运行目的地也由调度员设定。

（B）站控模式

上述三种均为集中控制方式，在调度员授权下，可将控制权下放至联锁设备集中站，由联锁设备集中站的车站值班员对所管辖区段的列车运行进路进行控制。

2）列车驾驶模式

列车的驾驶模式因列车和信号系统而异，而且根据不同的信号系统其模式的名称也不相同，一般有以下几种模式：

（A）ATO 模式

该模式下，车载 ATO 设备根据收到的 ATP/ATO 信息，自动控制列车加速、巡航、惰性、制动，控制列车在安全停车点前和规定的站台停车位置停车，司机只负责对车载 ATP/ATO 设备的状态显示进行监督，并注意列车运行时状态及车载设备显示的变化，必要时可进行人工干预，以保证行车安全。

列车启动、车门开/关控制由司机负责。

（B）ATP 监督下的人工驾驶模式

该模式下，由司机根据列车指示的目标速度、目标距离驾驶列车，ATP 监督列车的实际运行速度，一旦超速将会报警，司机需采取必要的安全制动措施，以保证列车运行的安全。

（C）限制人工驾驶模式

该模式用于无 ATP 地面速度信息的地点（如车辆段、停车场）及正线 ATP 地面设备故障时的超速防护，由司机人工驾驶列车，其运行速度不能超过规定的速度（如 25km/h），一旦超速，车载 ATP 将实施制动使列车停车。

（D）非限制人工驾驶模式

该模式为 ATP 切除状态。用于站间闭塞方式行车或其他特殊运营情况，该模式列车运行无超速防护保护，列车的运行安全由司机负责。

3）设备发生故障情况下的系统降级运行模式

降级运行模式功能是基于联锁设备正常情况下的行车方式，在 ATS、车载及地面 ATP/ATO 系统发生故障时，由联锁设备来完成道岔、轨道区段、信号机的联锁，保证行车安全。

（A）轨旁 ATP/ATO 故障

此类情况导致其控制范围内的列车不能按正常模式运行，此时在故障区内的联锁设备以备用列车监测设备作为列车位置监测手段，以地面信号的显示作为行车依据，联锁设备提供站间闭塞功能。

（B）车—地通信设备故障

此类情况下，移动闭塞无法提供正常的功能，可降级为点式列车控制方式。通过在闭塞分区分割点和道岔前后等关键防护点设置计轴器、信号机和有源应答器设备，可在系统无线连续通信失效的情况下，通过点式设备，实现降级模式下 ATP 功能。

（C）车载 ATO 子系统故障

此类情况下，列车采取 ATP 监督下的人工驾驶模式。

（D）车载 ATP 故障

此类情况下，可降级为非限制人工驾驶模式。

（E）中央 ATS 或中央至车站的信息传输通道故障

此类情况下，系统自动降级为车站级控制方式。

10.2.2.3 火灾自动报警

（1）现场级设备设置

现场级设备设置必须遵循国家有关政策和消防管理部门的有关法规，并得到上海消防部门的认可。各种火灾探测器的选取需与环境特点相匹配，且各种探测器的设置需与其性能相匹配。

车站设备房和公共区都采用感烟探测器。由于茶水间有水蒸气、车库有汽车尾气等影响，不适合采用感烟探测器，一般采用感温探测器。电缆桥架一般采用缆式线型定温探测器。对于车辆基地高大空间，高度超过感烟探测器适用范围的场所，以及变电所等设备上方不便于维修的处所，可采用极早期吸气式感烟探测器或红外光束型感烟探测器等。

对于联动装置、自动灭火系统及用单一探测器不能有效确认火灾的场合，采用感烟探测器、感温探测器、火焰探测器的组合（同类型或不同类型）。如疏散通道上的防火卷帘一般采用两侧分别设置一组感烟探测器和感温探测器的方式。

规范要求，每个防火分区应至少设置一个手动火灾报警按钮。从一个防火分区内的任何位置至最邻近的一个手动火灾报警按钮的距离，不应大于 30m。且火灾自动报警系统有监视消火栓工作状态的需求。设计中采用手动报警按钮和电话插孔及消火栓监控模块结合设置的方式，手动报警按钮和电话插孔与消火栓的布点采用一致的原则。

轨道交通乘客活动的公共区域，不设置警铃，谨防乘客受到惊吓，影响逃生。对控制中心大楼、车辆基地库房等场所，为提醒相关人员疏散，设置警铃，提醒火灾发生时及时疏散。

为节约高效，火灾应急广播和对外界通信由通信专业统一设置。火灾时公共广播优先转入火灾应急广播状态。

（2）系统安全性设计

火灾自动报警系统设置有自动和手动两种触发装置。

火灾自动报警系统与机电设备监控系统之间应设置高可靠接口，防排烟系统与正常的环控系统合用的设备由 EMCS 统一监控，火灾工况由 FAS 发布火灾模式指令，EMCS 优先执行相应的控制程序。

系统具有冗余机制。如火灾自动报警系统为提高系统的可靠性，一般采用独立组网的方式，区间光缆上、下行分别设置，隔站跳接，构成双环网；车站级控制网络采用环形回路。

系统设有主电源和直流备用电源。主电源采用消防电源，直流备用电源采用火灾报警控制器的专业蓄电池或集中设置的蓄电池。系统接地电阻不大于 1Ω。

10.2.2.4　机电设备监控

（1）系统架构

轨道交通机电设备监控系统为配合运营管理，亦采用两级管理（中心级、车站级）三级控制（中心级、车站级、现场级）的体系结构。机电设备监控系统采用分布式计算机系统，由中央管理级、车站监控级、现场控制级及相关通信网络组成。轨道交通线路中连续设置 EMCS 系统的车站不足四座时，宜采用以车站为主体的分散系统，但应留有将来全线组网的能力。

车站级机电设备监控系统在车站控制室设置 EMCS 车站计算机、网络设备、IBP 盘、打印机等。在地下车站两端环控电控室内各设一套冗余的 PLC 控制器，以靠近车站综合控制室端的 PLC 为主控制器，另外一端的 PLC 为从控制器。两端 PLC 下设置冗余的现场总线或以太环网将各类 I/O、具有智能通信口的现场设备和就地现场小型控制器等设备统一接入，分别对车站两端的机电设备进行监控管理。高架站因其监控对象较少，在车站靠近车站控制室一端集中设置一套冗余的 PLC 控制器。在车站或区间的环控机房、照明配电室、车站及区间各类泵房、电扶梯、人防门、屏蔽门附近等设备集中的地方设置远程 I/O 设备，监控现场设备。

（2）系统安全性设计

机电设备监控系统设备配备应根据上海轨道交通环境特点，考虑抗电磁干扰、防尘、防潮、防霉、防震等性能，确保系统可靠运行。

机电设备监控系统应安全、可靠、实用，并具有开放性和可扩展性，既要技术先进又要节省投资。如模块箱应留意 20% 以上的余量。

机电设备监控系统与火灾自动报警系统之间应设置高可靠接口，防排烟系统与正常的环控系统合用的设备由 EMCS 统一监控，火灾工况由 FAS 发布火灾模式指令，EMCS 优先执行相应的控制程序。

系统具有冗余机制。如主干传输通道采用冗余以太网；车站级控制网络采用环形或双总线方式；车站控制室设置综合后备盘（IBP），当车站出现紧急、故障、灾害等特殊情况时，作为紧急备用操作。

机电设备监控系统应有自动控制、手动控制、就地控制、远程控制功能，满足运营需求，提高系统使用需求。

机电设备监控系统采用在线式不间断电源。系统采用综合接地方式，接地电阻不大于
1Ω。带有交流 220V 以上电源的设备的金属外壳均应可靠接地，与 PE 线连成一体。

10.2.2.5　门禁

(1) 系统架构

轨道交通门禁系统采用集中管理、分散控制的模式，遵循人性化的工作模式，采用管理、控制及操作三个层面的拓扑结构，克服了大规模系统的通信瓶颈，提高了响应速度和产品的稳定性。系统从管理功能上分为三层结构：中央管理级、车站管理级、现场设备级。

(2) 设置门禁点的选取

设置门禁点的选取应充分结合运营、管理、维护需求。在车站、控制中心、车辆基地综合楼中，对与行车有关的重要系统设备用房和管理用房（如高低压设备用房、通信和信号设备用房、车站控制室、AFC 管理用房等）以及进入设备区的通道门等处设置门禁系统。设置点应经济合理，如：主变电所作为一个工作区域，在主进入出口设置门禁；一个设备区总门进入后为同一功能房间，可在通道总门处设置门禁即可。

(3) 系统安全性设计

门禁系统属于安防产品，需满足安防产品相关规范要求。门禁系统产品需采用三重加密认证：智能卡与读写器的加密认证（如一卡一密）、读卡器与控制器间的通信加密认证（如私有化的 RS485 通信等）、控制器与系统间的加密认证。

门禁系统应满足在线、离线、灾害等多种运行模式，并且可根据不同情况自动转换：

1）在火灾等紧急情况下，通过设置在车控室 IBP 盘上的门禁系统紧急按钮来切断门禁电锁电源，为人员提供疏散通道。

2）设置紧急出门按钮。紧急出门按钮动作即切断相应锁具的工作电源而直接解锁，同时将信号传送至门禁就地控制器。当出门按钮等装置或设备发生故障时，可敲碎紧急出门按钮上的防护玻璃实现开门，确保人员安全撤离。

3）为满足消防、疏散等要求，采用断电释放型电磁锁。

4）门禁就地控制器读取卡内的授权信息，在线模式下将信息上传到主控制器，同时接收主控制器下达的指令。

5）在通信中断的情况下，自动转为离线模式工作。离线模式下则根据所保存的安全参数进行分析判断，使门的正常开启不受影响。通信恢复后，离线期间保存的信息应能自动上传。

可根据运营需要设置多种门禁管理方案；门禁系统应考虑扩展性和兼容性，满足轨道交通运营单位合并或调整时，对门禁系统的调整、扩展以及兼容性的要求。

系统具有冗余机制。如主干传输通道采用冗余以太网，车站级控制网络采用环形或双总线方式，系统采用后备电源等。

10.2.2.6　自动售检票

(1) 系统构成及配置

考虑到客流的不稳定性和多变性，为增加系统储备能力，线路中央计算机系统和车站

计算机系统容量按近、远期最大预测客流进行设计；同时为避免近期资源浪费，控制工程投资，车站终端设备数量按近期超高峰小时预测客流进行配置，并按近/远期设备数量的大者预留安装条件。

为保证在断电或网络中断等故障情况下 AFC 服务器有足够时间保存数据及系统故障排除，计算机系统均配置不间断电源（UPS）及后备电池，票务清分系统不间断电源的电池后备时间不宜小于 2h，线路中央计算机系统不间断电源的电池后备时间不宜小于 1h，车站计算机系统不间断电源的电池后备时间不宜小于 0.5h。

考虑到 AFC 终端设备在与乘客近距离接触中可能产生静电伤害，因此需对所有终端设备的金属外壳进行保护接地及工作接地。

（2）终端设备选型

为了提高车站站厅的空间利用率，减小操作维修空间，自动售票机宜采用前开门方式。同时，有条件的车站应尽量采用嵌入式安装方式，使设备布置与整个车站装修效果相协调。

在高架或地面车站，为保证在冬季寒冷天气设备正常启动，安装在站厅的 AFC 终端设备均配置电加热设备，电加热设备需满足 24h 不间断工作的要求，功率不小于 400W。

车站终端设备应按工业级标准设计，应能 7×24h 不间断连续运行，满足上海市自然环境条件、车站环境条件和抗电磁干扰的要求。

（3）系统接口

AFC 系统应采用上海市轨道交通清分系统制定的统一接口标准，各线路中央计算机系统接入清分系统，以实现全路网 AFC 系统的统一监控、运营管理，以及各线路之间、与外系统之间的票务清分业务。AFC 系统通过轨道交通清分系统与上海城市公共交通卡、手机钱包等外部系统接口。

AFC 系统不仅应满足在建线的运营和管理需要，还应为今后线路延伸、其他线路的接入换乘预留接口条件。这样可减少将来既有系统的改造工作，从而降低运营风险。

AFC 系统应具有开放式接口，为今后系统扩容时不同厂家设备的接入提供方便。

（4）终端设备数量配置

车站终端设备配置数量应以近远期客流预测报告为基础，并合理选取计算参数，客流超高峰系数一般取 1.2～1.4，不均匀系数取 1.25。其中出站检票机数量应考虑出站为集中客流，需满足列车行车间隔时间内乘客全部出站以及火灾情况下的紧急疏散要求，因此在计算出站检票机数量时引入客流清空系数，一般取值为 1.5。

计算终端设备配置数量时，售票机发售速度及检票机通过能力不应参照工程测试环境下的数据，应取日常运营环境下的实际数据，具体如下：自动售票机发售速度：3 人/（min×台）；自动检票机通行能力：24 人/（min×台）。

（5）终端设备布置

站厅层售检票设备布置应考虑减少购票、进站及出站客流的交叉因素，分别设置购票、进站及出站功能区，各功能区应预留足够的缓冲空间，避免功能区之间的重叠。

站厅层售检票设备应相对集中布置，以均衡每台设备的利用率，减少分向客流不均的影响，同时也方便今后的运营管理和维护。

进、出站检票机应垂直于人流方向布置，应避免设于进出站人流交叉的地方，应有足够的空间保证检票机前的客流集散。

10.3 影响设计质量安全因素分析

10.3.1 系统设备选型与配置

在各设计阶段均需考虑系统设备及系统选型与配置不当带来的风险，总体设计阶段主要需考虑系统制式选择，初步设计和施工图设计阶段主要考虑系统冗余配置不合理和系统间的相互干扰等带来的风险。如通信系统：

（1）传输系统：同步传输系统中 TDM 业务可采用的几种保护方式都可以保证保护倒换时间在 50ms 内，但对于实时性要求较高的以太网数据业务，若选择生成树保护则很难保证保护倒换时间，造成数据业务的中断；交叉板、主控板、电源板等主要板卡若无冗余配置，在单板故障情况下将导致该节点业务中断。

（2）专用无线系统：路网集群交换机设置主备系统，采用 1+1 冷备工作方式，当主交换机故障时，主备交换机倒换需采用人工干预方式，切换过程中专用无线通信将处于中断状态。

（3）公务电话系统：当全线仅依靠控制中心主交换设备完成全线业务交换和出入中继时，一旦主交换设备发生故障，会导致全线公务电话系统中断；若车站交换设备没有配置自交换功能，则站内通信也会发生中断。

（4）专用电话系统：控制中心主交换设备故障将导致全线调度业务中断。

（5）技术防范系统：控制中心或车站视频服务器故障情况下导致控制中心和故障车站视频无法调用；技术防范系统数据网络由于数据流的无序广播可能造成网络的拥塞或中断。

（6）广播系统：广播系统功放设备若不采用备用倒换配置，单功放故障情况下，导致故障分区无法广播，降低服务质量，火灾工况下导致不能正常引导乘客疏散。

（7）乘客信息系统：主服务器或播出服务器故障情况下导致系统不能正常播放，服务质量下降；车地无线系统采用无线局域网络（WLAN）技术，可能与信号 CBTC 无线系统发生干扰，导致网络故障。

（8）时钟系统：控制中心主母钟故障情况下，无法完成对车站二级母钟授时，导致时间系统精度下降，降低服务质量。

（9）电源与接地系统：UPS 电源设备故障情况下导致交流供电设备电源中断，影响范围较大，若 UPS 电源系统采取旁路措施，则可能由于市电电压波动范围超限而对通信系统设备造成损害。

（10）公安消防无线系统：天馈系统设置不当可能与专用无线、民用无线等系统产生干扰，影响系统正常运行。

（11）民用无线引入系统：天馈系统设置不当可能与专用无线、公安消防无线等系统产生干扰，影响系统正常运行。

（12）室外光电缆线路及设备：高架区间暴露在自然环境中，对区间光电缆线路和室外设备安全影响较大。

10.3.2　与相关专业的接口

机电设备的接口专业众多、技术复杂是轨道交通设计的难点，也是工程实施中的重点。机电设备专业既有与行车组织、线路专业的信息交换接口，又存在与土建、轨道、车辆等专业的安装接口，同时还存在各机电系统之间的电气接口。因此在工程实施的初期，就必须分类、归纳，明确接口内容、接口位置、接口方式和接口协议，接口一旦出现问题将导致各相关专业设计的偏差和设计返工，甚至造成工程的浪费或投资的增加。

在工程实施中除必须对接口硬件、信息定义、接口协议进行认真分析、研究，提出正确的解决方案外，还须对双方接口进行检查和测试，以确保接口的安全、正确和可靠。

10.3.3　换乘站机电设备系统设计界面划分

随着上海轨道交通进入网络化建设，各条线在设计中均会碰到与规划线、在建线和运营线实现换乘的情况，换乘站设计界面的划分涉及换乘站的资源共享和建设时序，应先梳理清楚换乘站的换乘形式（换乘方式）、运营管理的方式（车控室设置）以及换乘站的建设时序（规划线、在建线、运营线），才能合理确定设计内容和设计界面。只有将换乘站设计界面和机电设备资源共享梳理清楚，才能对在建线或后续建设线提供指导和帮助。

10.3.4　信号系统安全评估和认证

轨道交通信号系统是保证列车运行安全，提高运输效率的安全相关系统，如何实现列车安全、快速、高效的运行是目前轨道交通领域亟待解决的根本性问题。目前无论是国产轨道交通信号系统，还是国外设备国产化的推广应用所遇到的共同问题，都是国内缺乏权威的安全认证机构进行认证。通过安全评估可以系统地从计划、设计、制造、运行等全过程中考虑信号系统的安全技术和安全管理问题，发现系统开发过程中固有的或潜在的危险因素，搞清引起系统灾害的工程技术现状，论证由设计、工艺、材料和设备更新等方面的技术措施的合理性。

10.3.5　信号后备系统运营模式和标准

目前国内轨道交通信号系统为满足开通、故障情况下降级运营要求，均配置有后备信号系统，但不同城市、不同线路、不同制式系统在后备系统的具体配置上存在较大差别，包括：功能上存在具备点式 ATP 功能、点式 ATO 功能、联锁站间闭塞功能的区别；信号机的显示设置存在 CBTC 状态下灭灯与点灯的区别；联锁站间闭塞功能存在连续追踪、站间追踪和隔站追踪的区别；同时，信号显示的定义、道岔防护信号机的设置方式、正反向发车信号机的设置等方面即使在同一城市不同线路中也存在差异，造成运营和维护标准无法统一，无法实现调度、车务等人员的互换，容易使维修人员对不同系统安全概念理解的混乱，发生安全隐患。

10.4 与设计相关的质量安全案例分析

10.4.1 深圳地铁 Wi-Fi 干扰逼停列车事故问题

10.4.1.1 事故起因

2012 年 11 月上旬，深圳地铁发生多起列车逼停事故，经调查是由于信号系统车—地无线通信受到乘客所使用的便携式 3G 无线路由器干扰所致。

10.4.1.2 原因分析

基于通信的列车自动控制系统（CBTC）使用的车地无线通信采用 2.4G 公共频段，与便携设备采用的频段一致，造成同频干扰。虽然信号系统可采用跳频等技术手段，但干扰依然存在，对系统产生潜在危害，根本解决干扰问题还需申请专用频段。

随着社会的发展，我国众多城市使用 2.4G 的 Wi-Fi 技术打造无线城市，覆盖范围包括城市地上、地下公共空间，Wi-Fi 技术大量的应用是作为高速有线接入技术如 3G 的延伸，对 CBTC 车地数据通信系统已造成干扰风险。为此，需根据每条轨道交通的具体情况，进行分析研究。

主要系统供货商采用的无线通信技术如表 10-2 所示。

主要系统供货商采用的无线通信技术一览表　　　　　　　表 10-2

信号系统供货商	无线通信技术标准
SIEMENS	IEEE 802.11b DSSS 无线电台
ALSTOM	IEEE 802.11g OFDM 无线电台、漏缆、裂缝波导管
THALES	IEEE 802.11 FHSS 无线电台
安萨尔多	IEEE 802.11g OFDM 无线电台
BOMBARDIER	2.4GHz 无线电台、漏缆

如图 10-9 所示，基于 802.11、802.11b 和 802.11g 标准的 DSSS，共有 14 个信道，

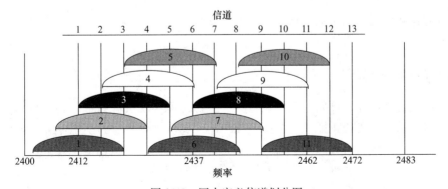

图 10-9　国内定义信道划分图

这 14 个信道是相互重叠的，由于信道 12、13 和 14 在国内没有被定义（即没有使用），因此只有信道 1、6 和 11 是完全隔离的。

（1）公共干扰分析

1）可能产生的公共干扰源

（A）政府、运营商在每条轨道交通范围内构建的 Wi-Fi 公众使用的无线局域网；

（B）国家无线电管理委员会核准的 2.4～2.4835GHz 频率范围使用的各类 2.4GHz 短距离、微功率无线设备，手持 Wi-Fi 路由器（Mifi）无线个人局域网（WPAN）中可携带的设备及新研发的个人终端便携式无线接入产品。

2）公共干扰的特点分析

（A）国家无线电管理委员会规定，2.4～2.4835GHz 频率范围使用的各类 2.4GHz 为"短距离、微功率"设备，今后不论地铁"无线城市"还是电信运营商，为公众用户提供接入服务的 2.4～2.4835GHz Wi-Fi 无线设备的布局引入，其发射功率是受国家限制并须受地铁部门监管；

（B）各类终端便携式无线接入设备预计会逐步进入车厢，干扰的特点为数量多但功率不大；

（C）不论"无线城市"还是电信运营商 2.4～2.4835GHz Wi-Fi 无线设备，作为高速的宽带的终端接入，主要以展宽频带实现高速服务，但因发射功率受限，所以在 1MHz 单位上能量密度有限。

（2）PIS 系统的干扰分析

目前一般来说 WLAN 采用 802.11g，而 PIS 有 802.11g 和 802.11a 两种选择。因此，干扰的原因主要有以下两个方面：

1）相同信道下的干扰（同频干扰）。同信道的多个站点由于占用相同的频率资源，在通信过程中很可能发生碰撞干扰，误码率增大，导致通信链路的堵塞或中断。

2）不同的信道或频段的干扰（邻道干扰）。由于滤波器的性能不是理想的，通带外的信号不会完全消除，所以会对主导信号造成干扰。

两个信道隔得越远，它们的频率范围重叠的部分越少，干扰越小；反之，两信道离得越近，频率重叠的部分越多，干扰越大。

10.4.2　换乘站弱电系统设计方案

上海某在建线车站与规划线形成"十"换乘形式，共用站厅公共区，分期实施，两线合设车控室。

10.4.2.1　总体原则

（1）按先建带后建的原则，系统设备设计应尽可能实现资源共享，预留后期线路接入的条件，弱电系统设备施工图设计范围以建筑施工图设计分界点为准划分。

（2）为有利于运营管理和维护管理，有利于灾害情况下的联动应急处置，与行车指挥无关的系统设备的监控管理，应设一套监控系统集中控制。

（3）换乘站按"一个站长，一套班子，资源共享，区域控制"的运营管理要求设计。

车站主要由两线合设车控室和先建线控制中心监控管理，后续线控制中心采集有关设备的运行信息，设置必要的行车控制与管理设施，控制其区间和轨行区的设备。

10.4.2.2 设计方案

(1) 通信系统

1) 传输系统设备两线分别设置，接入各自的传输网络系统。

2) 公务电话和调度电话分设，市内电话分机合设共享。

3) 专用无线系统设备两线分别设置，先建线负责站厅层（包括共享区域）、站台层、设备层的信号覆盖，其余区域由后期线路完成覆盖。

4) 公安无线、消防无线的信源分别共享，先建线设置基站并为后期线预留直放站的射频电缆接口；先建线负责站厅（包括换乘区域）、站台、相关设备用房的信号覆盖。其余区域由后期线路完成覆盖。

5) 时间系统两线分设，分别负责各线相关办公、设备用房的子钟设置，车控室子钟由先建线设置。

6) 先建线通信综合配线架需预留 50P 成端位置，后续线路敷设两线通信机房 50P 直通电缆一根，并成端上两线的综合配线架。

(2) 电视监视系统

1) 站厅公共区摄像机统一由先建线工程实施，其余区域（包括后期线公共区）电视监视系统设备分线设置、分期实施，预留后期线图像信号接入的条件；

2) 两线车控室操作和监视终端合设，警务室和车控室具有调用全部图像资源的功能。

(3) 广播和乘客信息显示系统

1) 站厅公共区扬声器、出入口扬声器统一由先建线工程实施，其余区域广播系统设备分线设置、分期实施。

2) 车控室、客服中心等设置的操控终端，应具有向站内各区域选区广播的功能，需预留后期线接入的条件。

3) 先建线控制中心具有对共享公共区和先建线站台区域进行选区广播的功能，后期线控制中心具有对其站台区域进行选区广播的功能。

4) 乘客信息显示设备两线分别设置，接入各自的网络系统，分线实施。

5) 出入口 LED 设备由先建线工程实施，预留后期线路导乘信息接入的条件。

(4) 信号系统

1) 两线信号系统设备分别设置；

2) 两线信号系统分别在车站控制室设置必要的控制设备。

(5) 自动售检票系统

1) 车站计算机系统设备两线共享合设，接入先建线线路中央计算机系统管理，由先建线工程负责实施，并预留后续线终端设备接入的条件；

2) 车站终端设备分线设置、分期实施，先建线预埋管道需预留后期线线缆接入的条件。

(6) 火灾报警系统

1) 换乘站火灾报警设置 1 套车站级 FAS 系统，预留后期线车站范围内终端设备的接入条件以及与后期线 FAS 主机的接口。

2）两线在合设的车控室分别设置火灾报警控制器，分期实施，接入各自的 FAS 网络系统。

3）先建线火灾报警控制器的火灾探测和联动控制范围：

（A）站厅层、设备层、先建线站台层；

（B）先建线区间；

（C）后期线站台层。

4）后期线火灾报警控制器的火灾探测和联动控制范围仅为其区间。

5）两线火灾报警控制器通过通信接口或模块接点相互连接，交换各自的火灾报警信息，并上报各自的控制中心。

6）站内的火灾报警信息主要由合设车站控制室和先建线控制中心处理，同时将报警信息报送后期线控制中心。区间的火灾报警信息由各线控制中心处理，并以其控制中心为主指挥车站采取应急措施，并将报警信息同时报送对方控制中心。图 10-10 为 FAS 系统分工关系。

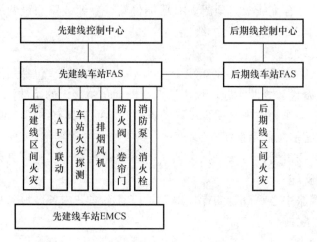

图 10-10　FAS 系统分工关系

（7）机电设备监控系统

1）先建线机电设备监控设置一套车站级 EMCS 系统，统一控制管理，预留后期线系统的接入条件。

2）合设车控室应能显示所有机电设备监控系统状态，实现站内、区间机电设备统一监控管理。

3）两线区间隧道风机和排热风机由各自的中央机电设备监控系统分别控制。图 10-11 为 EMCS 系统分工关系。

（8）门禁系统

门禁系统车站级设备设置一套系统设备，接入先建线中央级门禁系统。预留后期线设备的接入条件。

（9）车站控制室/客运服务中心

1）两线共享站厅客运服务中心，按换乘站要求预留面积；

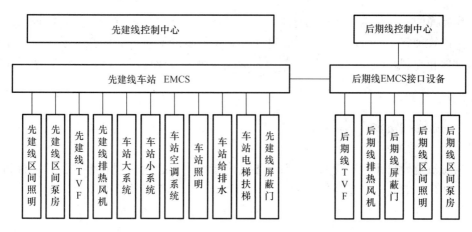

图 10-11　EMCS 系统分工关系

2）两线的紧急疏散、消防、防排烟设备的应急控制按钮统一布置，综合后备应急控制盘（IBP）共享，预留后续线系统和设备控制的接入条件。

10.5　提高设计质量安全对策

10.5.1　提高系统的安全性和可靠性

提高系统的安全性，必须在系统设计阶段考虑建立和完善系统的安全机制，在系统软件和硬件的配置方面必须注重系统的安全。

提高系统的可靠性，必须进行具有高可靠性的总体设计，在关键环节均采用备份设计，在关键的系统设备和主机设备上消除单点故障，通过设备冗余和负载分担的方式来提高系统的可靠性，设计中所选用的设备本身应具有较高的可靠性并应支持热插拔和软件升级。

室外环境对区间光电缆线路和区间设备存在较大的影响。光电缆应采用阻燃、低烟、无卤、防蚀的产品，并考虑防鼠害和防迷流腐蚀，室外电缆还需考虑防水、防裂、耐高温和抗紫外线要求。室外设备防护等级应达到 IP65。

10.5.2　制定各专业的设计界面划分规定

城市轨道交通工程是涉及专业众多、工作界面与接口关系复杂的系统工程，为了使轨道交通各专业、系统能紧密结合，有效衔接，在初步设计开展前就需制定"设计界面划分的规定"，明确工程设计系统及专业间的设计界面，规范工作范围和职责，提高和完善质量管理水平和制度。

设计界面的全面、完整和系统是保证工程设计总体和系统性的第一步，从不同的工作需要、角度和阶段可以划分出不同的工作界面，设计界面的划分主要应从方便设计开展与专业系统性的角度，并结合各线的实际情况而制定。

工作界面的划分是接口管理的基础，依据工作界面的划分再进行界面接口规划、接口设计及接口管理等不同阶段、层次的深化工作，最终实现对工程总体性、系统性和完整性的有效管理和控制，因此设计界面的划分是后续系统和专业规范地进行接口管理工作的重要依据。

10.5.3　换乘站资源共享设计

换乘站机电设备系统资源共享设计，要有利于换乘站运营管理和维护管理，有利于资源共享的实现，有利于紧急情况下的应急联动控制，有利于后续线的建设实施。

与规划、在建、运营线实现通道换乘的车站，两线车站运营宜独立管理，分设车站控制室，对所管辖区域分别控制管理。

对共享站厅非通道换乘车站，与规划线、在建线形成换乘的车站，应按"一个站长，一套班子，资源共享"的运营管理要求设计，设置一个车控室。对规划线需预留后续线的接入条件，对在建线机电设备一次设计、同步建设。

与运营线形成换乘的车站，应根据先建线预留情况尽可能采取合设车控室方式，实现由运营线车站控制室对换乘站统一管理控制；受运营线车控室的空间限制，无法接入，则采取分设车控室的方式。

10.5.4　针对信号系统受 Wi-Fi 干扰问题

（1）公共干扰的防护措施

CBTC 系统车地通信数据速率低，采用单位能量密度高，主要实现低速率下的高可用、可靠性的列车控制。鉴于两者应用技术上的差异性，可采取以下措施：

1）可通过与电信运营商协商，允许其使用 3 个独立信道中除信号使用外剩余的 1 个独立信道，以减少干扰。

2）对采用直序扩频技术的 CBTC，车地通信可采用双网双频冗余设计。在一个网络受到影响时，另外一个网络仍能正常工作，两种频率同时受干扰的几率将大幅降低。

3）通过列车端部采用的定向天线，忽略车厢内干扰，将信号限制在轨道区域内。

4）建议维护管理部门不定期对每条轨道交通范围内的无线环境进行监管，使之工作在国家规定的限制功率之内。

（2）PIS 系统的干扰防护措施

5.8G 频段目前的产品应用很少，电磁环境比较清洁，短期内被干扰的可能性小，但信号系统由于受设备供货商的技术及实验条件限制，5.8G 技术并未得到广泛应用，且并非根本措施。另外申请专用频点（诸如 1.7G 附近、5.9G 等）需作深入研究，产业化有局限性，且价格昂贵。故提出以下防护措施：

1）信号系统和 PIS 系统均使用 2.4GHz 的 ISM 频段，因信号系统涉及行车安全，须做到双套冗余，可将相互隔离信道中的 2 个分配给信号系统使用，PIS 系统是非安全系统，使用第 3 个独立信道。

2）国家无线电管理委员会针对 WLAN 开放了 2.4～2.4835GHz（ISM）频段，而

802.11a 申请占用其他无线频段（如 5.8GHz）需要付费。信号系统由于受设备供货商的技术及实验条件限制，5.8G 技术并未得到广泛应用，故信号系统可采用 2.4G 频段，PIS 系统采用 5.8G 频段，相互干扰可有效避免。

3）信号系统应在保证本系统不会干扰其他系统的正常运行的同时，提高系统自身的抗干扰能力。在系统设计中需选择合适的无线局域网技术，采用特殊的编码方式，采用频率、天线和时间的多样性等技术改善系统性能、提高信噪比、减小误码率、防止电磁波多路径干扰和交叠频道干扰。同时，采用先进的加密技术和身份确认机制，防止恶意信号侵入。

10.5.5 加强信号系统安全评估和认证

目前，世界发达国家的城市轨道交通系统已经形成了一整套科学的安全评估、认证、管理体系，制定了一系列切实可行的安全评估的技术标准。在 IEC61508《电气/电子/可编程电子安全相关系统的功能安全》标准的基础上，欧洲制定了以计算机控制的信号系统作为对象的相关应用、安全、软件、通信方面的标准，包括：（1）EN－50126 铁路应用：可靠性、可用性、可维护性和安全性（RAMS）规范和说明；（2）EN－50129 铁路应用：安全相关电子系统；（3）EN－50128 铁路应用：铁路控制和防护系统的软件；（4）EN－50159.1 铁路应用：通信、信号和处理系统。并形成了比较完善的安全评估体系，如英国 CASS 安全评估框架，德国 TUV 评估体系等，它们主要以 EN 铁路标准为基准，依托第三方评估机构，对已有线路和在建项目的信号系统进行安全性论证。安全评估的原则是将安全相关系统的风险分类，针对不同等级的风险采取不同的应对措施。评估过程包括安全审核和安全认证，对工程的安全管理、安全计划的执行、判断系统相关风险控制、是否满足安全需求规范等方面进行全面的跟踪、检查，以评价系统的风险可否接受。

目前国内轨道交通信号系统尚无安全认证机构，安全认证体系还未建立，信号系统最终的安全保证存在较大的不确定性和风险。在此情况下，建议对在建和新建轨道交通项目信号系统供货商在设计、生产、安装、调试等整个工程阶段，要求其按照国外成熟的安全体系，由独立的第三方安全认证机构对其项目进行全面、全过程的安全认证，并出具相应的权威安全审核报告和安全认证报告，以最大程度降低信号系统的安全风险，切实保障轨道交通的运行安全。

10.5.6 统一后备系统运营模式和标准

统一的信号后备系统，有利于线网间互联互通的运营、维护人员的资源共享，有利于整个线网的协调统一。有必要在后备信号系统配置与模式方面明确和统一标准，为后续线路的建设打好基础。根据信号系统互联互通的现状，后备系统标准需要明确的内容如下：

（1）运营模式；

（2）功能要求；

（3）性能要求；

（4）列车占用检查方式；

（5）轨旁设备的布置；

（6）信号显示方式；

（7）系统构成；

（8）安全评估。

11   车站设备设计

11.1   自动扶梯/电梯

11.1.1   系统简介

轨道交通自动扶梯/电梯系统，可分为出入口（非收费区）和站内（收费区）两个安装和运行区域。每台自动扶梯/电梯独立运行，单独控制。运行参数和状态信息集中显示。可通过设备监控系统将主要信息上传到控制中心。一般不进行远程控制。

（1）概述

自动扶梯/电梯的布设主要由建筑专业根据车站规模、远期客流等参数确定。自动扶梯/电梯系统专业据此选择符合相应位置工况要求的设备，同时必须符合相关国家规范和标准，完成接口设计和工程设计。

（2）相关规范标准

1)《城市轨道交通技术规范》（GB 50490—2009）；

2)《地铁设计规范》（GB 50157—2003）；

3)《城市道路和建筑物无障碍设计规范》（JGJ 50—2001）；

4)《自动扶梯和自动人行道的制造与安装安全规范》（GB 16899—2011）；

5)《电梯制造与安装安全规范》（GB 7588—2003）；

6)《电梯工程施工质量验收规范》（GB 50310—2002）；

7)《电梯技术条件》（GB 10058—2009）；

8)《电梯试验方法》（GB 10059—2009）；

9)《电梯安装验收规范》（GB 10060—2011）；

10)《电梯用钢丝绳》（GB 8903—2005）。

（3）设计阶段以及主要设计内容

城市轨道交通设计主要分工程预可行性研究、工程可行性研究、工程初步设计和工程施工图设计四个阶段。

预可和工可阶段由于自动扶梯/电梯系统与线路走向、车站位置无关，主要工作就是确定规模（数量）及设置原则，为工程估算提供依据。

初设阶段就要精确统计数量，确定安装位置工况，选择合适的设备，为概算提供依据，并向相关专业提资。

施工图阶段，确定每台自动扶梯/电梯的设备配置等技术参数。给相关专业提供确切的设备资料。

（4）安全配置介绍

1）自动扶梯

除了自动扶梯本身需要的常规安全配置以外，还应根据城市轨道交通的运行特点，增加设置必要的附加安全配置。

常规安全配置主要有：

（A）必需的安全标志；

（B）急停开关；

（C）电气安全装置；

（D）梯级或踏板缺失监测装置；

（E）工作制动器；

（F）超速保护和非操纵逆转保护；

（G）围裙板防夹装置；

（H）扶手带入口处手指保护装置。

附加安全配置主要有：

（A）附加制动器；

（B）桁架加强；

（C）试验制动荷载提高。

2）电梯

电梯的安全配置较多，主要有：

（A）安全钳；

（B）限速器；

（C）缓冲器；

（D）电气安全回路；

（E）极限开关；

（F）井道安全门；

（G）安全绳；

（H）门锁装置；

（I）轿顶护栏；

（J）悬挂装置；

（K）补偿装置；

（L）超速保护装置；

（M）平衡重防护装置。

11.1.2　设计风险与控制

（1）不同设计阶段的安全风险及控制措施

1）预可及工可阶段

没有安全性问题，主要是功能配置和考虑性价比。

2）初步设计阶段

设备荷载是初设阶段安全性的重要因素。同时，设备的安全性配置也是主要因素。设备荷载必须能覆盖各不同厂商的要求，主要技术参数也能涵盖各个厂商。以包容性原则提资。

运输通道验算也是完成系统设计的一个重要环节。

3）施工图设计阶段

根据招标确定的设备厂商，确定设备荷载。所有专业的提资资料，必须满足设备厂商的技术要求，对于与厂商要求有差异的数据，必须与厂商技术部门沟通，得到厂商技术部门书面认可后方可实施。

（2）设计管理以及流程控制

1）设计流程（见图 11-1）

2）设计管理风险及流程控制

在风险管理流程控制中，关键就是严格执行校审制度，绝对不能存在侥幸心理，同时也不能认为设计人员对系统已经相当熟悉而放松管理，校审走过场，不认真仔细校审而产生重大过失。

在设计、校审中，主要掌控以下几个关键点：

（A）选型是否合理（公共交通型、室内、室外）；

（B）各专业提资（要正确、合理、没有遗漏）；

（C）相关专业图纸会签（尺寸是否符合要求、荷载是否符合要求）；

（D）安全要求和保护措施是否符合要求（安全毛刷等）；

（E）向自动扶梯使用者传递相关信息的安全标志（小孩必须拉住、急停开关、通行方向、握住扶手带等）；

（F）建筑物结构与自动扶梯之间的间距；

（G）自由空间（垂直净高、与楼板交叉处的垂直防护挡板、出入口的畅通区域、照明等）；

（H）电梯井道是否符合设备要求（长×宽、层门开口、通风孔等尺寸和井道壁、井道顶、井道底等强度）。

11.1.3 案例

案例分析（以电梯事故为例）：

（1）电梯事故的种类

电梯事故的种类按发生事故的系统位置，可分为门系统事故、冲顶或蹲底事故、其他事故。据相关统计，各类事故发生的起数占电梯事故总起数的概率分别为：门系统事故占 80% 左右，冲顶或蹲底事故占 15% 左右，其他事故占 5% 左右。门系统事故占电梯事故的比重最大，发生也最为频繁。

（2）电梯事故的原因及防范措施

产品安全隐患与使用维保缺陷是发生电梯事故的两个主要原因。条件具备其一，则电梯事故也可能发生，也可能不发生；但是两个条件都具备，则电梯事故一定发生。如果了解或掌握了这一原理，使其中的条件皆不具备，就能有效地预防电梯事故。

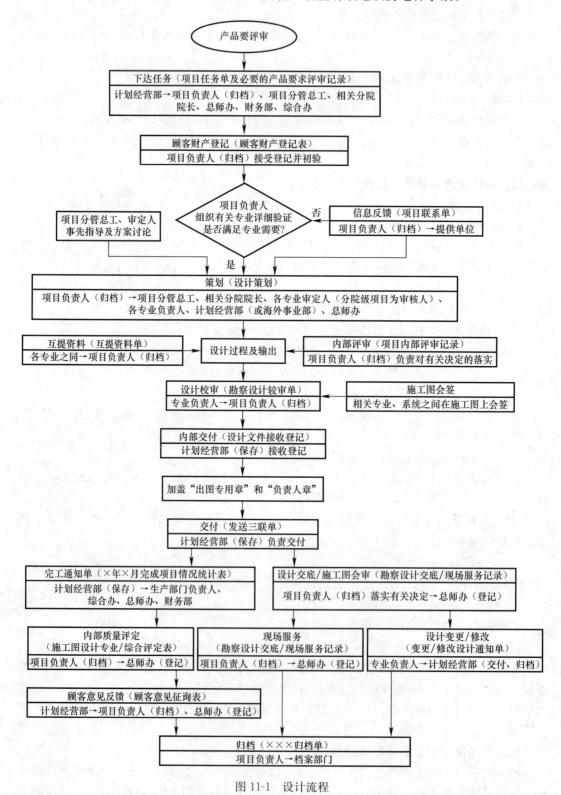

图 11-1　设计流程

维保单位或维保人员的缺陷：要求维保单位或维修保养人员执行"安全为主，预检预修，计划保养"的原则，不能"头痛医头，脚痛医脚"，要有计划地进行预防性维修，而不是在出现故障停梯后才进行抢修，更不能敷衍了事，置电梯安全于不顾。作为业主的管理者，应加强有关法规的学习，做到有法必依。有关部门应加强执法力度，不断完善法规建设。

11.2　屏蔽门/安全门

11.2.1　系统简介

11.2.1.1　概述

（1）定义：屏蔽门是一种设置在城市轨道交通车站的站台边缘，可将轨行区与站台候车区隔离开来的一道与列车门相对应，并可控制其开启或关闭的满足轨道交通运行需求的安全屏障。

（2）分类：屏蔽门、全高和半高安全门、电动栏杆。

（3）组成：

1）机械部件：门体（滑动门含悬挂和门锁、固定门、应急门、端门）、立柱及框架（包括踏步板、联结件、顶箱）、驱动（门机）和传动等；

2）控制系统：中央控制盘（PSC）、端头控制盒（PSL）、门机控制器（DCU）、声光告警装置、状态指示灯、就地控制盒（LCB）、远程监视盘（PSA）、紧急控制盘（IBP）等；

3）供电系统：控制电源、驱动电源、备用电源；

（4）供电电源：按一级负荷供电，即向屏蔽门系统提供两路独立的三相 380V 交流电源。

11.2.1.2　相关规范标准

（1）《地铁设计规范》（GB 50157—2003）；

（2）《城市轨道交通技术规范》（GB 50490—2009）；

（3）《城市轨道交通站台屏蔽门》（CJ/T 236—2006）；

（4）《城市轨道交通站台屏蔽门系统技术规范》（CJJ 183—2012）；

（5）《城市轨道交通设计规范》（DGJ 08-109—2004）；

（6）《城市轨道交通站台屏蔽门技术规程》（DG/TJ 08-901—2004）；

（7）申通标准《上海城市轨道交通工程技术标准（试行）》（STB/ZH-000001—2012）。

11.2.1.3　设计阶段以及主要设计内容

城市轨道交通设计主要分为工程预可行性研究、工程可行性研究、工程初步设计和工程施工图设计四个阶段。

（1）预可阶段：预可阶段主要配合环控专业确定环控制式。若环控专业选择屏蔽门制式，则本专业开展下一步设计。

（2）工可阶段：按车站形式及环控制式确定选用屏蔽门或安全门，确定系统的主要设计原则和主要设计参数、系统控制方式、编制定员、国产化率初步分析等。

（3）初设阶段的主要设计内容：对工可审查和总体审查的执行情况、主要设计原则和主要设计参数、荷载确定、系统组成及选型分析、系统控制方式及安全设施、屏蔽门布置、接口设计及互提资料、国产化分析、维修管理模式及定员、工程数量统计。

（4）施工图阶段的主要设计内容：屏蔽门布置图、设备室布置图、管线布置图、接口描述、工程数量等。

11.2.1.4　安全配置介绍

围绕一个中心：乘客的安全。

（1）屏蔽门布置：满足限界要求（含半高安全门的限界）、应急门的布置、端门宽度及与门禁的关系；

（2）机械设计：载荷的确定及结构强度计算、门体的解锁及开启、滑动门挡板、踏步板与车体间空隙（填隙板、端头灯、激光、光幕等）、安全防护标识、可靠性要求等；

（3）动力学要求：关门力及关门速度、门体动能及门体质量；

（4）电气及控制：对电源的要求、接触网断线后与门体接触的可能性、绝缘和接地、关门过程中对障碍物的检测、抗电磁干扰要求、控制方式及控制优先级的确定、配合火灾时的排烟模式、其他安全配置（重要信息用硬线、与站务广播的关系等）。

11.2.2　设计风险与控制

11.2.2.1　不同设计阶段的安全风险及控制措施

（1）工可阶段

预可及工可阶段以配合环控专业确定环控制式为主，根据车站形式选择屏蔽门或安全门，基本没有设计安全性问题和设计风险。

（2）初步设计阶段

屏蔽门总体设计：限界、端门及应急门的布置、屏蔽门与车门之间的间隙处理、障碍物检测、主参数（如解锁及开启、速度及动能等）的确定等。提出安全防护标识。载荷确定及强度刚度计算。接口设计包括与相关系统及土建专业的接口。控制方式及安全措施分析、绝缘与接地、抗电磁干扰要求、配合火灾时的排烟模式等。提出设备的可靠性要求。

（3）施工图设计阶段

招标确定设备厂商，审查其提供的资料是否满足安全性要求。若技术参数等与设计要求有差异，可通过设计联络确认或要求进行修改；若不满足设计安全性要求，必须由厂商技术部门修改经设计师确认后实施。

11.2.2.2　安全事故应急处置预案

非正常工作模式：

（1）列车停位不准；

（2）个别活动门故障；

（3）活动门关门时遇夹；

（4）屏蔽门控制系统与信号 ATP 之间的通信故障；

（5）屏蔽门控制系统故障。

紧急工作模式：

（1）列车在隧道内发生火灾；

（2）车站内发生火灾；

（3）其他意外突发事件。

11.2.2.3　设计管理以及流程控制

（1）设计流程（见图 11-1）

设计流程关键点：

设计评审：由计划部组织，项目负责人、项目分管总工等参加。

设计策划：项目负责人负责，分管总工、审定人等进行指导及讨论。

设计接口协调及资料互提。

完成设计、校对、审核、审定全过程。

设计交底及现场服务。

（2）设计管理风险及流程控制

在风险管理流程控制中，关键就是严格执行校审制度，绝对不能存在侥幸心理，同时也不能认为设计人员对系统已经相当熟悉而放松管理，校审走过场，不认真仔细校审而产生重大过失。

在设计、校审中，主要掌控以下几个关键点：选型是否合理（按环控制式及车站型式）、各专业提资（要正确、合理、没有遗漏）、相关专业图纸会签（尺寸是否符合要求、接口分界面是否合理）、安全要求和保护措施是否符合设计规范要求。

11.2.3　设计案例分析

（1）上海 1 号线屏蔽门加装工程：站台板的强度要求、接地与绝缘的施工；

（2）成都 2 号线二期工程西延线犀浦站：端门布置与隧道火灾时的疏散；

（3）成都 1 号线海洋公园站：门体状态的监视；

（4）武汉 2 号线一期和天津地铁 2 号线：端门与门禁的关系。

参 考 文 献

[1] 上海市建设委员会科学技术委员会. 地铁一号线工程. 上海：上海科学技术出版社，1998.

[2] 上海市建设和管理委员会科学技术委员会. 轨道交通明珠线一期工程. 上海：上海科学技术出版社，2002.

[3] 周顺华. 城市轨道交通结构设计与施工. 北京：人民交通出版社，2011.

[4] 黄融. 保障性住宅工程常见质量通病防治手册. 北京：中国建筑工业出版社，2012.

[5] 上海市工程建设规范《岩土工程勘察规范》（DGJ 08-37—2012）.

[6] 上海市工程建设规范《城市轨道交通设计规范》（DGJ 08-109—2004）.

[7] 国家标准《城市轨道交通岩土工程勘察规范》（GB 50307—2012）.